DAS CHINA KOCHBUCH

a cook book

DAS CHINA KOCHBUCH

Die besten Originalrezepte aus den Provinzen Chinas

Herausgegeben von Claudia Daiber

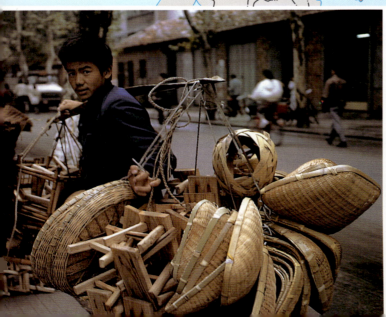

INHALT

China: erleben und genießen	6
Land und Leute laden ein	8
Rezepte	12
Vorspeisen	12
Fisch und Meeresfrüchte	52
Fleisch und Geflügel	92
Gemüse, Tofu und Eier	170
Teigwaren und Reis	220
Köstliche Suppen	270
Süße Gerichte	304
Typische Speisenkombinationen	340
Glossar	343
Rezept- und Sachregister	348
Impressum	352

CHINA: ERLEBEN UND GENIESSEN

Kommt ein Reisender nach China und sieht die große Mauer nicht, so ist das bedauerlich, kommt er aber nach Peking und ißt keine Peking-Ente, dann hat er wirklich etwas versäumt. Dieses Sprichwort vermittelt eine Vorstellung davon, wie sehr die Chinesen ihre Küche schätzen. Nicht nur die Größe des Landes mit seinen verschiedenen Landwirtschaftsformen, den unterschiedlichen Produkten und zahlreichen Volksgruppen mit eigenständigen kulinarischen Traditionen hat die chinesische Küche so vielfältig und beliebt gemacht. Mit ihrem Einfallsreichtum haben es die Menschen zudem verstanden, aus den einfachsten Zutaten die abwechslungsreichsten Gerichte zu zaubern. Daneben ist es vor allem auch die lebensfrohe Mentalität der Chinesen, die gutes Essen in den Mittelpunkt des Lebens stellt. »Peng Tiao« sind die chinesischen Wörter für Kochen, wobei diese zwei Schriftzeichen viel mehr sagen als der deutsche Ausdruck. Peng bedeutet schlicht »garen«, im Sinne von nicht mehr roh essen, während »Tiao« sich mit den Begriffen »würzen« und »verfeinern« recht gut übersetzen läßt. Um an den Anfang der Kochgeschichte Chinas zu gelangen, müssen wir in die Zeit des Peking-Menschen zurückgehen, der vor rund 300.000 Jahren lebte und schon die Vorzüge des »Peng« erkannt hatte. Bereits im 2. Jahrtausend vor Christus hatten die Menschen die verschiedensten Sorten von Kochgeschirr aus Bronze entwickelt. In diese Zeit fällt auch die Entdeckung des »Tiao«. Damit war der Grundstein für die Entwicklung der Kochkunst in China gelegt. Die Köche dieser langvergangenen Zeit verwendeten übrigens schon Öl, Salz, Zucker, Ingwer und Reiswein – Ingredienzen, die aus der heutigen chinesischen Küche nicht wegzudenken sind. Auf Bildern aus Gräbern der Han-Dynastie kann man sehen, daß schon 200 Jahre vor unserer Zeitrechnung unglaublich üppige Festbankette gefeiert wurden.

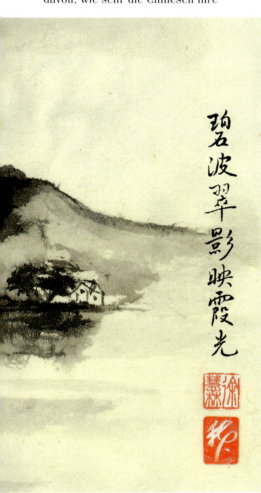

In dieser Periode entstanden auch die ersten Kochbücher auf Bambus.
In alten Zeiten war ein Festessen weit mehr als die bloße Verköstigung der Gäste. Zwischen den unzähligen Gängen wurden Wettbewerbe im Gedichte-Schreiben abgehalten und Gesellschaftsspiele gespielt – kurz, die Menschen unterhielten sich, vergnügten sich und tranken Reiswein oder Reisschnaps. Das Essen dauerte dementsprechend lange, dafür waren die einzelnen Gänge leicht und gut verträglich. Sie spiegelten auch das Yin-Yang-Prinzip wider, demgemäß das Essen ausgeglichen und nie langweilig sein soll: Die ganze spannende Vielfalt der Genüsse muß erhalten bleiben und auch nach 10–12 Gängen soll es noch schmecken.
Dieses Buch möchte Ihnen die Möglichkeit geben, die echte, unverfälschte chinesische Küche kennen- und lieben zu lernen. Das erste Kapitel bringt Ihnen China und seine Bewohner näher. Dann folgen Original-Rezepte in der chinesischen Speisenfolge. Durch die praktischen Schritt-für-Schritt-Anleitungen sind sie für jeden leicht nachzukochen. Ergänzt werden die Rezepte durch Informationen, Tips und interessante Reportagen über typische Produkte des Landes. Die Vorschläge zur Kombination der passenden Gerichte sollen helfen, für verschiedene Gelegenheiten das richtige Familien- oder Festessen zusammenzustellen. Das Glossar erklärt Ihnen wichtige Begriffe und Zutaten der chinesischen Küche, das Rezept- und Sachregister hilft Ihnen, die Rezepte zu finden. Lassen Sie sich von diesem Buch entführen ins Reich der Mitte und lassen Sie sich begeistern von der hohen Kunst des »Peng Tiao«.

China: erleben und genießen

LAND & LEUTE LADEN EIN ...

China – von seinen Bewohnern Land der Mitte genannt – hat gewaltige Dimensionen. Etwa so groß wie Europa, ist es in 23 Provinzen, drei Stadtregionen und fünf autonome Gebiete für die nationalen Minderheiten gegliedert. China beherbergt über eine Milliarde Menschen, deren Gebräuche und Sitten, Wesen und äußeres Erscheinungsbild so verschieden sein können wie in Europa etwa die eines Italieners und eines Norwegers. Neben den Han (90% der Bevölkerung) gibt es noch rund 60 andere Völker. Auch die einzelnen Dialekte sind teilweise so unterschiedlich, daß sich die Menschen oft nur mit Hilfe der geschriebenen Sprache verständigen können.

Trotz dieser bunten Vielfalt gleichen sich die Charaktereigenschaften des chinesischen Volkes in den Grundzügen: Der bekannte Schriftsteller Lin Yütang nennt seine Landsleute zu Recht sanft, friedliebend, zurückhaltend, leidensfähig, fröhlich und humorvoll, aber auch traditionsbewußt bis konservativ. Diesen beiden eher beharrenden Eigenschaften haben wir es zu verdanken, daß die chinesische Küche bis heute sehr traditionell und unverfälscht geblieben ist.

Was die Kochkunst betrifft, haben alle Chinesen übrigens eines gemeinsam: Kochen und Essen sind für sie ein Stück Lebensart, deren Bedeutung sich schon an einer chinesischen Begrüßung ablesen läßt: In einigen Gegenden wird ein Besucher mit der Frage »Chi fan le ma?« – »Hast du schon gegessen?« empfangen.

Chinesen haben für andere Völker, die lediglich essen, um den Magen zu füllen, nur ein mildes Lächeln übrig, denn aus Liebe zum Essen betrachten sie selbst jedes Lebensmittel als Herausforderung und zaubern aus den einfachsten Zutaten mit bescheidenen Mitteln immer wieder neue Köstlichkeiten. Schon Marco Polo, der 17 Jahre lang dem Mongolenherrscher Kublai-Khan diente, hatte erkannt, was heute noch für die chinesische Küche zutrifft: »Keine andere Küche der Welt schenkt uns aus fast nichts so viel Glückseligkeit.«

Land und Leute laden ein ... 9

Auf der Insel Hainan leben viele Menschen vom Fischfang. Von hölzernen Dschunken werden die großen Netze ausgeworfen und von Hand mit dem Fang wieder eingeholt.

Von Nord nach Süd

Als natürliche Trennlinie schlängelt sich der »Lange Fluss« Yangtse durch das riesige Land und teilt es in Nord- und Südchina. Der Norden ist wesentlich karger als der Süden, das Klima ist strenger, die Winter sind lang und hart. Ganz im Süden dagegen kennt man keinen richtigen Winter. Die Landschaft dort ist lieblich, der Boden so fruchtbar und das Klima so angenehm, daß die Menschen hier das ganze Jahr hindurch mit reichlich frischem Obst und Gemüse gesegnet sind. Und die Reisbauern können ihre Ernte zwei- oder sogar dreimal jährlich einbringen. Hier im Süden liegen auch die Anbaugebiete für chinesischen Tee.

Die unterschiedlichen Regionen dieses riesigen Landes mit ihren konträren klimatischen Bedingungen haben ebenso vielfältige Vorlieben, Sitten und Kochstile hervorgebracht, welche die chinesische Küche in ihrer Vielfalt nachhaltig beeinflußt haben.

Dreifacher Ursprung

Die chinesische Küche ist eine der phantasievollsten und abwechslungsreichsten der Welt. Drei Faktoren haben sie wesentlich geprägt: einmal die materielle Not der Bevölkerung, die Kreativität geradezu herausforderte, zum anderen das Interesse der Intellektuellen an diesem Thema und nicht zuletzt der hohe Stellenwert, den das Essen am Kaiserlichen Hofe während mehr als 3000 Jahren einnahm.

Vom Kaiser befohlen

Bereits vor 3000 Jahren gab es im kaiserlichen Palast 208 Beamte, die zusammen mit über 2000 Mitarbeitern für den Bereich Essen und Trinken verantwortlich waren. In der Han Dynastie (206 v. Chr. – 220 n. Chr.) brachte man es sogar auf 6000 Mitarbeiter, die sich um das leibliche Wohl der kaiserlichen Familie kümmerten.

Über alle Dynastien hinweg wurde dem Essen soviel Beachtung geschenkt und solche Bedeutung beigemessen, daß es uns heute fast übertrieben erscheint.

Über 5,5 Millionen Einwohner hat Guangzhou (Kanton), die Hauptstadt der Provinz Guangdong. Sie ist eines der wichtigsten südchinesischen Handelszentren.

Land und Leute laden ein ...

Wie das einfachste Essen zum Gedicht wird

Ein Gericht einfach nach den Zutaten zu benennen fände ein Chinese langweilig. Chinesen lieben blumige, beinahe poetische Umschreibungen. So kann eine Speise einen symbolischen Namen tragen, der beispielsweise einen Glückwunsch beinhaltet. Oder es wird die Zubereitungsart oder eine Eigenart besonders hervorgehoben. Früher wurden die kulinarischen Kreationen häufig mit einem phantasievollen poetischen Namen geschmückt. Leider lassen die nüchternen Namen in westlichen Restaurants von dieser Poesie nichts mehr erahnen.

Getränke

Alkohol galt in alten China während einiger Dynastien als so wertvoll und von Gott geschenkt, daß er nur als Opfer für die Ahnen oder anläßlich großer Zeremonien verwendet werden durfte. Doch es gab auch andere Zeiten: Die chinesische Geschichte ist reich an Erzählungen über bekannte Menschen, die dem Alkohol nicht abgeneigt waren. Der größte Teil der chinesischen Alkoholika wird aus Getreide gewonnen. Seit 10 000 Jahren gibt es Schnaps, und Wein kannte man bereits vor 7000 Jahren, als es die ersten Keramikgefäße zur Weinherstellung gab. Obstwein dagegen wurde erst sehr viel später erfunden.

Tee – das Natinalgetränk

Das chinesische Volksgetränk ist Tee. Egal wo man sich gerade befindet, er wird den ganzen Tag über ausgiebig genossen, vorzugsweise aus hohen Tassen mit Deckel, in denen er lange Zeit heiß bleibt. Sind etwa zwei Drittel des Tees getrunken, wird wieder heißes Wasser auf die Blätter gegossen. Dies kann mehrmals wiederholt werden, Kenner schütten den ersten Teeaufguß sogar weg. Es gibt grünen, schwarzen und Blütentee, beispielsweise Jasmintee. Schwarzer Tee wird mit kochendem, grüner Tee mit nur etwa 80° heißem Wasser aufgegossen.

Die besten Tees enthalten immer ganze Blätter, wobei das Blatt, das an der Spitze der Pflanze wächst, als das wertvollste gilt und deshalb auch am teuersten ist. Daneben entscheidet noch die Qualität der Fermentierung über den Preis.

Diese Arbeit erfordert sehr viel Erfahrung und Fingerspitzengefühl im wörtlichen Sinne, denn die Fermentierung wird traditionell immer mit bloßer Hand ausgeführt, nur so läßt sich die optimale Temperatur erfühlen.

Viele China-Reisende stellen fest, daß der Tee dort besser schmeckt als zu Hause. Dies liegt unter anderem an der besseren Qualität des Tees, denn die besten Tees werden nicht exportiert, sondern für den Eigenbedarf behalten. Es ist daher sicher eine gute Idee, von einer Chinareise etwas Tee mitzubringen.

Neben dem besonders im Winter beliebten Lamm- und Rindfleisch essen die Nordchinesen – mit Ausnahme der Moslems – auch gerne Schweinefleisch.

Von besonders hoher Qualität sind ganz junge, kleine Teeblätter, die wie hier auf den zu Taiwan gehörenden Pescadores-Inseln in den frühen Morgenstunden gepflückt werden.

Land und Leute laden ein ... 11

VORSPEISEN

Sie werden in China nicht Vorspeisen genannt, sondern als Jiu cai bezeichnet, das sind Speisen, die man zum Alkohol reicht. Diese Gerichte werden meist mit Schnaps oder Reiswein serviert und von den Chinesen immer vor den Speisen mit Reis, den Fan cai, gegessen.

Viele dieser feinen kleinen Gerichte kommen kalt auf den Tisch. Zwar gibt es auch warme Jiu cai, aber sie sind eher die Ausnahme. Wir haben uns bemüht, in diesem Kapitel eine ausgewogene Mischung von warmen und kalten Gerichten zusammenzustellen.

Kalte Jiu cai haben den Vorteil, daß sie gut vorbereitet werden können. Dies ist vor allem dann wichtig, wenn man mehrere Gerichte auf den Tisch bringen will, was die Chinesen besonders schätzen. Sie lieben bunte Teller, auf denen die verschiedensten Gerichte in einer farbenprächtigen Vielfalt dekoriert sind. Oft entsteht dabei ein hübsches Muster oder ein Bild. Geübte Köche zaubern einen bunten Schmetterling oder einen eleganten Kranich, denn die Vorspeisen sollen alle Sinne ansprechen und die Gäste auf die kommenden Mahlzeiten neugierig machen.

Zu den Vorspeisen, den Jiu cai, wird häufig Reiswein serviert.

Vorspeisen 13

Sojasprossen mit Eistreifen

Dou Ya Ban Dan Pi

Vegetarisch · Gelingt leicht

Zutaten für 1 Servierteller (3 Portionen):
250 g Sojasprossen (aus Mungobohnen)
3 Eier
2 EL Pflanzenöl
2 EL helle Sojasauce
1 EL Sesamöl
Salz
weißer Pfeffer, frisch gemahlen

Zubereitungszeit: 25 Min.

Pro Portion: 1065 kJ/ 255 kcal

1 In einem Topf Wasser zum Kochen bringen. Inzwischen Sprossen waschen und evtl. die braunen Enden abschneiden. Die Sprossen in sprudelnd kochendem Wasser etwa 2 Min. blanchieren. Dann kalt abschrecken und gut abtropfen lassen.

2 Eier verquirlen. Eine Pfanne mit Öl auspinseln und bei schwacher Hitze erwärmen. Etwa ein Drittel der Eiermasse in die Pfanne geben und durch Schwenken sehr dünn darin verteilen. Die Eiermasse so lange ohne Wenden garen, bis auch die Oberseite goldgelb ist. Das dauert etwa 2 Min. Die übrige Eiermasse ebenso verarbeiten.

3 Die Eierkuchen abkühlen lassen, dann aufrollen oder falten und wie Nudeln in dünne Streifen schneiden.

4 Eierstreifen auf eine Platte legen und die Sprossen darauf verteilen. Sojasauce mit Sesamöl, Salz und Pfeffer mischen und darüber gießen.

Info: Am besten geben Sie das Gemüse, das Sie blanchieren möchten, in ein tiefes Metallsieb und hängen dieses dann in das kochende Wasser.

Tip! Als Dekoration eignen sich fein gehackte Frühlingszwiebeln. Am besten verwenden Sie nur die hellgrünen Teile. Wer gerne Knoblauch ißt, kann die Sauce auch mit durchgepreßtem Knoblauch würzen.

Glasnudelsalat mit Spinat

Gelingt leicht Bo Cai Ban Fen Si

Zutaten für 1 Servierteller
(2 Portionen):
25 g getrocknete Krabben
300 g Spinat
75 g Glasnudeln
Salz
2–3 Knoblauchzehen
1 TL Chiliöl (nach Belieben)
1–2 EL brauner Essig
1–2 TL grobkörniger scharfer Senf

Zubereitungszeit: 40 Min.

Pro Portion: 820 kJ/ 200 kcal

1 Krabben in einer Schüssel mit heißem Wasser bedecken und 15 Min. quellen lassen. Inzwischen reichlich Wasser in einem großen Topf zum Kochen bringen.

2 Spinat putzen, waschen und im sprudelnd kochenden Wasser etwa 1 Min. blanchieren. Kalt abschrecken, abtropfen lassen und gut ausdrücken. Dann in 3 cm lange Streifen schneiden. Die Streifen etwas lockern und einen Teller oder eine Platte damit auslegen.

3 Reichlich Wasser in einem Topf zum Kochen bringen. Glasnudeln in heißem Wasser etwa 5 Min. einweichen, bis sie biegsam werden. Dann im kochenden Wasser etwa 2 Min. garen lassen, bis sie weich sind. Kalt abschrecken und abtropfen lassen. Nudeln mit etwas Salz mischen.

4 Krabben abtropfen lassen und kleinhacken. Knoblauchzehen schälen und ebenfalls kleinhacken.

5 Glasnudeln mit der Schere in etwa 10 cm lange Stücke schneiden, dann so auf dem Spinat anrichten, daß noch ein grüner Rand zu sehen ist. Kleingehackte Krabben daraufgeben, so daß noch weiße Nudeln zu sehen sind. Ganz in die Mitte den Knoblauch häufen.

6 Chiliöl, Essig und Senf in einem Schälchen mischen und erst beim Essen über dem Salat verteilen.

Info: Chinesischer Essig wird aus Reiswein gemacht und ist milder als unser Weinessig. Falls Sie den chinesischen nicht bekommen, verwenden Sie am besten italienischen Balsamico-Essig und mischen ihn mit etwas heller Sojasauce.

Glücks-Eierrollen

Aus Nordchina · Gut vorzubereiten Ru Yi Dan Juan

**Zutaten für 1 Servierteller
(4 Portionen):
3 Eier
2 EL Pflanzenöl
1 Stück Lauch (etwa 2–3 cm)
1 Handvoll Spinat (etwa 20 g)
2 dünne Scheiben Ingwerwurzel
200 g rohe Garnelen
15 g gekochter Schinken
(1 dünne Scheibe)
1 TL Reiswein
Salz
1 TL Speisestärke
1 EL Sesamöl**

Zubereitungszeit: 45 Min.

Pro Portion: 2100 kJ/ 500 kcal

1 Für den Eierkuchen 1 Ei trennen, Eiweiß beiseite stellen. Eigelb mit den übrigen Eiern verquirlen.

2 In einer Pfanne 1 EL Öl erhitzen. Die Hälfte der Eimasse hineingeben, durch Schwenken verteilen und bei schwacher Hitze stocken lassen. Eierkuchen herausnehmen und auf einen Teller geben. Die restliche Eimasse ebenso backen.

3 Für die Füllung Lauch und Spinat putzen und waschen. Ingwer schälen. Garnelen von Kopf, Schale und Darm befreien und fein hacken. Schinken, Lauch, Ingwer und Spinat ebenfalls hacken. Diese Zutaten mischen und mit Eiweiß, Reiswein und Salz verrühren.

4 Eierkuchen dünn mit Speisestärke bestreuen. Füllung darauf verstreichen. Die Eierkuchen von zwei Seiten aus nach innen einrollen, so daß sich die beiden Rollen in der Mitte treffen.

5 Die Rollen auf einen Teller geben. In einen weiten Topf etwa 4 cm hoch Wasser füllen, eine umgedrehte Tasse hineinstellen und das Wasser zum Kochen bringen. Den Teller mit den Rollen auf die Tasse stellen und die Eierrollen zugedeckt 7–8 Min. bei mittlerer Hitze dämpfen.

6 Die Eierkuchen etwas abkühlen lassen und in etwa 1 cm lange Stücke schneiden. Mit der Schnittfläche nach oben auf einem Teller anrichten. Sesamöl beim Essen darüber träufeln.

Info: Die Form dieser Eierrollen hat in China eine lange Tradition. Die sogenannte Glücksform, »Ruyi«, wird für Schmuck, Stoffmuster (Seide) und als Verzierung in der Architektur verwendet. Auch Schuhe wurden früher damit verziert.

Süß-scharfer Rettich

Aus Nordchina · Geht schnell Suan La Luo Bo

**Zutaten für 1 Servierteller
(2 Portionen):
300 g weißer Rettich
1 große Möhre · Salz
3 dünne Scheiben Ingwerwurzel
1 EL Zucker · 1 EL brauner Essig
1 EL helle Sojasauce · 3 EL Pflanzenöl
3 getrocknete Chilischoten
2–3 EL Sesamöl**

Zubereitungszeit: 25 Min.

Pro Portion: 1200 kJ/ 290 kcal

1 Rettich und Möhre schälen und mit dem Gurkenhobel der Länge nach in dünne Scheiben schneiden. Dann die Scheiben ebenfalls der Länge nach in feine Streifen schneiden.

2 Die Streifen mit Salz bestreuen und Wasser ziehen lassen. Dann in einem Sieb abspülen, abtropfen lassen und in eine Schüssel geben.

3 Ingwer schälen und in Streifen schneiden. Zucker, Essig, Sojasauce und Ingwer mischen und über den Gemüsestreifen verteilen.

4 Pflanzenöl in einer Pfanne oder im Wok erhitzen. Chilischoten darin bei mittlerer bis starker Hitze braten, bis sie dunkelrot sind. Dann die Schoten wieder herausnehmen und das heiße Öl sofort über den Rettich gießen.

5 Den Rettich zudecken und etwa 10 Min. ziehen lassen. Erst beim Essen mit Sesamöl beträufeln.

Fünf-Gewürz-Fisch

Aus Nordchina · Gelingt leicht   **Wu Xiang Xun Yu**

Zutaten für 1 Servierteller
(3 Portionen):
300 g Forellen- oder Schollenfilets
Salz
3 EL Reiswein
4–5 dünne Scheiben Ingwerwurzel
4 Knoblauchzehen
(nach Belieben mehr)
2–3 Frühlingszwiebeln
½ l Pflanzenöl zum Fritieren
2 EL dunkle Sojasauce
1 TL Zucker
1 TL Fünf-Gewürz-Pulver
2 EL Sesamöl

Zubereitungszeit: 30 Min.
(+ 30 Min. Ruhen)

Pro Portion: 1800 kJ/ 425 kcal

1 Fischfilet in 5 cm lange Stücke schneiden. Etwas Salz mit dem Reiswein mischen und über den Fisch gießen. Die Mischung etwa 30 Min. ziehen lassen.

2 Kurz bevor die 30 Min. vorbei sind, Ingwer und Knoblauch schälen, Frühlingszwiebeln putzen und waschen. Dann alles fein hacken.

3 Öl in einem Topf oder Wok zum Fritieren erhitzen. Fisch gründlich trockentupfen und im heißen Öl bei starker Hitze in etwa 1 Min. goldbraun fritieren. Herausnehmen und abtropfen lassen.

4 Öl bis auf einen dünnen Film (etwa 3 EL) aus dem Topf gießen. Ingwer, Knoblauch und Frühlingszwiebeln darin unter Rühren bei mittlerer Hitze anbraten.

5 Dann ¼ l Wasser angießen. Sojasauce, Zucker und Fünf-Gewürz-Pulver dazugeben. Den Fisch in die Sauce legen und alles bei starker Hitze etwa 10 Min. kochen, bis die Flüssigkeit fast verdampft ist. Abkühlen lassen und beim Essen mit Sesamöl beträufeln.

Info: Fünf-Gewürz-Pulver ist typisch für die chinesische Küche und besteht aus Anis, Zimt, Gewürznelken, Pfeffer und Fenchelsamen.

Tip! Mit chinesischem Dampfbrot (Mantou) oder auch europäischen Brötchen kann man mit dem Fisch köstliche Sandwiches zubereiten.

Gebratene scharfe Gurken

Aus Peking · Geht schnell   **Qiang Huang Gua**

Zutaten für 1 Servierteller
(2 Portionen):
500 g zarte Gurken
4 getrocknete Chilischoten
4 EL Sesamöl
20 Sichuan-Pfefferkörner
Salz

Zubereitungszeit: 20 Min.

Pro Portion: 880 kJ/ 210 kcal

1 Gurken gründlich waschen und der Länge nach halbieren. Die Kerne herauskratzen und die Gurken in etwa 6 cm lange, dünne Streifen schneiden. Chilischoten halbieren. (Danach Hände waschen, auf gar keinen Fall in die Augen bringen!)

2 Sesamöl in einer Pfanne oder im Wok erhitzen. Sichuan-Pfefferkörner und Chilischoten hineingeben und bei starker Hitze braten, bis sie würzig duften. Pfefferkörner herausfischen.

3 Gurken in das Öl geben und unter Rühren bei starker Hitze etwa 2 Min. braten. Mit Salz abschmecken, auf einen Teller geben und abkühlen lassen.

Tip! Ohne Kerne schmecken Gurken wesentlich feiner. Nachdem Sie die Gurke der Länge nach halbiert haben, können Sie die Kerne ganz leicht mit einem kleinen, scharfkantigen Löffel herauskratzen.

Vorspeisen **19**

Teeblatt-Eier

Deftig · Gelingt leicht Cha Ye Dan

Zutaten für 6–8 Portionen:
10 Eier
2 TL grüne Teeblätter
1 Sternanis
1 Zimtstange (etwa 7 cm)
1 EL dunkle Sojasauce
Salz

Zubereitungszeit: 10 Min.
(+ 45 Min. Garen)

Bei 8 Portionen pro Portion:
440 kJ/100 kcal

1 Die Eier mit Wasser bedeckt etwa 10 Min. bei mittlerer Hitze kochen, dann abschrecken und rundherum leicht anschlagen, damit die Schalen Sprünge bekommen. Je mehr Sprünge, desto besser.

2 Einen Topf mit 1 l Wasser füllen, die Eier hineinlegen, Teeblätter, Sternanis und Zimtstange dazugeben, mit Sojasauce und Salz würzen. Das Wasser zum Kochen bringen, dann bei schwacher Hitze etwa 45 Min. weiter köcheln. Die Eier im Sud abkühlen lassen, erst vor dem Verzehr schälen. Sie werden oft einfach so mit der Hand gegessen. Nach Belieben kann man sie auch in Scheiben oder Viertel schneiden und mit Stäbchen essen.

Info: Da die Teeblatt-Eier wie Marmor aussehen, sind sie auch als »marmorierte Eier« bekannt. Bekannter als Teeblatt-Eier sind die Kiefernblüten-Eier (Song Hua Dan, auch Kalkeier genannt). Dazu werden frische Enteneier verwendet, die in einer Mischung aus Kalk, Salz, Teeblätter und Asche 15 bis 30 Tage eingelegt werden. Danach ist das Eiweiß hart und von brauner Farbe, das Eigelb ist etwas weicher als das Eiweiß und hat eine dunkelgrüne Farbe. Im Westen wird ein solches Ei irrtümlich »tausendjähriges Ei« oder »faules Ei« genannt.

Tip! Wenn Sie die Eier im Sud über Nacht in den Kühlschrank stellen, schmecken sie noch besser.

Gekochte Donggu-Pilze

Festlich · Geht schnell Lu Xiang Gu

Zutaten für 4 Portionen:
80 g getrocknete, möglichst gleich große Donggu-Pilze
1 Frühlingszwiebel
1 dünne Scheibe Ingwer
Salz
1 EL Reiswein
1 TL Sesamöl

Zubereitungszeit: 25 Min.

Pro Portion: 190 kJ/45 kcal

1 Die Donggu-Pilze in warmem Wasser etwa 10 Min. einweichen, herausnehmen, waschen und von den Stielen befreien. Frühlingszwiebel putzen, waschen und in 5 cm lange Stücke schneiden. Den Ingwer schälen.

2 In einem Topf ½ l Wasser zum Kochen bringen, Frühlingszwiebel, Ingwer, Salz, Reiswein und Donggu-Pilze ins Wasser geben. Bei schwacher Hitze etwa 5 Min. köcheln lassen. Dann die Pilze herausnehmen und mit Frühlingszwiebel und Ingwer auf einem Teller anrichten. Vor dem Servieren mit Sesamöl beträufeln.

Variante: Donggu-Pilze passen sehr gut zu Bambussprossen. Dazu 50 g Donggu-Pilze wie eben vorbereiten. 100 g Bambussprossen (in Stücken aus der Dose) in kochendem Wasser kurz sprudelnd kochen, in etwa 3 cm lange, 1 ½ cm breite und dünne Scheiben schneiden. 2 EL neutrales Pflanzenöl im Wok bei mittlerer Hitze heiß werden lassen, Donggu-Pilze und Bambussprossen darin unter Rühren kurz anbraten, mit 1 EL dunkler Sojasauce, Salz und 1 Prise Zucker würzen, dann 100 ml Wasser dazugießen und zugedeckt etwa 5 Min. bei schwacher Hitze köcheln. Inzwischen 1 TL Speisestärke mit 1 EL Wasser anrühren, hinzufügen und alles unter Rühren kurz kochen.

Süßscharfer Chinakohl

Aus Peking · Braucht etwas Zeit
La Bai Cai

Zutaten für 4–6 Portionen:
1 kg Chinakohl
80 g Salz
10 mittelscharfe Chilischoten
3 EL Sesamöl
10 Sichuan-Pfefferkörner
80 g Zucker
2 EL heller Reisessig

Zubereitungszeit: 45 Min.
(+ 12 Std. Marinieren)

Bei 6 Portionen pro Portion:
460 kJ/110 kcal

1 Den oberen weichen Teil vom Chinakohl abschneiden (dieser kann für ein anderes Gericht verwendet werden). Dann den unteren Teil, die knackigen Stengel, zuerst längs in etwa 2 cm breite, danach quer in etwa 10 cm lange Stücke schneiden, waschen, gut abtropfen lassen und schichtweise in eine große Salatschüssel legen, zwischen den Schichten jeweils mit dem Salz bestreuen. Etwa 4 Std. ziehen lassen, dann herausnehmen, mit kaltem Wasser Salzreste abwaschen und mit den Händen die Flüssigkeit auspressen. Stengel wieder in die Schüssel legen.

2 Die Chilischoten waschen, aufschlitzen, von den Kernen befreien und in dünne Streifen schneiden. Streifen von 7 Chilischoten über die Stengel streuen. Vorsicht, danach nicht mit den Händen an die Augen kommen!

3 Das Sesamöl in einem kleinen Topf bei schwacher Hitze erwärmen, den Rest der Chilischoten und die Sichuan-Pfefferkörner unter Rühren darin etwa 1 Min. anbraten. Das Öl abseihen, auffangen und über die Kohlstengel gießen.

4 Zucker und Essig in einer Schüssel mit ½ l kaltem Wasser mischen, gut verrühren und über die Kohlstengel gießen. Die Stengel sollen möglichst von der Flüssigkeit bedeckt sein. Etwa 8 Std. zugedeckt marinieren. Vor dem Servieren die Stengel aus der Flüssigkeit nehmen, in etwa 5 cm lange Stücke schneiden, auf einem Teller anrichten.

Chinakohl

Chinakohl ist eine der beliebtesten Gemüsesorten Nordchinas.

Chinakohl, auf chinesisch »Da Bai Cai«, bedeutet wörtlich »Großer Weißer Kohl«. Zu Recht ist er im Westen unter dem Namen Chinakohl bekannt, denn er ist im Winter eine der wichtigsten Gemüsesorten in Nordchina. Von den verschiedenen Arten stammen die besten aus der Provinz Shandong und aus dem Umland der Stadt Tianjin. Chinakohl schmeckt nicht nur gut, ganz gleich, ob man ihn dünstet, brät, mit Salz und anderen Gewürzen einlegt oder als Salat ißt, sondern er läßt sich auch gut mit anderen Zutaten wie z.B. Fleisch oder Tofu kombinieren. Man kann ihn auch fein hacken und zusammen mit anderen Zutaten als Füllung für Teigtäschchen verwenden. Außerdem läßt er sich im trockenen, kühlen Keller gut 2–3 Monate lagern. In den Städten, wo die Häuser meist keinen Keller haben, wird der Chinakohl auch auf dem Balkon gelagert. Damit sie auch im Winter genügend Gemüse zur Verfügung haben, kaufen die Nordchinesen im Spätherbst auf dem Markt große Mengen Kohl günstig ein und transportieren ihn auf Fahrrädern nach Hause. Chinakohl wurde schon vor 7000 Jahren gegessen. Heute darf er weder beim alltäglichen noch bei Festessen fehlen.

Scharfe Bambussprossen

Wintergericht · Gelingt leicht La Dong Sun

Zutaten für 4 Portionen:
400 g Bambussprossen in Stücken
(aus der Dose)
1 Frühlingszwiebel
1 dünne Scheibe Ingwer
20 g rote mittelscharfe Chilischoten
2 EL neutrales Pflanzenöl
zum Braten
1 EL Reiswein
Salz
1 Prise Zucker
100 ml Gemüsebrühe
(selbstgemacht oder instant)
1 TL Sesamöl

Zubereitungszeit: 20 Min.

Pro Portion: 400 kJ/95 kcal

1 Die Bambussprossen in ½ l kochendem Wasser etwa 1 Min. sprudelnd kochen, mit einem Schaumlöffel herausnehmen, abtropfen und abkühlen lassen. Inzwischen die Frühlingszwiebel putzen, waschen und fein hacken. Den Ingwer schälen und fein hacken.

2 Die Bambussprossen zuerst längs in etwa 5 mm dünne Scheiben schneiden, dann in etwa 5 cm lange und 2 cm breite Scheiben schneiden. Die Chilischoten waschen und quer in dünne Ringe schneiden. Vorsicht, danach nicht mit den Händen an die Augen kommen!

3 Öl in einem Wok oder in einer Pfanne bei mittlerer Hitze in etwa 3 Min. heiß werden lassen. Frühlingszwiebel, Ingwer und Chilischoten darin kurz anbraten, Bambussprossen dazugeben, mit Reiswein, Salz und Zucker würzen, gut verrühren, dann die Brühe unterrühren. Bei schwacher Hitze offen etwa 5 Min. köcheln, bis die Flüssigkeit verdampft ist. Vor dem Servieren mit Sesamöl beträufeln.

Getränk: Dazu paßt ein helles Bier.

Info: In China werden für dieses Gericht gern frische Winterbambussprossen verwendet. In Deutschland kann man diese leider nur in Konservendosen bekommen. Daher ist es notwendig, sie kurz in sprudelndem Wasser zu kochen, um den leicht säuerlichen Geschmack zu beseitigen.

Tip! Wenn Sie es lieber weniger scharf möchten, müssen Sie die Chilischoten erst von den Kernen befreien und dann weiterverarbeiten.

Glasierte Walnüsse

Süß · Gelingt leicht Liu Li Tao Ren

Zutaten für 2 Portionen:
250 g Walnußkerne
½ l neutrales Pflanzenöl zum Fritieren
1 TL Sesamöl
125 g Zucker

Zubereitungszeit: 30 Min.

Pro Portion: 5100 kJ/1200 kcal

1 Die Walnußkerne in einer Schüssel mit heißem Wasser etwa 10 Min. einweichen, dann die Haut abziehen und die Walnußkerne trockentupfen.

2 Das Öl im Wok bei mittlerer Hitze heiß werden lassen. Dann die Walnußkerne hineingeben, unter Rühren goldgelb fritieren. Vorsicht, Spritzgefahr! Die Walnußkerne mit einem Schaumlöffel herausnehmen und das Fett abtropfen lassen. Das Öl aus dem Wok gießen.

3 Das Sesamöl im Wok bei schwacher Hitze erwärmen, Zucker dazugeben und unter Rühren leicht anbräunen. Dann den Wok vom Herd nehmen, die Walnußkerne mit der Zuckermasse gut vermischen. Die klebrigen Walnußkerne mit einem Löffel oder mit Stäbchen einzeln herausnehmen, kurz abkühlen lassen und auf einem Teller servieren.

Variante: Man kann die Walnußkerne auch zuerst in einem Topf mit Zucker und ¼ l Wasser etwa 15 Min. bei schwacher Hitze offen köcheln lassen, bis die Flüssigkeit verdampft ist und sich um die Walnußkerne eine dünne Zuckerschicht bildet. Dann die Walnußkerne in Öl bei mittlerer Hitze fritieren, bis sie goldgeld sind. Das dauert aber insgesamt etwas länger.

Kristall-Garnelen

Aus Peking · Gut vorzubereiten

Shui Jin Xia Pian

Zutaten für 1 Servierteller
(2–3 Portionen):
500 g rohe Garnelen
1½ EL Speisestärke
1 Frühlingszwiebel
30 g Bambussprossen
30 g frische Tongku-Pilze (Shiitake)
100 ml Fleischbrühe
(ersatzweise Wasser)
1 EL Reiswein
2 EL Sesamöl
½ TL weißer Pfeffer,
frisch gemahlen
Salz · 1 Eiweiß

Zubereitungszeit: 45 Min.

Bei 3 Portionen pro Portion:
1400 kJ/ 330 kcal

1 Garnelen von Kopf, Schale und vom dunklen Darm befreien. Abtropfen lassen und in Speisestärke wälzen. Garnelen dann mit einer Teigrolle leicht flachrollen.

2 Frühlingszwiebel von den dunkelgrünen Blatteilen befreien, waschen und fein hacken. Bambussprossen ebenfalls fein hacken. Pilze putzen.

3 Für die Sauce Fleischbrühe oder Wasser in einem Topf zum Kochen bringen. Mit Reiswein, Sesamöl, Pfeffer und Salz würzen. Bambus und Frühlingszwiebel untermischen. Dann Topf von der Platte ziehen.

4 In einem Topf ½ l Wasser zum Kochen bringen. Garnelen durch das Eiweiß ziehen und je nach Größe ½–2 Min. im kochenden Wasser garen. In einem anderen Topf in sprudelnd kochendem Wasser Tongku-Pilze etwa 1 Min. blanchieren. Garnelen und Pilze gründlich abtrocknen. Pilze in Scheiben schneiden. Garnelen in Scheiben von etwa ½ cm Dicke schneiden.

5 Sauce nochmals kurz erhitzen. Garnelen und Pilze ringförmig auf einem Teller anrichten. Die Sauce dazugießen.

Variante: In die Sauce etwa 1 TL Stärke (mit 2 EL Wasser angerührt) geben und kurz kochen. Korianderblätter mit den Garnelen und den Pilzen in eine Form legen. Die Sauce darüber gießen. Dann im Kühlschrank fest werden lassen. Stürzen und servieren.

Tofu mit Frühlingszwiebeln

Aus Nordchina · Gut vorzubereiten

Xiao Cong Ban Dou Fu

Zutaten für 1 Servierteller
(3 Portionen):
1 Päckchen Instant-Tofu
(ersatzweise 250 g Tofu)
2 Frühlingszwiebeln
3–4 EL Sesamöl
Salz

Zubereitungszeit: 15 Min.
(+30 Min. Ruhen)

Pro Portion: 735 kJ/ 175 kcal

1 In einen Topf 600 ml Wasser geben und zum Kochen bringen. Tofupulver (großes Päckchen) mit einem Schneebesen einrühren. Die Masse unter Rühren 3–4 Min. kochen.

2 Topf vom Herd nehmen. Das Gerinnungsmittel (kleines Päckchen) unterrühren und den Tofu in eine flache Schale oder Schüssel füllen. Die Masse etwa 30 Min. stehenlassen, bis sie zusammenhält.

3 Von den Frühlingszwiebeln die dunkelgrünen Teile und die Wurzeln abschneiden. Frühlingszwiebeln waschen und in feine Scheiben schneiden.

4 Tofu entweder in der Schale würfeln oder in Würfel schneiden und in einer Schüssel anrichten. Frühlingszwiebeln darübergeben.

5 Sesamöl mit Salz verrühren und über den Tofu geben.

Info: Wörtlich übersetzt heißt dieses Gericht »Grün und weiß«, was die gleiche Bedeutung hat wie unschuldig sein. In China sagt man von einem Menschen mit dieser Eigenschaft: »Er ist Tofu mit Frühlingszwiebeln.«

Tip! Zusätzlich zum Sesamöl schmekken ein paar Tropfen Chiliöl sehr gut.

Shrimps auf Krabbenbrot

Aus Hunan · Raffiniert Xia Song

Zutaten für 4 Portionen:
250 g geschälte rohe Shrimps
1 Eiweiß · 1 TL Speisestärke
1 EL Reiswein · 1 Prise Salz
1 EL dunkle Sojasauce
1 Prise weißer Pfeffer,
frisch gemahlen
2 Frühlingszwiebeln
1 Scheibe Ingwer, etwa 1 cm dick
2 EL neutrales Pflanzenöl zum
Braten + 250 ml zum Fritieren
½ TL Sesamöl
16 Krabbenbrotscheiben
(Krupuk; fertig gekauft)

Zubereitungszeit: 35 Min.

Pro Portion: 1500 kJ/360 kcal

1 Die Shrimps fein hacken und mit Eiweiß, Speisestärke, Reiswein, Salz, Sojasauce und Pfeffer mischen. Frühlingszwiebeln putzen und waschen. Ingwer schälen. Beides fein hacken.

2 In einem Wok 2 EL Öl bei mittlerer Hitze heiß werden lassen. Frühlingszwiebeln und Ingwer darin unter Rühren kurz anbraten, dann die Shrimps dazugeben und unter Rühren etwa 2 Min. braten. Mit Sesamöl beträufeln, herausnehmen.

3 Den Wok säubern, das Öl zum Fritieren hineingießen und bei starker Hitze heiß werden lassen. Es ist heiß genug, wenn an einem ins Öl getauchten Holzstäbchen Bläschen emporsteigen. Die Krabbenbrotscheiben nacheinander in das heiße Öl geben und darin etwa ½ Min. fritieren, bis sie aufgehen und weiß sind. Dabei einmal wenden. (Vorsicht, Spritzgefahr!) Herausnehmen, das Fett abtropfen lassen, Krabbenbrot auf einen Teller geben. Die gebratenen Shrimps auf die Krabbenbrotscheiben verteilen und servieren.

Info: Krabbenbrot ist in fast allen Asienläden erhältlich.

Tip! Man kann diese Vorspeise ruhig mit den Fingern essen.

Spinat in Ingwersauce

Wintergericht · Gelingt leicht Jiang Zhi Bo Cai

Zutaten für 3–4 Portionen:
600 g frischer Spinat,
möglichst mit Wurzeln
etwa 30 g Ingwer
1 EL heller Reisessig
1½ TL helle Sojasauce
1 Prise Salz
1 TL Sesamöl

Zubereitungszeit: 35 Min.

Bei 4 Portionen pro Portion:
180 kJ/43 kcal

1 Spinat putzen, von den groben Stielen befreien, aber die Wurzeln möglichst daran lassen. Spinat mehrmals gründlich waschen, dann abtropfen lassen.

2 Den Spinat in reichlich kochendem Wasser etwa 1½ Min. sprudelnd kochen. Herausnehmen, mit kaltem Wasser abschrecken und abtropfen lassen. Dann den Spinat auf einem großen Teller anrichten und etwa 15 Min. in den Kühlschrank stellen.

3 Ingwer schälen und sehr fein hacken. Ingwer mit Essig, Sojasauce, Salz und Sesamöl in einer Schale mischen. Die Sauce über den Spinat gießen und das Ganze erst vor dem Essen vermengen.

Tip! Der Spinat sollte möglichst Wurzeln haben, da er so einen noch intensiveren Geschmack hat. Außerdem sollte er frisch und zart d.h. am besten nicht länger als 15 cm sein. Natürlich kann man dieses Gericht auch im Sommer servieren, aber es schmeckt dann nicht so kräftig.

Knusprige Auberginen

Aus Sichuan · Gelingt leicht Jiao Yan Qie Bing

Zutaten für 4 Portionen:
1 große Aubergine (etwa 400 g)
150 g Schweinehackfleisch
Salz
2 EL Reiswein
1 Frühlingszwiebel
1 Scheibe Ingwer, etwa 2 cm dick
1 Ei
8 EL Speisestärke
½ l neutrales Pflanzenöl zum Fritieren
Für den Dip:
2 TL Salz
1 TL Sichuan-Pfeffer, frisch gemahlen

Zubereitungszeit: 40 Min.

Pro Portion: 1600 kJ/380 kcal

1 Aubergine kalt abspülen und dünn abschälen. Dann in etwa 1 cm dicke Scheiben schneiden. Die Auberginenscheiben an der Seite mit einem scharfen Messer einschneiden, aber nicht durchschneiden. Sie sollen an einem Ende noch zusammenhalten.

2 Hackfleisch mit Salz und 1 EL Reiswein mischen. Die Auberginenscheiben damit füllen.

3 Frühlingszwiebel putzen und waschen. Ingwer schälen. Beides fein hacken. Ei mit Speisestärke, 1 Prise Salz, 1 EL Reiswein, Frühlingszwiebel, Ingwer und 2 EL Wasser zu einem dickflüssigen Teig mischen.

4 Für den Dip 2 TL Salz in einen Topf geben, bei schwacher Hitze erwärmen. Sichuan-Pfeffer dazugeben und unter Rühren etwa ½ Min. rösten. In ein Schüsselchen füllen und beiseite stellen.

5 Öl in einem Wok stark erhitzen. Es ist heiß genug, wenn an einem ins Öl getauchten Holzstäbchen Bläschen emporsteigen.

6 Auberginenscheiben durch die Teigmasse ziehen. Teig abstreifen und die Auberginen portionsweise ins heiße Öl geben. Etwa 2½ Min. unter Wenden fritieren, bis der Teig leicht goldgelb wird. Herausnehmen und so lange warten, bis das Öl wieder heiß ist. Die Auberginen nochmals ins Öl geben (immer etwa 5 Stück) und in etwa ½ Min. goldbraun fritieren. (Vorsicht, Spritzgefahr!) Herausnehmen und das Fett abtropfen lassen. Auberginen auf einem Teller anrichten und zusammen mit der Mischung aus Sichuan-Pfeffer und Salz als Dip servieren.

Variante: Vegetarier können das Schweinehackfleisch weglassen und etwa 500 g Auberginen für 4 Portionen nehmen. Die Auberginen werden gewaschen, geputzt und dünn geschält. Da sie nicht gefüllt werden, schneidet man sie in etwa 2 cm dicke, 2 cm breite und 5 cm lange Stücke. Die Stücke werden wie die gefüllten Auberginenscheiben durch den wie angegeben zubereiteten Teig gezogen und fritiert, wie beschrieben.

Info: Durch das zweite Mal Fritieren werden die Auberginen noch knuspriger.

Eingelegtes Sichuan-Gemüse

Aus Sichuan · Erfrischend **Sichuan Pao Cai**

Zutaten für 2 kg Gemüse:
2 kg frisches Gemüse
(1 kg Weißkohl,
200 g Möhren,
150 g Staudensellerie,
150 g Paprikaschoten,
250 g Rettich,
250 g Salatgurke)
50 g Ingwer
200 g Salz
2 EL Zucker
25 g getrocknete Chilischoten
5 Sternanis
1 EL Sichuan-Pfefferkörner
50 ml chinesischer Schnaps
(z.B. Gaoliang-Schnaps,
aus dem Asienladen)

Zubereitungszeit: 45 Min.
(+ 2 Tage zum Ansetzen)

Pro 100 g: 110 kJ/26 kcal

1 Weißkohl putzen, waschen und gut trockentupfen. Weißkohlblätter zerpflücken, Möhren schälen. Sellerie und Paprikaschoten waschen und putzen. Rettich, Gurke, Möhren und Sellerie quer in etwa ½ cm dicke Scheiben schneiden. Weißkohl und Paprika in etwa 5 cm lange und 4 cm breite Stücke schneiden. Ingwer schälen und in dünne Scheiben schneiden.

2 In einem Topf 2½ l Wasser zum Kochen bringen. Salz, Zucker, Chilischoten, Sternanis, Pfefferkörner, Ingwer und Gaoliang-Schnaps hineingeben. Unter Rühren bei schwacher Hitze so lange kochen, bis Salz und Zucker sich ganz auflösen.

3 Die Marinade abkühlen lassen. Inzwischen das Gemüse in ein Einmachglas füllen. Die abgekühlte Marinade über das Gemüse gießen und das Glas gut verschließen. Das Glas etwa 2 Tage an einen kühlen Ort stellen (im Sommer in den Kühlschrank) und das Gemüse servieren.

Info: In der Regel wird das eingelegte Gemüse als Vorspeise zu Getränken oder als Beilage zu fetten Gerichten serviert. In Sichuan wird diese Vorspeise noch zusätzlich mit Chiliöl serviert. Wenn Ihnen das nicht zu scharf ist, können Sie es ruhig ausprobieren.

Tip! Achten Sie darauf, daß das Gemüse sowohl bei der Zubereitung als auch später beim Entnehmen aus dem Glas nicht mit Öl in Berührung kommt, sonst kann das Gemüse leicht verderben. Wenn Sie einen typischen Einmachbottich aus Sichuan bekommen können, geben Sie ein bißchen Wasser auf den Rand um den Deckel herum. Das Wasser dichtet noch besser ab.

Garnelensalat

Aus Hunan · Sommergericht **Dou Ya Xia Pian**

Zutaten für 4 Portionen:
6 rohe ungeschälte Riesengarnelen
(etwa 250 g)
Salz · 1 EL Reiswein
200 g Mungobohnensprossen
100 g junge Salatgurke
1 Scheibe Ingwer, etwa 2 cm dick
1 Zweig Koriander
3 EL dunkler Reisessig
½ TL Zucker · 1 TL Sesamöl

Zubereitungszeit: 30 Min.

Pro Portion: 320 kJ/76 kcal

1 Garnelen waschen, Köpfe entfernen. Garnelen schälen, Darm entfernen. Etwa ½ l Wasser in einem Topf zum Kochen bringen. Garnelen, Salz und Reiswein hineingeben. Zugedeckt etwa 5 Min. bei mittlerer Hitze kochen. Bohnensprossen waschen und in kochendem Waser etwa ½ Min. sprudelnd kochen, herausnehmen und abtropfen lassen. Gurke waschen, längs halbieren, Kerne entfernen und die Gurke quer in etwa 4 cm lange Stücke, dann längs in etwa ½ cm dünne Scheiben schneiden. Ingwer schälen und fein hacken. Koriander abbrausen und die Blättchen abzupfen.

2 Garnelen aus dem Wasser nehmen und etwa 1 Min. abkühlen lassen, dann längs in dünne Scheiben schneiden. Bohnensprossen auf einem Teller anrichten, den Rand mit Gurken garnieren. Die Garnelenscheiben auf den Bohnensprossen verteilen. Ingwer mit Essig, Zucker und Sesamöl in einer Schale verrühren dann über die Garnelen geben. Mit Korianderblättchen garnieren und servieren.

Vorspeisen 33

Garnelen mit Chinakohl

Aus Shandong · Gelingt leicht Xia Ban Bai Cai Xin

Zutaten für 3–4 Portionen:
250 g ungeschälte Tiefseegarnelen
1 Frühlingszwiebel
1 dünne Scheibe Ingwer
5 Sichuan-Pfefferkörner
Salz
1 EL Reiswein
250 g junge Chinakohlblätter
Schale von 2 unbehandelten
Mandarinen (etwa 10 g)
75 g Zucker
2 TL heller Reisessig

Zubereitungszeit: 30 Min.

Bei 4 Portionen pro Portion:
620 kJ/150 kcal

1 Die Garnelen waschen, dabei die Fühler abschneiden, aber die Köpfe möglichst daranlassen. In einem Topf Wasser zum Kochen bringen. Garnelen darin etwa 1 Min. sprudelnd kochen, dann herausnehmen. Das Wasser wegschütten. Die Frühlingszwiebel putzen, waschen und in etwa 10 cm lange Stücke schneiden. Den Ingwer schälen.

2 In einem Topf ⅓ l Wasser zum Kochen bringen, Garnelen, Frühlingszwiebel, Ingwer und Sichuan-Pfefferkörner hineingeben, mit Salz und Reiswein würzen. Nach dem Aufkochen etwa 3 Min. bei mittlerer Hitze kochen, dann vom Herd nehmen und zugedeckt

etwa 10 Min. ziehen lassen. Danach die Garnelen herausnehmen, abtropfen lassen und auf einem Teller anrichten (die Frühlingszwiebel wird nicht weiter verwendet).

3 Die Chinakohlblätter waschen, trockentupfen und zuerst längs in ganz dünne, dann quer in etwa 6 cm lange Streifen schneiden. Die Mandarinenschale waschen, trockentupfen und ebenfalls in sehr feine Streifen schneiden. Beide Zutaten mit Zucker und Essig in einer Schüssel gut vermischen, dann um die Garnelen anordnen.

Hühnerstreifen mit Senf

Sommergericht · Gelingt leicht Jie Mo Ji Si

Zutaten für 4 Portionen:
200 g Hühnerbrust,
ohne Haut und Knochen
1 TL Reiswein
Salz
200 g Mungobohnensprossen
Für die Sauce:
1 EL mittelscharfer Senf
1 TL helle Sojasauce
1 TL heller Reisessig
1 EL Sesamöl
nach Belieben:
1 Stück Möhre zum Garnieren

Zubereitungszeit: 30 Min.

Pro Portion: 380 kJ/90 kcal

1 Die Hühnerbrust in einem kleinen Topf mit etwa ½ l Wasser bei mittlerer Hitze zum Kochen bringen, den Reiswein und 1 Prise Salz dazugeben und bei schwacher Hitze etwa 10 Min. zugedeckt köcheln lassen.

2 Inzwischen die Bohnensprossen waschen. In einem Topf ½ l Wasser aufkochen, Bohnensprossen darin ein paar Sekunden sprudelnd kochen, dann herausnehmen, abtropfen lassen und auf einem Teller anrichten.

3 Das Hühnerfleisch aus dem Topf nehmen und etwa 10 Min. abkühlen lassen. Dann in etwa 5 cm lange, sehr dünne Streifen schneiden.

4 Für die Sauce den Senf mit Sojasauce, Essig und Sesamöl gründlich verrühren. Die Sauce auf die Hühnerstreifen geben und unterrühren. Anschließend die Hühnerstreifen auf die Sprossen geben. Nach Belieben ein Stück Möhre in Scheiben schneiden. Mit einer Ausstechform Sternchen ausstechen und das Gericht damit garnieren.

Variante: Sie können die Hühnerbrust, statt sie im Wasser zu kochen, auch braten. Dazu die Hühnerbrust in etwa 5 cm lange, dünne Streifen schneiden, mit 1 TL Stärke und 1 EL Wasser verrühren und etwa 2 Min. im heißen Pflanzenöl braten, mit 1 EL dunkler Sojasauce, etwas Salz und 1 EL Reiswein würzen.

Huhn mit Glasnudeln

Sommergericht · Gelingt leicht

Huang Gua Fen Pi Ban Ji Si

Zutaten für 2 Portionen:
200 g Hühnerbrust,
ohne Haut und Knochen
1 TL Reiswein
Salz
20 g Glasnudeln
½ Salatgurke
Für die Sauce:
2 EL Sesampaste
1 ½ TL scharfe Sojasauce
1 EL Sesamöl

Zubereitungszeit: 30 Min.

Pro Portion: 1000 kJ/240 kcal

1 In einem kleinen Topf etwa ½ l Wasser bei mittlerer Hitze zum Kochen bringen, die Hühnerbrust, den Reiswein und 1 Prise Salz dazugeben, Temperatur zurückschalten und die Hühnerbrust bei schwacher Hitze etwa 10 Min. simmern lassen.

2 Inzwischen die Glasnudeln in heißem Wasser etwa 10 Min. einweichen. Die Gurke waschen und längs halbieren, die Kerne herauskratzen. Gurke in etwa 8 cm lange Stücke schneiden, dann längs in dünne Scheiben. Anschließend die Gurkenscheiben auf einem Teller anrichten. Die Glasnudeln aus dem Wasser nehmen, in etwa 10 cm lange Stücke schneiden und auf die Gurkenscheiben geben.

3 Das Hühnerfleisch aus dem Topf nehmen und etwa 10 Min. abkühlen lassen. Dann in etwa 3 cm lange, sehr dünne Streifen schneiden und auf die Glasnudeln geben.

4 Für die Sauce Sesampaste mit 2 TL Wasser, der Sojasauce und Sesamöl gründlich verrühren. Die Sauce auf die Hühnerstreifen geben und unterrühren.

Tip! Wenn Sie keine scharfe Sojasauce in Ihrem Asien-Laden bekommen können, mischen Sie 2 EL helle Sojasauce mit ½ TL Sambal Oelek (Fertigprodukt). Das Fleisch bleibt besonders saftig, wenn Sie es noch heiß in Alufolie wickeln und so erkalten lassen.

Glasnudeln

Glasnudeln werden zumeist aus Mungobohnenstärke hergestellt, aber auch aus Saubohnen- oder Erbsenstärke, wobei Glasnudeln aus Mungobohnenstärke von besserer Qualität sind. Die bekanntesten Glasnudeln kommen aus Longkou in der Provinz Shandong. Sie sind besonders fein und kleben nicht aneinander. Glasnudeln gibt es in verschiedenen Formen – von dünnen Suppennudeln bis hin zu breiter Blattform (Fenpi). Glasnudeln gelten als leicht verdaulich und werden deshalb in der vegetarischen Küche mit großer Vorliebe verwendet, in Salat, Suppen, Gemüse- oder auch Fleischgerichten. Klein gehackt werden sie zusammen mit anderen Zutaten auch als Füllung für Hefe-Teigtäschchen (Baozi) genommen. Vor der Zubereitung muß man Glasnudeln etwa 10 Min. in warmem Wasser einweichen. Beim Kauf müssen Sie darauf achten, Glasnudeln nicht mit Reisnudeln zu verwechseln, die sich äußerlich kaum unterscheiden.

Glasnudeln gibt es in ganz unterschiedlichen Formen.

Vorspeisen 37

Hühnerfleisch-Salat

Aus Sichuan · Gelingt leicht

Bang Bang Ji

Zutaten für 1 Servierteller (2 Portionen):
250 g rohe Hühnerbrust ohne Haut und Knochen
½ Gurke
2 Frühlingszwiebeln
2 EL Sesampaste
(aus dem Naturkostladen; ersatzweise Erdnußpaste)
1 TL Zucker
1½ EL dunkle Sojasauce
1 Msp. Sichuan-Pfeffer, frisch gemahlen
1 TL Chiliöl
1 EL Sesamöl

Zubereitungszeit: 40 Min.

Pro Portion: 1500 kJ/ 360 kcal

1 Hühnerfleisch in einen Topf geben und bei mittlerer Hitze mit etwa ½ l Wasser 10–15 Min. kochen.

2 Inzwischen Gurke waschen und längs halbieren. Die Kerne herauslösen, die Hälften in etwa 10 cm lange Stücke schneiden, dann längs in dünne Scheiben. Die Scheiben mit Salz bestreuen und etwa 10 Min. Wasser ziehen lassen. Mit Küchenpapier trockentupfen.

3 Das Hühnerfleisch trockentupfen und anschließend mit dem Teigholz oder dem Fleischklopfer klopfen, bis die Fasern sich lockern. Dann in längliche, feine Stücke zupfen.

4 Gurkenscheiben auf einer runden Servierplatte von der Mitte aus strahlenförmig anrichten, so daß die Scheiben sich leicht überschneiden. Die Hühnerfleischstreifen in die Mitte geben. Frühlingszwiebeln waschen, in dünne Scheiben schneiden, um das Hühnerfleisch herum auf die Gurken legen.

5 Sesampaste mit Zucker, Sojasauce, Sichuan-Pfeffer und beiden Ölsorten verrühren. 2–4 EL Wasser unterrühren, bis die Sauce die Konsistenz von Mayonnaise hat. Sauce in die Mitte über das Hühnerfleisch geben, erst kurz vor dem Servieren unterrühren.

Info: Wörtlich übersetzt heißt dieses Gericht »Stock-Hühnchen«, weil es mit dem Stock geklopft wird.

Ölsorten

In der chinesischen Küche sind die geschmacksneutralen Pflanzenöle von großer Bedeutung, da sie wegen ihrer Hitzebeständigkeit gut zum Braten und Fritieren geeignet sind. Am besten verwenden Sie Sonnenblumenöl oder Erdnußöl. Olivenöl ist wegen seines starken Eigenaromas nicht geeignet.

Neben diesen »neutralen« Ölen werden in der chinesischen Küche noch Sesamöl und Chiliöl verwendet. Sie dienen aber beide zum Würzen und Verfeinern der Speisen. Sesam ist als Ölfrucht schon seit über 4000 Jahren bekannt. Sesamöl wird aus hellen oder dunklen Sesamsamen hergestellt und ist intensiv im Geschmack. Es ist auch in China recht teuer und wird daher sparsam – eben als Gewürz – verwendet. Chiliöl wird in der chinesischen Küche sowohl als Dip wie auch zum Würzen genommen. Sein Aroma und seine Schärfe erhält es durch die Zutaten Ingwer, Frühlingszwiebeln Sellerie, Sichuan-Pfeffer und Chilischoten. Da Chilischoten sehr unterschiedlich scharf sind, sollten Sie das Öl in jedem Fall zunächst vorsichtig verwenden.

An allen Straßenecken werden in Öl fritierte Kringel als Frühstück verkauft.

Hühnerküchelchen

Aus Sichuan · Braucht etwas Zeit Zha Ma Su Ji Gao

Zutaten für 4 Portionen, für 1 Auflaufform oder 1 feuerfesten Teller von etwa 20 cm Ø:
75 g Sesam, ungeschält
250 g Hühnerbrust, ohne Haut und Knochen
Salz · 1 Ei
1 EL Reiswein
1 Prise weißer Pfeffer, frisch gemahlen
5 EL Speisestärke
150 g Salatblätter
½ l neutrales Pflanzenöl zum Fritieren
½ TL Sesamöl
Öl für Form oder Teller
Für den Dip:
2 TL Salz
1 TL Sichuan-Pfeffer, frisch gemahlen
nach Belieben: Möhrenscheiben und Korianderblättchen zum Garnieren
außerdem: ein Bambusdämpfer von etwa 22 cm Ø

Zubereitungszeit: 50 Min.

Pro Portion: 2100 kJ/500 kcal

1 Sesam in einem Topf bei schwacher Hitze unter Rühren etwa 2 Min. rösten. Herausnehmen und etwas abkühlen lassen. Hühnerbrust waschen, trockentupfen und mit einem Küchenbeil oder im Blitzhacker fein hacken. Dann alles in einer Schüssel mit Sesam, Salz, Ei, Reiswein, Pfeffer, 2 EL Speisestärke und 2 EL Wasser vermischen, dabei die Masse etwa 1 Min. in einer Richtung rühren.

2 Auflaufform oder Teller mit etwas Öl einfetten. Hühnermasse 2–2½ cm dick darin bzw. darauf verstreichen. Form oder Teller in einen Bambusdämpfer stellen. Dämpfer schließen. ½ l Wasser in einem Wok aufkochen, Bambusdämpfer darauf setzen. Hühnermasse etwa 12 Min. bei starker Hitze dämpfen.

3 Hühnermasse herausnehmen, etwas abkühlen lassen und in etwa 5 cm lange und etwa 2 cm breite Stücke schneiden. Salat putzen, waschen und trockenschwenken.

4 Für den Dip 2 TL Salz in einen Topf geben und bei schwacher Hitze erwärmen. Sichuan-Pfeffer dazugeben und unter Rühren etwa ½ Min. rösten. In ein Schüsselchen geben und beiseite stellen.

5 Pflanzenöl in einem Wok erhitzen. Es ist heiß genug, wenn an einem ins Öl getauchten Holzstäbchen Bläschen emporsteigen. Hühnerstücke in der restlichen Speisestärke wälzen. Stückweise ins Öl geben und in 2 Portionen nacheinander etwa 2 Min. fritieren, bis die Stücke leicht goldgelb sind. Herausnehmen und so lange warten, bis das Öl wieder heiß ist. Stücke nochmals ins Öl geben (jeweils etwa 5 Stücke auf einmal) und goldbraun fritieren. (Vorsicht, Spritzgefahr!)

6 Die Stücke herausnehmen, das Fett abtropfen lassen. Salat auf einem Teller anrichten. Die fritierten Hühnerküchelchen darauf verteilen und mit Sesamöl beträufeln. Nach Belieben mit Möhrenscheiben und Korianderblättchen garnieren. Zusammen mit der Mischung aus Sichuan-Pfeffer und Salz als Dip servieren.

Variante: Wenn Sie gern Fisch essen, können Sie die Hühnerbrust durch 250 g Fischfilet (z.B. Rotbarsch) ersetzen. Dazu zuerst das Fischfilet kalt abspülen, trockentupfen und mit einem Küchenbeil fein hacken. 25 g Ingwer schälen und sehr fein hacken. Fisch und Ingwer mit den anderen im Rezept angegebenen Zutaten mischen. Die restlichen Zubereitungsschritte sind gleich.

Tip! Achten Sie beim Kauf darauf, daß der Sesam ungeschält ist, denn er hat ein intensiveres Aroma als der geschälte.

Aufgeschnittene Gänsebrust

Aus Taiwan · Gelingt leicht
Liang Ban E Rou

Zutaten für 4 Portionen:
200 g Gänsebrust,
ohne Haut und Knochen
60 g Staudensellerie
½ rote Paprikaschote
1 Scheibe Ingwer, etwa 2 cm dick
1 EL helle Sojasauce
1 TL Reiswein · Salz
weißer Pfeffer, frisch gemahlen
nach Belieben: Sesamöl
2 TL Reisessig
zum Garnieren: Gurkenscheiben

Zubereitungszeit: 30 Min.
(+ 20 Min. Abkühlen lassen)

Pro Portion: 790 kJ/190 kcal

1 Die Gänsebrust abbrausen. In einem Topf etwa ½ l Wasser zum Kochen bringen. Das Fleisch hineingeben und bei mittlerer Hitze etwa 15 Min. sieden lassen.

2 Inzwischen Staudensellerie waschen, längs in etwa ½ cm dünne und 6–7 cm lange Stücke schneiden, Sellerie in kochendem Wasser etwa 1 Min. sprudelnd kochen lassen, herausnehmen und abtropfen lassen. Paprikaschote waschen, Stielansatz, Kerne und Trennwände entfernen, Paprika ebenfalls in ½ cm dünne und 6–7 cm lange Stücke schneiden. Ingwer schälen und in sehr feine Streifen schneiden.

3 Die Gänsebrust aus dem Topf nehmen, etwa 20 Min. abkühlen lassen und in ½ cm dünne und 8 cm lange Stücke schneiden.

4 Die Gänsebrust und den Sellerie mit Sojasauce, Reiswein, je 1 Prise Salz und Pfeffer vermischen und 2–3 Min. ziehen lassen. Danach Paprikastücke und Ingwerstreifen darauf geben und alles auf einer Platte anrichten. Vor dem Servieren mit Sesamöl und Reisessig beträufeln und Gurkenscheiben garnieren.

Tip! Sie können statt Gänsebrust auch Entenbrust nehmen. Falls Sie es scharf mögen, können Sie die Paprikaschote durch eine rote Peperoni ersetzen.

Kaltes Reiswein-Huhn

Aus Taiwan · Gelingt leicht Zui Weng Ruan Ji

Zutaten für 4 Portionen:
250 g Hühnerbrust, mit Haut, ohne Knochen · Salz
7–8 Sichuan-Pfefferkörner
7–8 weiße Pfefferkörner
7–8 Gewürznelken
100 ml Reiswein
100 g Blattsalat, z.B. Endivie
außerdem: Frischhaltefolie
zum Garnieren: 1 Stück Lauch

Zubereitungszeit: 30 Min.
(+ 4 1/2 Std. Ziehen lassen)

Pro Portion: 410 kJ/98 kcal

1 Hühnerbrust abbrausen, trockentupfen und mit 1 Prise Salz einreiben. Dann mit Sichuan-Pfefferkörnern, weißen Pfefferkörnern und Nelken belegen. Die Hühnerbrust auf einen Teller legen und etwa 30 Min. ziehen lassen.

2 Eine hitzebeständige Tasse umgedreht in einen Topf stellen. Etwa 4 cm hoch Wasser angießen und den Teller mit der Hühnerbrust auf die Tasse stellen. Die Hühnerbrust zugedeckt bei starker Hitze 10–12 Min. dämpfen, herausnehmen und 10–15 Min. abkühlen lassen.

3 Den Reiswein in eine Eßschale gießen, dann die Hühnerbrust hineingeben, wobei das Fleisch möglichst mit Reiswein bedeckt sein sollte. Dann mit Frischhaltefolie dicht verschließen und die Schale in den Kühlschrank stellen. Die Hühnerbrust etwa 4 Std. im Reiswein ziehen lassen, zwischendurch einmal wenden.

4 Salat waschen, trockenschleudern und auf einem großen Teller anrichten. Die Hühnerbrust aus dem Reiswein nehmen, die Pfefferkörner und Nelken entfernen, dann die Hühnerbrust in etwa 3 cm lange und 2 cm breite Stücke schneiden und auf dem Salat anrichten. Mit dem dekorativ geschnittenen Lauch garnieren.

Tip! Sie können die Hühnerbrust natürlich auch in einen Bambusdämpfer geben, diesen zugedeckt auf den Topf setzen und das Fleisch so dämpfen.

»Cha Shao«-Schweinefleisch

Aus Guangdong · Braucht etwas Zeit   Mi Zhi Cha Shao

Zutaten für 4 Portionen:
400 g magerer Schweinebauch,
ohne Schwarte (s. Info)
Salz
30 g Zucker
1 TL helle Bohnenpaste
1 TL chinesischer Schnaps
(Gao Liang)
1 TL dunkle Sojasauce
1 EL helle Sojasauce
Für die Sauce:
2 EL Maltose, ersatzweise Honig
1 TL dunkler Reisessig
1/2 TL Reiswein
1/2 TL Speisestärke
100 g Blattsalat, z. B. Endivie

Zubereitungszeit: 1 Std.
(+ 45 Min. Marinieren)

Pro Portion: 1600 kJ/380 kcal

1 Das Fleisch abbrausen, trockentupfen und in etwa 20 cm lange, 4 cm breite und 1 1/2 cm dicke Stücke schneiden. In einer großen Schale oder einem Topf 1 EL Salz, den Zucker, die Bohnenpaste, den Schnaps, die dunkle und helle Sojasauce gut verrühren, die Fleischstücke hineingeben und etwa 45 Min. darin marinieren, zwischendurch evtl. wenden.

2 Den Backofen auf etwa 200° vorheizen. Die Fleischstücke auf den Backrost legen, Fettpfanne darunterschieben und das Fleisch etwa 30 Min. im Backofen (Mitte; Umluft 180°) garen. Die Fleischstücke zwischendurch 2- bis 3mal wenden.

3 Inzwischen Maltose in einer Schale mit 2 EL heißem Wasser auflösen (dazu können Sie entweder Eßstäbchen oder eine Gabel benutzen), dann etwa 5 Min. abkühlen lassen. Danach die Maltosemasse mit Essig, Reiswein und Speisestärke gut verrühren.

4 Die Fleischstücke aus dem Backofen nehmen, etwa 5 Min. abkühlen lassen, dann mit der Maltosemasse einstreichen, danach nochmals 4–5 Min. in den Backofen geben.

5 Salat waschen, trockenschleudern und auf einem großen Teller anrichten. Die Fleischstücke aus dem Backofen nehmen, etwa 5 Min. abkühlen lassen, dann in etwa 1/2 cm dicke Scheiben schneiden und auf dem Salat anrichten.

Getränk: Zu diesem Gericht paßt ein kühles Pils besonders gut.

Info: In der Küche von Guangdong ist »Cha Shao«-Fleisch als Vorspeise besonders beliebt. Kleingehackt verwendet man »Cha Shao«-Fleisch auch gern als Füllung für Hefeteigtäschchen. Im Originalrezept wird das Fleisch hängend gebraten. Da das in den europäischen Haushalten technisch schwer realisierbar ist, wird das Fleisch in diesem Rezept liegend gebraten. Es ist wichtig, das Fleisch während des Backens mehrmals zu wenden. Damit das Fleisch nach dem Garen noch schön saftig ist, sollten Sie nicht zu mageres Fleisch kaufen. In vielen Asienläden können Sie »Cha Shao«-Sauce bereits fertig angerührt kaufen. Nach dem Öffnen bewahren Sie die »Cha Shao«-Sauce am besten im Kühlschrank auf.

Tip! »Cha Shao« bedeutet wörtlich übersetzt »auf den Spieß gesteckt gegart«. Wenn Sie einen Grill mit Drehspieß haben, können Sie das Schweinefleisch längs auf den Spieß stecken und unter Drehen grillen. Dadurch wird das Fleisch noch gleichmäßiger gegart. Streichen Sie das Fleisch nach 15 Min. mit der Maltosemasse ein und lassen Sie es dann etwa 15 Min. weitergaren.

44 *Vorspeisen*

Fritierte Won Ton

Aus Guangdong · Gelingt leicht

Zha Hun Tun

Zutaten für 4 Portionen:
250 g Won Ton-Teig, tiefgekühlt
1 Scheibe Ingwer, etwa 2 cm dick
200 g Schweinehackfleisch
Salz
weißer Pfeffer, frisch gemahlen
1 EL Reiswein
1 TL Sesamöl
1 Ei
½ l neutrales Pflanzenöl zum Fritieren
2 EL Reisessig

Zubereitungszeit: 30 Min.

Pro Portion: 2500 kJ/600 kcal

1 Won Ton-Teig auftauen lassen, Ingwer schälen und ganz fein hacken.

2 In einer Eßschale das Schweinehack mit Ingwer, Salz, 1 Prise Pfeffer, Reiswein, Sesamöl und Ei gut durchrühren, dann in 24 Portionen teilen.

3 Die Won Ton-Teigscheiben vorsichtig voneinander lösen. Je eine Portion Fleisch auf die Mitte einer Teigscheibe geben, die Teigränder mit etwas Wasser anfeuchten und diagonal zu dreieckigen Täschchen zusammenklappen und Ränder gut festdrücken.

4 Das Öl im Wok oder in einem Topf bei mittlerer Hitze heiß werden lassen. Wenn an einem ins Öl getauchten Holzstäbchen Bläschen aufsteigen, ist es heiß genug. Die Won Ton stückweise nacheinander ins Öl hineingeben, dann alle zusammen im heißen Öl etwa 3 Min. fritieren. Vorsicht, Spritzgefahr! Won Ton mit einem Schaumlöffel herausnehmen, Öl abtropfen lassen und die Won Ton mit dem Essig als Dip servieren.

Variante: Wenn Sie gerne (Nordsee-) Krabben essen, nehmen Sie nur die Hälfte des Schweinehackfleisches und ersetzen die andere Hälfte durch gehackte Krabben. Die Füllung schmeckt dann noch feiner
Vegetarier können die Fleischfüllung durch 180 g Chinakohl, 20 g Donggu-Pilze und 10 g Lilienblüten, beide getrennt voneinander etwa 20 Min. einweichen und dann abtropfen lassen, ersetzen. Diese Zutaten kleinhacken, mit Salz, weißem Pfeffer und Sesamöl würzen.

Info: Neben »neutralen« Ölen wie z.B. Sonnenblumenöl oder Erdnußöl, die wegen ihrer Hitzebeständigkeit in der chinesischen Küche zum Braten und Fritieren verwendet werden, setzt man Sesamöl zum Würzen und Verfeinern der Gerichte ein. Das dunkle, dickflüssige und aromatische Sesamöl wird aus hellen und dunklen Sesamsamen hergestellt. Da es auch in China sehr teuer ist, wird es fast nur tropfenweise verwendet. Bei längerer Lagerung kann dieses Öl leicht ranzig werden, also am besten nur in kleinen Mengen kaufen.

Tip! In der Regel ist Won Ton-Teig in jedem Asienladen erhältlich. Sollten Sie den fertigen Won Ton-Teig jedoch nicht bekommen, können Sie ihn auch selbst herstellen. Nehmen Sie 200 g Mehl, 1 Ei und 50 ml Wasser, verkneten Sie alles zu einem geschmeidigen Teig, lassen ihn etwa 30 Min. ruhen, rollen ihn danach dünn aus und schneiden ihn dann in 24 quadratische Teigscheiben von etwa 10 x 10 cm.

Vorspeisen

Schwein mit Knoblauch

Suan Ni Bai Rou

Sommergericht · Gelingt leicht

Zutaten für 2 Portionen:
200 g Schweinebauch, mit Schwarte, ohne Knochen (etwa 3 cm dick)
1 dünne Scheibe Ingwer
1 TL Reiswein
Salz
3 Knoblauchzehen
2 TL helle Sojasauce
1 TL Sesamöl

Zubereitungszeit: 40 Min.

Pro Portion: 1800 kJ/430 kcal

1 Den Schweinebauch waschen und mit 1/2 l Wasser in einem Topf bei mittlerer Hitze zum Kochen bringen. Ingwer, Reiswein und 1 Prise Salz dazugeben, dann bei schwacher Hitze etwa 30 Min. zugedeckt köcheln lassen.

2 Das Fleisch herausnehmen und etwa 5 Min. abkühlen lassen, dann quer zur Faser in etwa 5 cm lange, etwa 2 mm dünne Scheiben schneiden. Die Fleischscheiben auf einem Teller anrichten.

3 Knoblauchzehen schälen und fein hacken. Mit der Sojasauce und dem Sesamöl verrühren und über das Fleisch gießen.

Info: Um diese chinesischen Schriftzeichen aus Paprika zu schnitzen, brauchen Sie schon etwas Geduld und Geschicklichkeit. Einfacher geht es natürlich mit einer Ausstechform, die wir aus Peking mitgebracht haben.

Tip! Falls Sie Schweinebauch zu fett finden, können Sie auch Schweinebraten nehmen. Man kann den Knoblauch auch durch eine Knoblauchpresse drücken, mit gehacktem Knoblauch schmeckt das Gericht jedoch kräftiger.

Rindfleisch mit 5 Gewürzen

Herbstgericht · Gelingt leicht

Wu Xiang Jiang Rou

Zutaten für 4 Portionen:
500 g zarter Rinderbraten
(z. B. Rosenspitz, etwa 4 cm dick)
1 Frühlingszwiebel
1 etwa walnußgroßes Stück Ingwer (20 g)
10 Sichuan-Pfefferkörner
3 Sternanis
1 Zimtstange (etwa 7 cm)
2 TL Fenchelsamen
2 Gewürznelken · 1 EL Reiswein
2 EL dunkle Sojasauce · Salz

Zubereitungszeit: 25 Min.
(+ 45 Min. Garen)

Pro Portion: 670 kJ/160 kcal

1 Den Rinderbraten waschen, in einen Topf legen, mit Wasser bedecken und das Wasser zum Kochen bringen. Inzwischen die Frühlingszwiebel putzen und waschen, den Ingwer schälen, die Zimtstange einmal durchteilen. Pfefferkörner, Sternanis, Zimt, Fenchelsamen und Gewürznelken in ein Stoffsäckchen füllen, zubinden.

2 Wenn das Wasser mit dem Fleisch aufkocht, Frühlingszwiebel, Ingwer, Gewürzsäckchen, Reiswein, Sojasauce und 1 Prise Salz dazugeben. Zugedeckt bei schwacher Hitze etwa 45 Min. köcheln. Dann den Rinderbraten aus der Brühe heben und abkühlen lassen.

3 Die Brühe unter Rühren bei starker Hitze offen auf die Hälfte einkochen. Das Fleisch in etwa 7 cm lange, etwa 5 mm dünne Scheiben schneiden. Die Scheiben auf einer länglichen Platte anrichten und 2–3 EL von der Brühe darüber gießen. Nach Belieben mit Gurkenscheiben und Blättern, aus Lauch geschnitzt, garnieren.

Tip! Falls Sie in Ihrem Asien-Laden 5-Gewürz-Pulver finden, können Sie das Gewürzsäckchen durch 1 EL 5-Gewürz-Pulver ersetzen, das Sie einfach in das Wasser streuen.

Scharfer Rinderaufschnitt

Aus Sichuan · Gelingt leicht La Niu Rou

Zutaten für 4 Portionen:
500 g zartes Rindfleisch
(z.B. Rosenspitz, etwa 4 cm dick)
3 EL Reiswein
2 Frühlingszwiebeln
1 Scheibe Ingwer, etwa 2 cm dick
4 getrocknete Chilischoten
3 Sternanis
1/2 TL Sichuan-Pfefferkörner
1 EL dunkle Sojasauce
nach Belieben: getrocknete Chilischoten zum Garnieren

Zubereitungszeit: 20 Min.
(+ 30 Min. Marinieren
+ 45 Min. Garen)

Pro Portion: 700 kJ/170 kcal

1 Rindfleisch waschen, trockentupfen, mit 2 EL Reiswein etwa 30 Min. zugedeckt marinieren. Inzwischen Frühlingszwiebeln putzen, waschen und in etwa 10 cm lange Stücke schneiden. Ingwer schälen und in dünne Scheiben schneiden. Chilischoten, Sternanis und Sichuan-Pfefferkörner in ein Gewürzsäckchen füllen und zubinden.

2 In einem Topf 1 1/2 l Wasser zum Kochen bringen. Das Rindfleisch darin etwa 3 Min. sprudelnd kochen, herausnehmen und das Wasser wegschütten. Rindfleisch in einen schmalen hohen Topf geben und mit etwa 1 l Wasser bedecken. Frühlingszwiebeln, Ingwer, 1 EL Reiswein, Sojasauce und Gewürzsäckchen dazugeben. Zugedeckt bei starker Hitze zum Kochen bringen. Nach dem Aufkochen die Temperatur reduzieren und das Fleisch etwa 45 Min. bei schwächster Hitze simmern lassen. Dann den Rinderbraten aus der Brühe heben, in Alufolie wickeln und abkühlen lassen.

3 Die Brühe offen bei starker Hitze auf die Hälfte einkochen. Inzwischen das Fleisch in etwa 7 cm lange, 4 cm breite und 5 mm dünne Scheiben schneiden. Die Scheiben auf einer länglichen Platte anrichten, 2–3 EL von der Brühe darübergeben. Nach Belieben mit getrockneten Chilischoten garnieren.

Kaninchen in pikanter Sauce

Aus Sichuan · Gelingt leicht **Ban Tu Ding**

Zutaten für 4 Portionen:
350 g Kaninchenfleisch, ohne Knochen
1 Frühlingszwiebel
1 Scheibe Ingwer, etwa 1 cm dick
1 Knoblauchzehe
2 Zweige Koriander
2 EL Reiswein · Salz
3 EL Sesam, ungeschält
2 EL helle Sojasauce
1 TL Zucker
1 TL dunkler Reisessig
1 Prise Sichuan-Pfeffer, frisch gemahlen
1 EL scharfe Bohnenpaste
1 EL Sesampaste
½ TL Sesamöl
Zubereitungszeit: 30 Min.
Pro Portion: 850 kJ/200 kcal

1 Das Kaninchenfleisch waschen. Frühlingszwiebel putzen, waschen und in etwa 10 cm lange Stücke schneiden. Ingwer schälen und in dünne Scheiben schneiden. Knoblauch häuten und fein hacken. Koriander abbrausen und die Blättchen abzupfen.

2 Das Kaninchenfleisch in einem Topf mit Wasser bedeckt bei mittlerer Hitze zum Kochen bringen, abschäumen und Frühlingszwiebel, Ingwerscheiben, 1 EL Reiswein und 1 Prise Salz dazugeben. Die Temperatur zurückschalten und das Fleisch zugedeckt etwa 15 Min. bei schwacher Hitze köcheln lassen.

3 Sesam in einem Topf bei schwacher Hitze unter Rühren 2–3 Min. rösten. Herausnehmen und abkühlen lassen. Knoblauch mit 1 EL Reiswein, mit Sojasauce, Zucker, Essig, Sichuan-Pfeffer, Bohnenpaste, Sesampaste und Sesamöl in einer Schüssel mischen und gründlich verrühren.

4 Das Kaninchenfleisch aus dem Topf nehmen, abkühlen lassen und in etwa 2 cm große Würfel schneiden. Die Würzsauce darübergeben. Mit geröstetem Sesam bestreuen, mit Koriander garnieren und servieren.

Info: Kaninchen bekommt man oft nur im Ganzen. Das restliche Fleisch läßt sich aber gut einfrieren.

FISCH UND MEERESFRÜCHTE

Fisch heißt auf chinesisch yu, ein Wort, das vom Klang her auch »Übrigbleiben« bedeuten kann. Am chinesischen Silvesterabend darf ein Fischgericht nicht fehlen. Selbst wenn der Fisch noch so gut schmeckt, ganz aufgegessen werden darf er aber nicht. Denn wenn Reste übrigbleiben, bedeutet das, daß auch im nächsten Jahr immer genug zu essen da sein wird. Daß der Fisch mit Kopf und Schwanz serviert wird, also noch »Anfang« und »Ende« hat, bedeutet soviel wie: »Gut angefangen und gut zu Ende gebracht«. Aber auch während des Jahres essen die Chinesen viel Fisch. Er dient als wichtiger Eiweißlieferant, da es in China ja kaum Milchprodukte gibt. Mit über 5000 Kilometern Küste und zahlreichen Flüssen und Seen ist die Versorgung mit Fisch unproblematisch. Flußfisch ist in China übrigens beliebter als Meeresfisch, so sind z.B. Flußkrebse auch wesentlich teurer als ihre Artgenossen aus dem Meer. Einer der Lieblingsfische der Chinesen ist der Karpfen, der eher wegen seiner glückbringenden Bedeutung als seines Geschmacks wegen geschätzt wird. Garnelen werden in China sehr gerne und oft gegessen, da das Garnelenfleisch ausgesprochen fein schmeckt und sich auch hervorragend mit anderen Zutaten kombinieren läßt.

Garnelen werden in der chinesischen Küche auf vielerlei köstliche Arten zubereitet.

Fisch und Meeresfrüchte 53

Fisch süß-sauer

Aus Nordchina · Braucht etwas Zeit
Tang Cu Li Yu

Zutaten für 1 Servierteller (3 Portionen):
1 festfleischiger Fisch von etwa 600 g (z.B. Barsch, küchenfertig vorbereitet)
1 Ei
1 TL trockene Speisestärke + 2 TL Speisestärke, in 5 EL Wasser angerührt
2 EL Mehl
Salz
20 g Lauch + 1 ca. 8 cm langes Stück Lauch zum Verzieren
4 Knoblauchzehen
1 walnußgroßes Stück Ingwerwurzel
1 l Pflanzenöl zum Fritieren
3 EL Zucker
4 EL brauner Essig
3 EL helle Sojasauce
2 EL Reiswein
2 EL Sichuan-Pfeffer-Öl

Zubereitungszeit: 45 Min.

Pro Portion: 2400 kJ/ 570 kcal

1 Fisch unter fließendem kaltem Wasser waschen und trockentupfen. Anschließend Fisch auf einer Seite quer in einem Abstand von etwa 2 ½ cm bis zur Mittelgräte hin einschneiden. Das Fischfleisch dann in Richtung Fischkopf entlang der Gräte so weit ablösen, daß es wie eine Scheibe ist, aber noch an der Gräte haftet. Auf diese Weise den ganzen Fisch einschneiden.

2 Ei mit trockener Speisestärke, Mehl und Salz zu einem dickflüssigen, aber nicht zu festen Teig verrühren. Evtl. etwas Wasser untermischen. Diese Mischung auf dem Fisch verteilen.

3 Lauch putzen und in mittelfeine Streifen schneiden. Das 8 cm lange Stück für die Verzierung ebenfalls putzen, 1 Min. blanchieren (sprudelnd kochen), in ganz dünne Streifen schneiden und beiseite stellen. Knoblauchzehen schälen und in dünne Scheiben schneiden, Ingwer schälen und in feine Streifen schneiden.

4 Öl in einem Topf oder Wok erhitzen. Es ist heiß genug, wenn an einem hölzernen Stäbchen, das Sie ins heiße Fett tauchen, kleine Bläschen aufsteigen. Fisch hineingeben und etwa 3 Min. fritieren, dabei einmal vorsichtig wenden. Fisch kurz herausnehmen, anschließend noch einmal etwa 2 Min. fritieren, dadurch wird die Panade noch knuspriger. Fisch anschließend auf einen angewärmten Servierteller geben.

5 Öl bis auf einen dünnen Film ausgießen. Lauch, Knoblauch und Ingwer in den Topf geben und unter Rühren bei starker Hitze etwa 1 Min. braten. Zucker, Essig, Sojasauce und Reiswein dazugeben. Angerührte Speisestärke untermischen und alles einmal aufkochen lassen.

6 Fisch mit der Sauce begießen, nach Belieben mit den Lauchstreifen verzieren, und mit Sichuan-Pfeffer-Öl beträufeln. Sofort servieren.

Variante: Wer nicht soviel Übung im Kochen und vor allem im Fritieren hat, tut sich vielleicht mit einem ganzen Fisch etwas schwer. Kaufen Sie dann einfach etwa 400 g festfleischiges Fischfilet, z.B. Rotbarsch oder Kabeljau, und schneiden es in mundgerechte Stücke. Die Fischwürfel durch den Teig ziehen und portionsweise im heißen Fett etwa 2 Min. fritieren.

Tip! Fischgeruch aus der Pfanne oder dem Wok verschwindet ganz leicht, wenn Sie Teeblätter (bereits benutzt) mit Wasser hineingeben und ein paar Stunden darin stehenlassen oder kurz kochen lassen. Dann einfach abgießen und der Geruch ist verschwunden.

Gedämpfter Fisch

Aus der Zhejiang-Provinz   Qing Zheng Gui Yu

*Zutaten für 1 Servierteller
(2 Portionen):
5 getrocknete Tongku-Pilze
1 zarter Fisch von etwa 500 g
(z.B. Saibling oder Forelle,
küchenfertig vorbereitet)
50 g roh geräucherter Schinken
50 g Bambussprossen
6 dünne Scheiben Ingwerwurzel
2 Frühlingszwiebeln
(je etwa 4 cm lang)
2 Knoblauchzehen
3 EL Pflanzenöl
oder Schweineschmalz
3 EL Reiswein · Salz
Zum Stippen:
1–2 Scheiben Ingwer, feingehackt
1 EL brauner Essig*

*Zubereitungszeit: 30 Min.
(+ 20 Min. Einweichen)*

Pro Portion: 2400 kJ/ 570 kcal

1 Pilze in heißem Wasser etwa 20 Min. einweichen. Inzwischen Fisch gründlich mit kaltem Wasser waschen und trockentupfen. Dann auf beiden Seiten im Abstand von 1–2 cm leicht einschneiden.

2 Pilze aus dem Wasser nehmen, von den Stielen befreien und in dünne Scheiben schneiden. Schinken und Bambus ebenfalls in dünne Scheiben schneiden.

3 Fisch in einen tiefen länglichen Teller legen. Schinken, Bambus und Pilze nach Farben getrennt darauf verteilen.

4 Ingwer schälen und Frühlingszwiebeln waschen. Knoblauch schälen und in dicke Scheiben schneiden.

5 Öl oder Schweineschmalz in einer Pfanne oder einem Wok erhitzen. Ingwer, Frühlingszwiebeln und Knoblauchscheiben bei starker Hitze kurz darin braten. 4 EL Wasser, den Reiswein und Salz untermischen.

6 Sauce über den Fisch gießen. Frühlingszwiebel, Knoblauch und Ingwer daneben legen.

7 In einen weiten Topf eine umgedrehte Tasse stellen. Etwa 4 cm hoch Wasser angießen und den Teller mit dem Fisch auf die umgedrehte Tasse stellen. Wasser zum Kochen bringen. Fisch bei starker Hitze zugedeckt 10–15 Min. dämpfen.

8 Ingwer, Frühlingszwiebeln und Knoblauch entfernen. Zum Stippen Ingwerscheiben schälen und fein hacken und mit Essig mischen und dazu servieren.

Tip! Garnieren Sie mit feinen Lauchstreifen, geschnitten aus einem etwa 5 cm langen Stück Lauch.

Ingwer

Ingwer ist eines der ältesten Gewürze der Tropen. Heute wird die Ingwerpflanze hauptsächlich in China, Japan und Indien kultiviert. Gegessen werden die fleischigen, knollig verdickten Wurzelstöcke. Seinen spezifischen Geschmack erhält der Ingwer durch etwa 2% ätherisches Ingweröl und Gingerol. Zusammen mit Lauch und Knoblauch zählt Ingwer in China zu den drei sogenannten »Scharfen« – seit der Frühling- und Herbstdynastie (770–221 v.Chr.) eines der wichtigsten Gewürze.

In der Jiangsu-Provinz reichte man traditionell eine Vorspeise aus sehr feingeschnittenem Ingwer, um den Appetit anzuregen.

In riesengroßen Bündeln wird junger Ingwer transportiert.

Auch Konfuzius soll die Knolle sehr geschätzt haben und wünschte sich, daß er sein ganzes Leben lang kein Gericht ohne Ingwer essen müßte. Ingwer ist nicht nur wegen seines würzigen Geschmacks so beliebt, sondern auch, weil ihm zu Recht heilende Wirkung nachgesagt wird.

Nach der Yin- und Yang-Theorie gilt er als warmes Gewächs und soll gegen Erkältung, Fieber, Magenschmerzen und allgemein bei Kälte helfen: Kochen Sie Ingwer mit braunem Zucker und trinken Sie die stärkende Brühe sehr heiß. Danach sollten Sie ausgiebig schwitzen.

Forelle mit Ingwerstreifen

Aus Tianjin · Gelingt leicht   **Jiang Si Yu**

**Zutaten für einen Servierteller,
für 2 Portionen:
1 Forelle (etwa 500 g),
küchenfertig vorbereitet
1 Frühlingszwiebel
1 etwa walnußgroßes Stück Ingwer
(25 g)
3 EL neutrales Pflanzenöl
1 Sternanis
4 EL Reiswein
1 l Fleischbrühe (selbstgemacht
oder instant)
Salz
1 EL dunkle Sojasauce**

Zubereitungszeit: 30 Min.

Pro Portion: 1700 kJ/400 kcal

1 Die Forelle innen und außen waschen, trockentupfen. Das Fischfleisch auf beiden Seiten in einem Abstand von etwa 4 cm etwa 1 cm tief kreuzweise einschneiden (siehe Schritt 1, S. 85). Die Frühlingszwiebel putzen, waschen und quer in etwa 5 cm lange Stücke, dann längs in dünne Streifen schneiden. Den Ingwer schälen und davon 3 dünne Scheiben (etwa 5 g) abschneiden, den Rest in 4 cm lange, jedoch sehr dünne Streifen schneiden.

2 In einem Wok 1 ½ EL Öl bei schwacher Hitze erwärmen, Sternanis und Ingwerscheiben darin kurz anbraten, mit 2 EL Reiswein löschen, dann etwa 950 ml Fleischbrühe dazugießen. Den Fisch hineingeben und mit Salz würzen. Den Fisch mit der Brühe bei starker Hitze zum Kochen bringen, dann bei mittlerer Hitze etwa 5 Min. kochen. Den Fisch aus dem Wok nehmen, abtropfen lassen und auf einen Teller legen. Die Brühe aus dem Wok gießen.

3 Im Wok das restliche Öl erwärmen, Ingwerstreifen bei schwacher Hitze unter Rühren kurz anbraten, den restlichen Reiswein, Sojasauce und die restliche Fleischbrühe dazugeben. Die Brühe bei starker Hitze zum Kochen bringen, dann gleichmäßig über den Fisch gießen.

Tip! Statt Forelle können Sie auch Karpfen nehmen.

Gebratene Fischwürfel

Aus Shandong · Gelingt leicht   **Bao Yu Ding**

**Zutaten für 2 Portionen:
200 g Fischfilet (z.B. Kabeljau,
Scholle oder Barsch)
2 Eiweiß
2 EL Stärke + 1 TL Stärke
Salz
2 ½ EL Reiswein
weißer Pfeffer, frisch gemahlen
50 g Bambussprossen in Stücken
(aus der Dose)
½ Frühlingszwiebel
1 Knoblauchzehe
je ½ grüne und rote Paprikaschote
4 EL neutrales Pflanzenöl
nach Belieben: 1 TL Sesamöl**

Zubereitungszeit: 30 Min.

Pro Portion: 1500 kJ/360 kcal

1 Das Fischfilet eventuell mit einer Pinzette von den Gräten befreien, dann in etwa 1 ½ cm große Würfel schneiden. Die Würfel mit Eiweiß, 2 EL Stärke, 1 Prise Salz und ½ EL Reiswein mischen. 1 TL Stärke mit 50 ml Wasser, etwas Salz und 1 Prise Pfeffer in einer Schale verrühren und beiseite stellen.

2 In einem Topf Wasser aufkochen. Die Bambussprossen darin etwa 1 Min. sprudelnd kochen, herausnehmen, abtropfen, abkühlen lassen und in etwa 1 ½ cm große Würfel schneiden. Frühlingszwiebel putzen, waschen und in kurze Stücke schneiden. Knoblauch schälen und in dünne Scheiben schneiden. Paprika waschen, von Stiel und Kernen befreien und in etwa 1 ½ cm große Stücke schneiden. Das Öl im Wok bei mittlerer Hitze heiß werden lassen. Die Fischwürfel hineingeben und unter Rühren etwa 2 Min. braten, dann herausnehmen.

3 Im Restöl Frühlingszwiebel und Knoblauch bei mittlerer Hitze und unter Rühren kurz anbraten, Bambussprossen und Paprika dazugeben, unter Rühren etwa 1 Min. braten. Danach die Fischwürfel hinzufügen, mit dem restlichen Reiswein würzen, die angerührte Stärke dazugeben und unter Rühren etwa 1 Min. schmoren. Vor dem Servieren nach Belieben mit Sesamöl beträufeln.

Fisch und Meeresfrüchte 59

Garnelen mit Pilzen

Aus Nordchina · Gelingt leicht **You Men Da Xia**

Zutaten für 1 Servierteller
(2 Portionen):
10 mittelgroße getrocknete
Mu-Err-Pilze
5 dünne Scheiben Ingwerwurzel
2 Frühlingszwiebeln
3 Knoblauchzehen
400 g rohe Garnelen
4 EL Pflanzenöl
1 EL Reiswein
Salz
nach Belieben 1–2 EL Sesamöl

Zubereitungszeit: 35 Min.

Pro Portion: 1900 kJ/ 450 kcal

1 Mu-Err-Pilze in heißem Wasser etwa 20 Min. einweichen. Pilze aus dem Wasser nehmen und gut ausdrücken. Während der Einweichzeit Ingwer, Frühlingszwiebeln und Knoblauch putzen bzw. schälen. Ingwer, Frühlingszwiebeln und Knoblauch in feine Scheiben schneiden.

2 Garnelen von Kopf, Schale und Darm befreien. Vom dickeren Ende aus der Länge nach nur so weit einschneiden, daß sie am dünnen Ende noch zusammenhalten.

3 Öl in einer Pfanne oder im Wok erhitzen. Garnelen hineingeben und unter Rühren bei starker Hitze etwa 1 Min. braten. Reiswein untermischen, Garnelen dann herausnehmen.

4 Pilze im verbliebenen Öl unter Rühren kurz braten. Ingwer, Frühlingszwiebeln und Knoblauch dazugeben und weiterbraten, bis es duftet. Garnelen wieder dazugeben und mit Salz abschmecken.

5 Garnelen nach Belieben vor dem Servieren mit Sesamöl beträufeln.

Tip! Besonders hübsch sehen die Garnelen aus, wenn Sie sie auf Salatblättern anrichten. Dazu die Blätter waschen und den Servierteller damit auskleiden. Die Garnelen in die Mitte häufen.

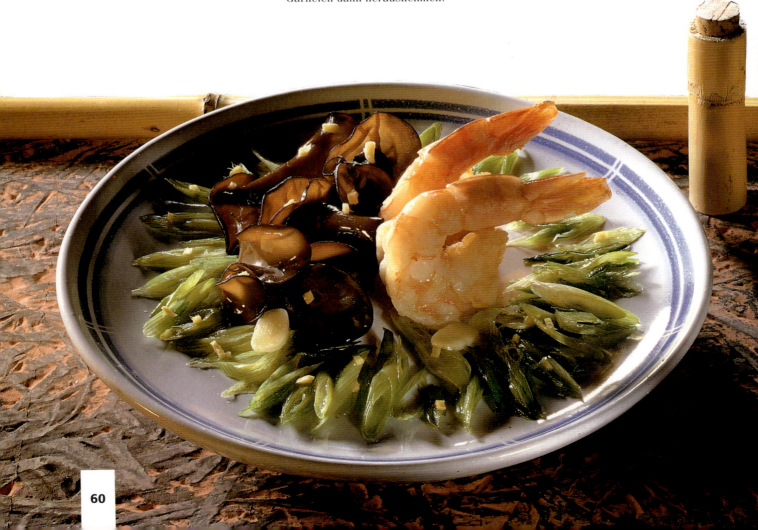

Garnelen mit Tomaten

Aus Ostchina · Geht schnell **Fan Qie Xia Ren**

*Zutaten für 1 Servierteller
(2 Portionen):*
**400 g rohe Garnelen
50 g Frühlingszwiebel
50 g Wasserkastanien
1–2 Tomaten (je nach Größe;
ersatzweise passierte Tomaten aus
der Packung)
5 EL Pflanzenöl
50 g enthülste Erbsen
(frisch oder tiefgefroren)
Salz
1 TL Zucker
2 EL Reiswein
3 dünne Scheiben Ingwerwurzel
1 EL Speisestärke, mit 5 EL Wasser
verrührt**

Zubereitungszeit: 25 Min.

Pro Portion: 2300 kJ/ 550 kcal

1 Garnelen waschen. Den Kopf etwa 1 cm hinter dem Gelenk abschneiden, die restlichen Garnelenstücke schälen, vom Darm befreien und gut trockentupfen. Frühlingszwiebeln putzen und in Würfel schneiden. Wasserkastanien ebenfalls in Würfel schneiden, die so groß sein sollen wie die Erbsen. Tomaten waschen und in 2 cm große Stücke schneiden.

2 In einer Pfanne oder einem Wok 2½ EL Öl erhitzen. Garnelen darin bei starker Hitze unter Rühren etwa 2 Min. braten, bis sie rot werden. Dann wieder herausnehmen.

3 Restliches Öl erhitzen. Frühlingszwiebeln darin unter Rühren kurz anbraten und wieder herausholen. Tomaten in die Pfanne geben und bei starker Hitze unter Rühren etwa 2 Min. braten, bis sich Saft bildet. Wasserkastanien und Erbsen dazugeben. Frühlingszwiebeln untermischen.

4 Gericht mit Salz, Zucker und Reiswein abschmecken. Ingwer schälen, Garnelen und Ingwer untermischen und alles noch einmal 3–4 Min. unter starker Hitze unter Rühren braten. Ingwer entfernen. Speisestärke unterrühren und das Ganze einmal aufkochen lassen. Garnelen sofort servieren.

Tip! Mit der gleichen Sauce schmecken auch Fisch- oder Garnelenklößchen, die Sie in Asien-Läden tiefgefroren kaufen können. Die Klößchen sollten Sie halbieren oder vierteln, damit sie das Aroma der Sauce besser aufnehmen.

Fischfilet mit Tomaten

Fan Qie Yu Pian

Aus Hunan · Gelingt leicht

Zutaten für 2–3 Portionen:
300 g Fischfilet (z.B. Rotbarsch)
1 Eiweiß · 2 EL Reiswein
1 EL Speisestärke
+ 1 TL Speisestärke
Salz
2 Tomaten (etwa 100 g)
200 ml neutrales Pflanzenöl
1 Prise weißer Pfeffer,
frisch gemahlen
50 ml Hühnerbrühe
(selbstgemacht oder instant)

Zubereitungszeit: 40 Min.

Bei 3 Portionen pro Portion:
1100 kJ/260 kcal

1 Das Fischfilet in etwa 4 cm lange und 2 cm breite Scheiben schneiden. Mit Eiweiß, 1 EL Reiswein, 1 EL Speisestärke und 1 Prise Salz mischen.

2 Tomaten mit kochendheißem Wasser überbrühen, abschrecken, häuten, in etwa 4 cm große Stücke schneiden, dabei Stielansätze entfernen.

3 Öl in einem Wok erhitzen. Es ist heiß genug, wenn an einem ins Öl getauchten Holzstäbchen Bläschen emporsteigen. Fischscheiben stückweise hineingeben und etwa 1 Min. fritieren. (Vorsicht, Spritzgefahr!) Herausnehmen und das Fett abtropfen lassen.

4 Die Temperatur herunterschalten. Öl bis auf einen dünnen Film aus dem Wok gießen. Die Tomatenstücke darin unter Rühren bei mittlerer Hitze etwa 1 Min. braten, Fischfilet dazugeben. Dann mit 1 EL Reiswein, Salz und Pfeffer würzen und die Brühe angießen. Einmal aufkochen lassen. 1 TL Speisestärke mit 1 EL Wasser anrühren. In die Brühe rühren und sie damit binden.

Tip! Sie können das Gericht vor dem Servieren mit 1 EL feingehackten Korianderblättchen bestreuen. Beim Fritieren darf das Fischfilet nicht knusprig werden, daher nicht länger als 1 Min. fritieren.

Knuspriges Fischfilet

Yu Xiang Su Yu Pian

Aus Hunan · Sommergericht

Zutaten für 3–4 Portionen:
400 g Schollenfilet
oder Kabeljaufilet
Salz · 3 EL Reiswein
1 kleiner Bund
chinesischer Schnittlauch,
möglichst mit Blüten
1 Scheibe Ingwer, etwa 2 cm dick
2 Knoblauchzehen
150 g Salatgurke
1 Ei · 60 g Speisestärke
250 ml neutrales Pflanzenöl
1½ EL scharfe Bohnenpaste
1 EL Zucker · 1 TL Reisessig
1 TL helle Sojasauce

Zubereitungszeit: 35 Min.

Bei 4 Portionen pro Portion:
1200 kJ/290 kcal

1 Fischfilet kalt abspülen, trockentupfen und in etwa 5 cm lange und 3 cm breite Scheiben schneiden, mit Salz und 1 EL Reiswein mischen. Dann etwa 10 Min. ziehen lassen. Schnittlauch abbrausen und fein hacken. Ingwer schälen, Knoblauch häuten, beides fein hacken. Gurke waschen und längs halbieren. Die Kerne entfernen, Gurke quer in dünne Scheiben schneiden und auf einem Teller anrichten. Das Ei in einer Schüssel mit der Speisestärke und 1 EL Wasser verquirlen.

2 Öl in einem Wok bei starker Hitze heiß werden lassen. Es ist heiß genug, wenn an einem ins Öl getauchten Holzstäbchen Bläschen emporsteigen. Fischstücke durch die Ei-Stärkemasse ziehen und nacheinander ins Öl geben.

Etwa 1 Min. fritieren und herausnehmen. Das Öl erneut stark erhitzen, dann die Fischstücke nochmals ins Öl geben und in etwa ½ Min. goldgelb fritieren. (Vorsicht, Spritzgefahr!) Herausnehmen, das Fett abtropfen lassen.

3 Öl bis auf einen dünnen Film aus dem Wok gießen, Temperatur herunterschalten. Bohnenpaste, Ingwer und Knoblauch ins Öl geben, unter Rühren bei schwacher Hitze anbraten. Zucker, Essig, Sojasauce und 2 EL Reiswein dazugeben. Fischstücke und Schnittlauch untermischen. Gut durchrühren, auf die Gurke geben und servieren. Nach Belieben mit Schnittlauchblüten garnieren.

Scholle mit Knoblauchsauce

Aus Sichuan · Deftig Chuan Suan Shao Yu

Zutaten für 4 Portionen:
1 Scholle (etwa 600–700 g),
küchenfertig vorbereitet
12 Knoblauchzehen
1 Frühlingszwiebel
1 Scheibe Ingwer, etwa 2 cm dick
4 EL neutrales Pflanzenöl
1 1/2 EL scharfe Bohnenpaste
2 EL dunkle Sojasauce
1 EL Zucker
180 ml Hühnerbrühe
(selbstgemacht oder instant)
1 EL Speisestärke
3 TL dunkler Reisessig

Zubereitungszeit: 35 Min.

Pro Portion: 950 kJ/230 kcal

1 Die Scholle gründlich abspülen, trockentupfen und das Fischfleisch auf einer Seite im Abstand von etwa 4 cm etwa 1 cm tief schräg einschneiden.

2 Knoblauchzehen häuten, 2 davon fein hacken, die restlichen halbieren. Frühlingszwiebel putzen, waschen und fein hacken. Ingwer schälen und fein hacken.

3 Öl in einem Wok bei mittlerer Hitze heiß werden lassen. Gehackte Knoblauchzehen und Ingwer darin unter Rühren kurz anbraten, die restlichen Knoblauchzehen, Bohnenpaste, Sojasauce und Zucker dazugeben, durchrühren. Dann die Scholle mit der eingeschnittenen Seite nach oben hineingeben und die Hühnerbrühe angießen. Einmal aufkochen lassen, die Temperatur herunterschalten und etwa 15 Min. zugedeckt bei schwacher Hitze köcheln lassen. Nach etwa 7 Min. die Scholle vorsichtig einmal wenden.

4 Die Scholle herausnehmen und warm halten. Frühlingszwiebel in die Sauce geben, noch mal aufkochen lassen. Die Speisestärke mit 2 EL Wasser anrühren, untermengen und die Sauce damit binden. Dann Essig untermischen, die Sauce auf die eingeschnittene Seite der Scholle verteilen und servieren.

Variante: Sie können auch 500 g beliebiges Fischfilet (z.B. Rotbarsch) waschen, trockentupfen und in etwa 4 cm große Stücke schneiden. 6 Knoblauchzehen schälen und zerkleinern und in 3 EL neutralem Pflanzenöl bei mittlerer Hitze unter Rühren etwa 1/2 Min. anbraten. Fischfilet dazugeben und unter Rühren etwa 1 Min. mitbraten. 30 g scharfe Bohnenpaste untermischen und alles etwa 1/2 Min. weitergaren. Dann 1 EL Reiswein, 1 EL dunkle Sojasauce und 125 ml Hühnerbrühe (selbstgemacht oder instant) dazugeben und alles zum Kochen bringen. Die Temperatur reduzieren und das Fischfilet zugedeckt noch etwa 3 Min. bei schwacher Hitze köcheln lassen, herausnehmen. Die Sauce offen bei starker Hitze kurz einkochen lassen. Das Fischfilet mit der Sauce und Reis servieren.

Info: Im Originalrezept wird Wels verwendet, wir haben diesen durch Scholle ersetzt, die in den Sommermonaten ab Mai besonders empfehlenswert ist. Außerdem werden in Sichuan etwa 30 Knoblauchzehen für das Gericht verwendet, die wir hier auf 12 reduziert haben.

Tip! Farblich sieht es sehr hübsch aus, wenn Sie den Fisch mit Schnittlauch garnieren und den Teller mit Gurken- und Möhrenscheiben dekorieren.

Garnelen mit Paprika

Aus Sichuan · Sommergericht **Qing Jiao Xia Ren**

Zutaten für 3–4 Portionen:
300 g geschälte rohe Garnelen
Salz
1 Prise weißer Pfeffer,
frisch gemahlen
2 EL Reiswein
je 1 grüne und rote Paprikaschote
1 Eiweiß
1 EL Speisestärke
1 Frühlingszwiebel
1 Scheibe Ingwer, etwa 1 cm dick
5 EL neutrales Pflanzenöl

Zubereitungszeit: 30 Min.

Bei 4 Portionen pro Portion:
800 kJ/190 kcal

1 Garnelen kalt abspülen, trockentupfen, längs am Rücken etwas einschneiden und den Darm entfernen. Garnelen anschließend mit Salz, Pfeffer und Reiswein mischen. Etwa 10 Min. ziehen lassen.

2 Inzwischen Paprika von Kernen, Trennwänden und Stielansatz befreien, waschen und in etwa 3 cm lange und 2 cm breite Stücke schneiden. Eiweiß mit der Speisestärke verquirlen und dann mit den Garnelen vermischen. Frühlingszwiebel putzen und waschen. Ingwer schälen. Beides fein hacken.

3 In einem Wok 4 EL Öl bei mittlerer Hitze heiß werden lassen. Frühlingszwiebel und Ingwer darin unter Rühren

kurz anbraten und herausfischen. Dann die Temperatur hochschalten und die Garnelen darin unter leichtem Rühren etwa 2 Min. bei starker Hitze braten. Dann herausnehmen.

4 Restliches Öl in den Wok gießen und die Paprikastücke darin unter Rühren etwa 1 Min. braten, mit Salz und Pfeffer abschmecken. Garnelen untermischen, und alles zusammen unter Rühren noch etwa 1/2 Min. garen. Die Garnelen mit Paprika sofort servieren.

Variante: Falls Sie gern scharf essen, können Sie noch 15 g getrocknete Chilischoten, 1/2 TL Sichuan-Pfefferkörner und 1 feingehackte Knoblauchzehe mit den Paprikaschoten zusammen braten.

Pikante Garnelen

Aus Sichuan · Herbstgericht **Gan Shao Da Xia**

Zutaten für 4 Portionen:
8 rohe ungeschälte Riesengarnelen
(etwa 600 g)
1 Frühlingszwiebel
1 Scheibe Ingwer, etwa 2 cm dick
4 Knoblauchzehen
4 EL neutrales Pflanzenöl
1 EL scharfe Bohnenpaste
2 EL Reiswein · 1 TL Zucker
1 EL dunkle Sojasauce
1 Prise Sichuan-Pfeffer, frisch
gemahlen
150 ml Hühnerbrühe
(selbstgemacht oder instant)
1 EL dunkler Reisessig

Zubereitungszeit: 25 Min.
Pro Portion: 690 kJ/160 kcal

1 Die Riesengarnelen waschen, trockentupfen, die Fühler abschneiden, aber die Köpfe möglichst dranlassen. Frühlingszwiebel putzen, waschen und fein hacken. Ingwer schälen, Knoblauch häuten, beides fein hacken.

2 Öl in einem Wok bei mittlerer Hitze heiß werden lassen. Bohnenpaste darin unter Rühren kurz anbraten, bis sie aufgelöst ist. Frühlingszwiebel, Ingwer und Knoblauch dazugeben und ebenfalls kurz anbraten.

3 Die Garnelen dazugeben und in 2–3 Min. rötlich braten, dann Reiswein angießen und alles etwa 1/2 Min. zugedeckt garen.

4 Dann mit Zucker, Sojasauce und Sichuan-Pfeffer würzen und die Brühe dazugießen. Zugedeckt und bei schwacher Hitze etwa 2 Min. köcheln lassen. Anschließend Essig untermischen. Einmal aufkochen lassen und servieren.

Variante: 400 g geschälte Garnelen mit 1 EL Speisestärke, 1 Eiweiß und 1/2 TL Salz mischen. 1 EL scharfe Bohnenpaste in 4 EL Öl kurz anbraten. Garnelen und 2 EL Tomatenmark dazugeben und 2–3 Min. bei mittlerer Hitze unter Rühren braten. Würzen wie im Rezept angegeben, 150 ml Hühnerbrühe angießen, aufkochen lassen. Zugedeckt 2–3 Min. köcheln lassen. Mit 1 1/2 TL Stärke binden und servieren.

Fisch und Meeresfrüchte **67**

Garnelenröllchen

Aus Sichuan · Braucht etwas Zeit

Su Zha Xia Juan

Zutaten für 4 Portionen:
350 g rohe geschälte Garnelen
5 Wasserkastanien (aus der Dose)
Salz
1 Prise weißer Pfeffer,
frisch gemahlen
2 EL Reiswein
1 EL Speisestärke
+ 160 g Speisestärke
je 75 g Salatgurke und Möhren
1 Frühlingszwiebel
1 Scheibe Ingwer, etwa 2 cm dick
3 Knoblauchzehen
150 g Salatblätter
1 EL Zucker
1 EL dunkler Reisessig
1 EL helle Sojasauce
3 Eiweiß
200 g Schweinenetz
(rechtzeitig beim Metzger
vorbestellen)
½ l neutrales Pflanzenöl
1½ EL scharfe Bohnenpaste
1 Prise Sichuan-Pfeffer, frisch
gemahlen

Zubereitungszeit: 1½ Std.

Pro Portion: 1600 kJ/380 kcal

1 Garnelen kalt abspülen und trockentupfen. Den Darm entfernen. Garnelen mit Wasserkastanien zusammen mit einem Küchenbeil sehr fein hacken. Dann in einer Schüssel mit Salz, Pfeffer, je 1 EL Reiswein und Speisestärke mischen.

2 Gurke waschen, längs halbieren, entkernen. Möhren schälen. Beides in etwa 5 cm lange sehr feine Streifen schneiden. Frühlingszwiebel putzen und waschen. Ingwer schälen, Knoblauch häuten. Alles fein hacken. Salat putzen, waschen und trockenschwenken. Zucker, Essig, Sojasauce und 1 EL Reiswein in einer Schüssel zu einer Sauce mischen, beiseite stellen.

3 Eiweiß mit 80 g Speisestärke in einer Schüssel gründlich verrühren. Schweinenetz in warmem Wasser etwa 5 Min. einweichen, herausnehmen, mit lauwarmem Wasser abspülen und vorsichtig auf der Arbeitsfläche ausbreiten. Dann in etwa 20 cm lange und 10 cm breite Stücke zurechtschneiden. Das Netz mit etwas von der Eiweißmasse bestreichen und mit der Garnelen-Wasserkastanien-Mischung, Gurken- und Möhrenstreifen der Längsrichtung nach belegen.

4 Das Netz von der langen Seite her aufrollen, so daß etwa 20 cm lange Röllchen entstehen. Die Enden mit Eiweißmasse zukleben. Anschließend die Röllchen in der restlichen Speisestärke wälzen. Darauf achten, daß die Röllchen gründlich von der Stärke überzogen sind.

5 Öl in einem Wok bei starker Hitze heiß werden lassen. Es ist heiß genug, wenn an einem ins Öl getauchten Stäbchen Bläschen emporsteigen. Die Röllchen darin portionsweise unter leichtem Rühren etwa 2 Min. fritieren. Herausnehmen und abwarten, bis das Öl wieder ganz heiß ist. Dann die Röllchen erneut ins Öl geben und in etwa 1 Min. goldbraun fritieren. (Vorsicht, Spritzgefahr!) Herausnehmen, das Fett abtropfen lassen, schräg in 3–4 cm große Stücke schneiden, auf einem Teller anrichten und mit Salat garnieren.

6 Öl bis auf einen dünnen Film aus dem Wok gießen. Bohnenpaste, Sichuan-Pfeffer, Ingwer und Knoblauch darin unter Rühren anbraten. Die beiseite gestellte, gemischte Sauce dazugießen und gut durchrühren. Aufkochen lassen, die gehackte Frühlingszwiebel untermischen, dann die Sauce in ein Schälchen geben. Die Sauce als Dip zusammen mit den Röllchen servieren.

Fisch und Meeresfrüchte

Garnelen mit Bambus

San Si Xia Juan

Aus Taiwan · Etwas schwieriger

Zutaten für 3 Portionen:
3–4 getrocknete Donggu-Pilze
100 g Bambussprossen
(in Stücken aus der Dose)
20 g gekochter Schinken,
ohne Schwarte
20 g Zuckererbsen
1 Möhre (etwa 20 g)
9 rohe ungeschälte Riesengarnelen
Salz
2 EL neutrales Pflanzenöl
schwarzer Pfeffer, frisch gemahlen
1/8 l Hühnerbrühe
(selbstgemacht oder instant)
1 EL Speisestärke
1 TL Sesamöl
außerdem: Küchengarn

Zubereitungszeit: 45 Min.

Pro Portion: 580 kJ/140 kcal

1 Donggu-Pilze etwa 20 Min. in warmem Wasser einweichen. Inzwischen Wasser aufkochen, Bambussprossen darin etwa 1 Min. sprudelnd kochen. Herausnehmen, abkühlen lassen und in etwa 4 cm lange, streichholzdicke Streifen schneiden. Schinken in etwa 4 cm lange, sehr dünne Streifen schneiden. Zuckererbsen und Möhre waschen, trockentupfen und ebenfalls in etwa 4 cm lange, dünne Streifen schneiden. Pilze aus dem Einweichwasser nehmen, von den Stielen befreien und in dünne Streifen schneiden.

2 Köpfe der Garnelen abschneiden, Schale bis auf den Schwanz entfernen, dann die Garnelen am Rücken entlang aufschlitzen und den schwarzen Darm mit einer Messerspitze entfernen.

3 Garnelen waschen, trockentupfen und mit dem Rücken nach oben auf eine Arbeitsfläche legen, dann bis zum Schwanz noch weiter auf-, aber nicht ganz durchschneiden.

4 Etwa 1/4 der Bambus-, Donggu-Pilze- und Schinkenstreifen in einer Schale vermengen, mit 1 Prise Salz bestreuen, dann in 9 Portionen teilen. Je 1 Portion quer auf 1 Garnele legen. Die Garnelen quer zusammenrollen, mit Küchengarn zubinden und in eine hitzebeständige Schale legen.

5 Etwa 1/2 l Wasser im Wok angießen. Die Schale mit den Garnelen in den Bambusdämpfer stellen, zudecken und den Dämpfer auf den Wok setzen. Zugedeckt etwa 5 Min. bei starker Hitze dämpfen. Garnelen dann herausnehmen und auf einem Teller anrichten. Wasser weggießen, Wok abtrocknen.

6 Pflanzenöl im Wok bei starker Hitze heiß werden lassen, den Rest der Bambussprossen, Donggu-Pilze, des Schinkens, der Zuckererbsen und der Möhre hineingeben, mit Salz und 1 Prise Pfeffer würzen, unter Rühren etwa 2 Min. braten, mit Hühnerbrühe ablöschen. Zugedeckt bei starker Hitze zum Kochen bringen, Speisestärke mit 2 EL Wasser anrühren, unter das Gemüse mischen und gut durchrühren. Mit Sesamöl beträufeln, über die Garnelen gießen und am besten mit Reis servieren. Vor dem Essen das Küchengarn von den Garnelen entfernen.

Fisch und Meeresfrüchte

Gebratene Garnelen

Sommergericht · Gelingt leicht
Long Feng Xia Qiu

Zutaten für 4 Portionen:
300 g rohe geschälte Garnelen
½ TL Sesamöl
Salz
1 Eiweiß
150 g Brokkoliröschen
20 g gekochter Schinken,
ohne Schwarte
1 Zweig Koriander
1 Scheibe Ingwer, etwa 1 cm dick
2 EL neutrales Pflanzenöl zum
Anbraten
2 EL weißer Sesam
2 TL Zucker
300 ml neutrales Pflanzenöl
zum Fritieren
6 EL Speisestärke
1 ½ EL »Sha Cha«-Sauce (s. S. 39)

Zubereitungszeit: 45 Min.

Pro Portion: 1300 kJ/310 kcal

1 Garnelen kalt abspülen und trockentupfen. Sesamöl, 1 Prise Salz und Eiweiß in einer Eßschale verrühren, Garnelen hineingeben und etwa 20 Min. ziehen lassen.

2 Inzwischen Brokkoliröschen waschen. Schinken ganz fein hacken. Koriander waschen, trockenschütteln. Ingwer schälen, beides fein hacken.

3 Im Wok 1 EL Öl bei mittlerer Hitze in etwa 1 Min. heiß werden lassen. Sesam hineingeben und bei schwacher Hitze unter Rühren etwa 2 Min. rösten, dann Schinken und Koriander dazugeben, unter Rühren etwa 1 Min. braten, herausnehmen.

4 Etwa ¼ l Wasser aufkochen. Brokkoliröschen darin etwa 1 Min. sprudelnd kochen, dann herausnehmen und abtropfen lassen. Im Wok 1 EL Öl bei mittlerer Hitze in etwa 1 Min. heiß werden lassen. Ingwer hineingeben, unter Rühren kurz anbraten. Brokkoliröschen dazugeben, mit 1 Prise Salz und 1 TL Zucker würzen und durchrühren. Herausnehmen und auf einem Teller anrichten.

5 Öl zum Fritieren im Wok bei starker Hitze heiß werden lassen. Es ist heiß genug, wenn an einem ins Öl getauchten Holzstäbchen Bläschen aufsteigen. Speisestärke auf einen Teller geben, Garnelen darin wenden, dann im heißen Öl etwa 3 Min. fritieren. Vorsicht, Spritzgefahr! Garnelen herausnehmen und das Fett abtropfen lassen.

6 »Sha Cha«-Sauce, 1 Prise Salz, 1 TL Zucker und ½ EL Wasser in einer Eßschale verrühren. Öl bis auf einen dünnen Film aus dem Wok gießen. Garnelen hineingeben, die Sauce darüber gießen. Das Ganze bei starker Hitze unter Rühren ein paar Sekunden braten, herausnehmen und auf den Brokkoliröschen anrichten. Mit der Sesam-Koriander-Schinken-Mischung bestreuen und servieren.

Variante: Gedämpfte Garnelenbällchen (Qing Zheng Xia Qin)
Für 4 Portionen 300 g rohe geschälte Garnelen und zusätzlich 100 g Hühnerbrust (ohne Haut und Knochen) fein hacken. Dieses Hack dann mit 1 feingehackten Frühlingszwiebel, 1 Scheibe (etwa 1 cm dick) feingehacktem Ingwer, 1 EL Reiswein, ½ TL Salz, ½ TL Pfeffer und 1 TL Speisestärke vermischen. Aus dieser Masse Bällchen von etwa 4 cm Durchmesser formen und auf einen hitzebeständigen Teller legen. Dann den Teller mit den Bällchen in einen Bambusdämpfer stellen, zudecken und die Bällchen auf einem mit Wasser gefüllten Wok oder Topf bei starker Hitze zugedeckt etwa 7 Min. dämpfen lassen. Anschließend die Bällchen ebenfalls auf Brokkoliröschen anrichten und servieren.

Aal in dunkler Sojasauce

Frühlingsgericht · Gelingt leicht — Yang Shao Bai Man

Zutaten für 3–4 Portionen:
500 g ungehäuteter Seeaal, küchenfertig vorbereitet
200 g Staudensellerie
Salz
½ l neutrales Pflanzenöl zum Fritieren
3 EL dunkle Sojasauce
2 EL Maltose, ersatzweise Honig
2 EL Reiswein · ½ TL Sesamöl
weißer Pfeffer, frisch gemahlen
zum Garnieren: Möhrenscheiben

Zubereitungszeit: 40 Min.

Bei 4 Portionen pro Portion:
2700 kJ/640 kcal

1 Aal kalt abspülen, Flossen wegschneiden, Aal trockentupfen und in etwa 7 cm lange Stücke schneiden.

2 Staudensellerie putzen, waschen, dann schräg in etwa 6 cm lange und ½ cm dünne Streifen schneiden. In einem Topf etwa ¼ l Wasser mit 1 Prise Salz und 1 TL Öl aufkochen. Sellerie darin etwa 2 Min. sprudelnd kochen lassen. Dann herausnehmen, abtropfen lassen und auf einem Teller anrichten.

3 Restliches Pflanzenöl im Wok bei starker Hitze heiß werden lassen. Es ist heiß genug, wenn an einem ins Öl getauchten Holzstäbchen Bläschen aufsteigen. Aalstücke im heißen Öl in 4–5 Min. leicht goldbraun fritieren. Vorsicht, Spritzgefahr! Dann herausnehmen und Fett abtropfen lassen.

4 Bis auf einen dünnen Film Öl aus dem Wok gießen. Sojasauce, Maltose und Reiswein in den Wok geben, unter Rühren bei schwächster Hitze auflösen lassen. Aalstücke dazugeben, bei mittlerer Hitze unter Rühren so lange braten, bis kaum noch Sauce im Wok ist. Mit Sesamöl beträufeln, mit 1 Prise Pfeffer bestreuen und auf dem Staudensellerie mit den z.B. zu Fischen ausgestochenen Möhrenscheiben anrichten.

Krosse Fischstäbchen

Aus Guangdong · Gelingt leicht Su Zha Yu Tiao

Zutaten für 3 Portionen:
400 g Schollenfilet
Salz
weißer Pfeffer, frisch gemahlen
1 TL Sesamöl
1 TL Fünf-Gewürz-Pulver
zum Garnieren: 2 Tomaten
und 3 Zweige Koriander
½ l neutrales Pflanzenöl
zum Fritieren
1 Eiweiß
5 EL Speisestärke

Zubereitungszeit: 45 Min.

Pro Portion: 2000 kJ/480 kcal

1 Fischfilet kalt abspülen, trockentupfen und in etwa 6 cm lange und 2 cm breite Stücke schneiden. 1 TL Salz, 1 Prise Pfeffer und Sesamöl in einer Schale verrühren, Fisch unterheben und etwa 15 Min. ziehen lassen.

2 In einem Topf 1 TL Salz bei schwacher Hitze in etwa 1 Min. heiß werden lassen. Topf vom Herd nehmen, Fünf-Gewürz-Pulver unter das Salz mischen und dann in eine Schale geben.

3 Tomaten waschen, Stielansätze entfernen, Tomaten in dünne Scheiben schneiden und diese halbieren. Koriander waschen, trockenschütteln und die Blättchen abzupfen.

4 Fritieröl im Wok bei starker Hitze heiß werden lassen. Es ist heiß genug, wenn an einem ins Öl getauchten Holzstäbchen kleine Bläschen aufsteigen. Fischstäbchen mit Eiweiß verrühren, Stück für Stück in Speisestärke wenden, ins Öl geben und in 4–5 Min. goldbraun fritieren. Vorsicht, Spritzgefahr! Fischstäbchen dann herausnehmen und Fett abtropfen lassen.

5 Fischstäbchen auf einem Teller anrichten, mit Tomaten und Koriander garnieren und zusammen mit der Mischung aus Salz und Fünf-Gewürz-Pulver als Dip servieren.

Tip! Dieses Gericht macht durstig, daher serviert man es in China auch gern als Vorspeise zu einem kühlen Bier. Als Dip eignet sich auch eine Chilisauce mit Knoblauch (Suan Rong La Jiao Jiang) aus dem Asienladen.

Dorade in Sojasauce

Aus Taiwan · Scharfwürzig

Jiang You Chi Zong

Zutaten für 2−3 Portionen:
1 Dorade (etwa 400–500 g),
küchenfertig vorbereitet
1 Frühlingszwiebel
3 scharfe rote Peperoni
1 Scheibe Ingwer, etwa 1 cm dick
6 EL neutrales Pflanzenöl
1 ½ EL dunkle Sojasauce
weißer Pfeffer, frisch gemahlen
1 EL Reiswein
150 ml Hühnerbrühe
(selbstgemacht oder instant)

Zubereitungszeit: 35 Min.
Bei 3 Portionen pro Portion:
1300 kJ/310 kcal

1 Die Dorade kalt abspülen, trockentupfen und längs auf beiden Seiten 2- bis 3mal etwa 1 cm tief einschneiden.

2 Frühlingszwiebel putzen, waschen und in etwa 5 cm lange Stücke schneiden. Peperoni aufschlitzen, von Kernen und Stielansätzen befreien, in etwa 4 cm lange Stücke schneiden und waschen. Vorsicht, danach nicht mit den Händen an die Augen kommen! Ingwer schälen und in dünne Streifen schneiden.

3 Wok bei starker Hitze in etwa 1 Min. heiß werden lassen. Öl angießen, die Dorade hineingeben und auf jeder Seite etwa 2 Min. anbraten, dabei vorsichtig wenden. Vorsicht, Spritzgefahr! Die Dorade herausnehmen und das Fett abtropfen lassen.

4 Frühlingszwiebel, Peperoni und Ingwer im Restöl bei schwacher Hitze etwa ½ Min. anbraten. Sojasauce, 1 TL Pfeffer und den Reiswein dazugeben. Hühnerbrühe angießen. Alles gut durchrühren und die Dorade hineingeben. Zugedeckt bei starker Hitze 2–3 Min. kochen, bis die Sauce leicht dickflüssig ist. Die Dorade anschließend servieren.

Süß-saure Karpfenfilets

Aus Taiwan · Wintergericht

Tang Cu Li Yu

Zutaten für 2−3 Portionen:
400 g Karpfenfilet
1 scharfe rote Peperoni
1 Scheibe Ingwer, etwa 2 cm dick
2 Knoblauchzehen
1 Frühlingszwiebel
2 EL neutrales Pflanzenöl
3 EL Zucker · Salz
weißer Pfeffer, frisch gemahlen
1 EL Reiswein · 150 ml Hühnerbrühe
(selbstgemacht oder instant)
je 1 EL dunkler und heller Reisessig
1 EL Speisestärke
½ TL Sesamöl
zum Garnieren: 1 Stück rote Paprika

Zubereitungszeit: 30 Min.
Bei 3 Portionen pro Portion:
510 kJ/120 kcal

1 Die Karpfenfilets auf einen hitzebeständigen Teller legen, in einen Bambusdämpfer stellen und zudecken. ½ l Wasser in einen Wok gießen und den Dämpfer darauf setzen. Filets im Wok zugedeckt etwa 10 Min. bei starker Hitze dämpfen.

2 Inzwischen Peperoni waschen, von Kernen und Stielansatz befreien und fein hacken. Vorsicht, danach nicht mit den Händen an die Augen kommen! Ingwer schälen, Knoblauch häuten, beides fein hacken. Frühlingszwiebel putzen, waschen und fein hacken. Dämpfer mit den Karpfenfilets vom Wok nehmen.

3 Wasser aus dem Wok abgießen, Wok trocknen und bei mittlerer Hitze in etwa 1 Min. heiß werden lassen. Pflanzenöl angießen, Peperoni, Ingwer, Knoblauch und Frühlingszwiebel hineingeben. Unter Rühren etwa 1 Min. braten. Dann Zucker, je 1 Prise Salz und Pfeffer dazugeben, Reiswein, Hühnerbrühe und Essig angießen. Alles bei starker Hitze zum Kochen bringen.

4 Speisestärke mit 2 EL Wasser anrühren, untermischen und die Sauce damit binden. Filets aus dem Dämpfer nehmen, mit der Sauce begießen, mit Sesamöl beträufeln und mit der z.B. zum Hummer ausgestochenen Paprika servieren.

Info: Der Karpfen gehört zu den begehrtesten Süßwasserfischen in China und wird seit Jahrhunderten in speziellen Fischteichen gezüchtet. Sein Fleisch wird meist mit Reiswein und Essig aromatisch gewürzt.

Abalone mit Spargel

Aus Guangdong · Frühlingsgericht Lu Sun Bao Yu

Zutaten für 4 Portionen:
20 g getrocknete Donggu-Pilze
400 g frischer Spargel,
ersatzweise aus der Dose
4 EL neutrales Pflanzenöl
2 EL Fischfond (selbstgemacht
oder aus dem Glas) · Salz
1 Dose Abalone (250 g)
2 EL Reiswein · 100 ml Fischsud
(aus der Abalone-Dose)
1 EL helle Sojasauce
1 EL Austernsauce
1 dünne Scheibe Möhre
weißer Pfeffer, frisch gemahlen
1 EL Speisestärke
zum Garnieren: Frühlingszwiebel-
und Möhrenstreifchen

Zubereitungszeit: 30 Min.
Pro Portion: 700 kJ/170 kcal

1 Donggu-Pilze in warmem Wasser etwa 20 Min. einweichen. Inzwischen Spargel schälen, unteres Ende abschneiden. In einem Topf ½ l Wasser aufkochen. Spargel, je 1 EL Öl und Fischfond sowie 1 Prise Salz hineingeben und Spargel bei mittlerer Hitze etwa 15 Min. kochen lassen. Dann herausnehmen und auf einer großen Platte anrichten.

2 Pilze aus dem Wasser nehmen, waschen und vom Stiel befreien. Mit ¼ l Wasser und 1 EL Öl bei starker Hitze zum Kochen bringen, bei mittlerer Hitze etwa 10 Min. kochen, dann herausnehmen.

3 Abalone in ein Sieb geben, abtropfen lassen, Sud dabei auffangen und die Abalone in etwa 3 mm dünne Scheiben schneiden.

4 Im Wok 2 EL Öl erhitzen. Abalonenscheiben hineingeben und bei starker Hitze unter Rühren etwa ½ Min. braten. Mit 2 EL Reiswein ablöschen. 1 EL Fischfond, Fischsud, Sojasauce und Austernsauce hinzufügen. Donggu-Pilze und Möhrenscheibe untermengen und das Ganze bei mittlerer Hitze etwa 3 Min. weiterkochen. Mit Salz und 1 Prise Pfeffer abschmecken.

5 Zuerst Abalonenscheiben auf den Spargel legen, dann Donggu-Pilze rund um den Rand verteilen. Möhrenscheibe in die Mitte geben. Speisestärke mit 2 EL Wasser anrühren, in den Sud rühren, einmal aufkochen und über das Gericht geben. Mit Frühlingszwiebel- und Möhrenstreifchen garnieren.

Süß-saure Fischtaschen

Aus Taiwan · Etwas schwieriger Tang Cu Nai You Bao

Zutaten für 4 Portionen:
20 g getrocknete Donggu-Pilze
1 Scheibe Ingwer, etwa 3 cm dick
4 EL Reiswein
2 Fischfilets (etwa 450 g),
z.B. Kabeljau · Salz
weißer Pfeffer, frisch gemahlen
1 kleine Zwiebel
2 EL neutrales Pflanzenöl
100 g Schweinehackfleisch
3 EL Sahne · 2 EL Zucker
4 Weißkohlblätter
1/4 l Fleischbrühe (selbstgemacht oder instant)
1 EL Tomatenmark
2 EL heller Reisessig
2 EL Speisestärke
zum Garnieren: 1 kleiner Bund
Koriander · 1 TL Sesamöl
außerdem: Alufolie

Zubereitungszeit: 1 Std.

Pro Portion: 1200 kJ/290 kcal

1 Donggu-Pilze in warmem Wasser etwa 20 Min. einweichen. Ingwer schälen, fein hacken, mit Reiswein verrühren, etwa 10 Min. ziehen lassen, dann den Reiswein abfiltern.

2 Fischfilets kalt abspülen, trockentupfen, quer halbieren. Dann jede Hälfte noch einmal längs durchschneiden, so daß insgesamt 8 Stücke entstehen. In diese von der dickeren Seite her jeweils eine Tasche einschneiden. Leicht salzen, pfeffern und mit der Hälfte des Ingwer-Reisweins beträufeln und ziehen lassen.

3 Für die Füllung Zwiebel schälen und fein hacken. Pilze aus dem Wasser nehmen, abtropfen lassen, von den Stielen befreien und in kleine Würfel schneiden. Öl im Wok erhitzen. Zwiebel darin bei mittlerer Hitze unter Rühren etwa 2 Min. braten. Schweinehack und Pilze dazugeben und unter Rühren etwa 3 Min. weiterbraten. Mit dem restlichen Ingwer-Reiswein ablöschen. Sahne unterrühren, mit je 1 Prise Salz und Zucker abschmecken. Alles aus der Pfanne nehmen und abkühlen lassen.

4 Backofen auf 250° vorheizen. Die Füllung in die Fischtaschen geben. Backblech mit Alufolie auslegen. Weißkohlblätter waschen, trockenschwenken und darauf verteilen. Je zwei Fischtaschen auf ein Blatt legen und im Backofen (Mitte; Umluft 220°) etwa 15 Min. garen.

5 Fleischbrühe mit Tomatenmark, restlichem Zucker und Essig in einem kleinen Topf verrühren und unter Rühren bei mittlerer Hitze kurz aufkochen. Speisestärke mit 4 EL Wasser anrühren und die Sauce damit binden. Koriander waschen, trockenschütteln. Fischtaschen auf Tellern anrichten. Die Sauce darübergeben. Mit Sesamöl beträufeln und mit Koriander garnieren.

Reiskrusten mit Garnelen

San Xian Guo Ba

Festlich · Braucht etwas Zeit

Zutaten für 3–4 Portionen:
150 g Rundkornreis
5 getrocknete Donggu-Pilze
100 g mageres Schweinefleisch
(etwa 2 cm dick)
Salz
Reiswein
2 EL Speisestärke
100 g rohe geschälte
Tiefseegarnelen
1 Eiweiß
1 Frühlingszwiebel
1 dünne Scheibe Ingwer
50 g Champignons
2 EL neutrales Pflanzenöl
zum Braten
300 ml Hühnerbrühe
(selbstgemacht oder instant)
50 g tiefgefrorene Erbsen
weißer Pfeffer, frisch gemahlen
½ l neutrales Pflanzenöl
zum Fritieren

Zubereitungszeit: 40 Min.
(+ 30 Min.–12 Std. Trocknen)

Bei 4 Portionen pro Portion:
1800 k/430 kcal

1 Den Reis mit ¼ l Wasser in einem Topf zum Kochen bringen, dann bei schwacher Hitze offen garen. Kurz bevor die Flüssigkeit verdampft ist, zudecken und bei schwächster Hitze etwa 5 Min. ausquellen lassen.

2 Den Reis etwas abkühlen lassen, dann in einer etwa 5 mm dicke Schicht auf ein Stück Backpapier legen. Entweder 1 Tag lang an einer luftigen Stelle trocknen oder im Backofen bei 50° (Umluft niedrigste Stufe) etwa 30 Min. anbacken, dann in grobe Stücke brechen.

3 Die Donggu-Pilze in warmem Wasser etwa 10 Min. einweichen, dann herausnehmen, waschen und kleinschneiden. Das Schweinefleisch waschen und in einem Topf mit 300 ml Wasser zugedeckt bei mittlerer Hitze etwa 5 Min. kochen. Dabei 1 Prise Salz und 1 Schuß Reiswein dazugeben. Dann herausnehmen, abkühlen lassen und in etwa 3 cm lange, dünne Scheiben schneiden.

4 Speisestärke mit 4 EL Wasser anrühren. Die Garnelen mit 1 Prise Salz, Eiweiß, 1 EL Reiswein und ½ TL von der angerührten Stärke in einer Schüs-

sel verrühren. Die Frühlingszwiebel putzen, waschen und fein hacken. Den Ingwer schälen und fein hacken. Champignons putzen, waschen und in Scheiben schneiden.

5 Im Wok oder in einer Pfanne 2 EL Öl bei mittlerer Hitze heiß werden lassen. Die Garnelen aus der Marinade nehmen, kurz abtropfen lassen, ins Öl geben und etwa 2 Min. unter Rühren anbraten, dann herausnehmen. In dem Restöl Frühlingszwiebel und Ingwer kurz anbraten, 1 EL Reiswein und die Brühe angießen, Donggu-Pilze, Erbsen, Champignons, Schweinefleisch und Garnelen hinzufügen, mit Salz und 1 TL Reiswein sowie 1 Prise Pfeffer würzen. Bei mittlerer Hitze zugedeckt zum Kochen bringen. Die restliche angerührte Stärke untermischen. Alles einmal aufkochen und 2–3 Min. rühren, bis die Sauce gebunden ist, dann in eine vorgewärmte Schüssel geben.

6 Öl zum Fritieren in einem Topf bei starker Hitze heiß werden lassen, bis an einem ins Öl getauchten Holzstäbchen kleine Bläschen aufsteigen. Die Reiskrusten hineingeben und etwa ½ Min. fritieren, bis sie goldgelb sind. Die Reiskrusten aus dem Öl nehmen und auf einen Teller legen. Beim Servieren das Garnelenragout über die Reiskrusten gießen.

Info: Wenn die heißen Reiskrusten mit dem Garnelenragout in Berührung kommen, entsteht ein zischendes Geräusch, daher wird das Gericht auch »Zischender Reis« genannt.

Tip! Am besten läßt man das Öl für das Fritieren der Reiskrusten in einem Topf schon auf einer anderen Platte heiß werden, kurz bevor man mit der Zubereitung des Garnelenragouts fertig wird, denn dieses Gericht muß sofort serviert werden.

Gefüllter Fisch

Aus der Provinz Jiangsu He Bao Ji Yu

*Zutaten für 2 Servierteller
(4 Portionen):*
4 getrocknete Tongku-Pilze
2 längliche Fische von je etwa 350 g
(z.B. Forellen, vom Fischhändler
küchenfertig vorbereiten lassen)
2 EL Reiswein · 5 EL Sojasauce
10 g Ingwer, fein gehackt
+ 3 Scheiben Ingwerwurzel
10 g Lauch, fein gehackt
+ 4 Stücke Lauch von je
etwa 4 cm Länge
50 g Bambussprossen
25 g luftgetrockneter roher Schinken
75 g gehacktes Schweinefleisch
1 Eiweiß · 1 EL Sesamöl
4–5 EL Pflanzenöl · 3 TL Zucker
1 TL Speisestärke,
mit 2 EL Wasser angerührt

Zubereitungszeit: 50 Min.

Pro Portion: 1900 kJ/ 450 kcal

1 Pilze etwa 20 Min. in heißem Wasser einweichen. Inzwischen Fische waschen und abtrocknen. Mit etwas Reiswein und ein wenig Sojasauce bestreichen.

2 Pilze aus dem Wasser nehmen und die Stiele entfernen. 25 g Bambus und 2 Pilze in Streifen schneiden. Restliche Pilze und Bambus mit dem Schinken fein hacken.

3 Die gehackten Zutaten mit Hackfleisch, Eiweiß, ½ EL Sojasauce, 1 EL Reiswein, 1 TL Sesamöl vermengen. Füllung mit einem Eßlöffel in den Bauch der Fische geben.

4 Öl in einer Pfanne oder einem Wok erhitzen. Fische darin nacheinander bei mittlerer Hitze pro Seite je etwa 2 Min. braten, dann vorsichtig herausnehmen.

5 Ingwerscheiben und Lauchstücke mit dem restlichen Bambus und den Pilzstreifen in das Öl geben und alles etwa 1 Min. braten. 300 ml Wasser angießen. Übrige Sojasauce, restlichen Reiswein und Zucker untermischen.

6 Fische wieder dazugeben, das ganze zum Kochen bringen und bei schwacher Hitze etwa 10 Min. zugedeckt garen.

7 Fische vorsichtig herausnehmen und auf die Servierteller geben. Speisestärke in der Pfanne einrühren und die Sauce einmal zum Kochen bringen. Sauce über den Fisch gießen. Mit dem übrigen Sesamöl beträufeln.

Tip! Es sieht sehr schön aus, wenn Sie aus rohen Lauchblättern mit einer kleinen Ausstechform Verzierungen ausstechen und auf den Fisch legen.

Duftblüten-Fischscheiben

Gui Hua Yu Pian

Raffiniert · Etwas schwieriger

Zutaten für 1 Servierteller (2 Portionen):
250 g festfleischiges Fischfilet, zum Beispiel Rotbarsch
10 g Ingwerwurzel
1 Frühlingszwiebel
1 Stück Gurke (etwa 4 cm lang)
1½ EL Reiswein
Salz · 3 Eier
100 g Mehl
¾ l Pflanzenöl oder 750 g Schweineschmalz zum Fritieren
1 EL Sesamöl

Zum Stippen:
½ EL Salz
½ EL Sichuan-Pfeffer, frisch gemahlen

Zubereitungszeit: 30 Min.

Pro Portion:
4400 kJ/1000 kcal

1 Fischfilet kalt abspülen, trockentupfen und in etwa 2 cm breite, 4 ½ cm lange und 1 cm dicke Scheiben schneiden. Ingwer schälen und hacken. Frühlingszwiebel putzen und in dünne Scheiben schneiden. Gurkenstück längs halbieren und in längliche Scheiben schneiden.

2 Reiswein mit Salz in einer Schüssel mischen, die Fischscheiben dazugeben und alles miteinander verrühren.

3 Eier in einer Schüssel verquirlen. 4 EL Wasser, Salz und Mehl untermischen und zu einem dünnflüssigen Teig verquirlen. Fisch vorsichtig untermischen.

4 Öl oder Schweineschmalz in einem Topf oder Wok erhitzen. Es ist heiß genug, wenn an einem hölzernen Stäbchen, das Sie ins heiße Fett tauchen, kleine Bläschen aufsteigen. Fisch darin in 3–4 Portionen in etwa 2 Min. goldbraun fritieren, dann auf Küchenpapier entfetten und auf einem Teller warm stellen.

5 Öl bis auf einen dünnen Film ausgießen. Ingwer und Frühlingszwiebel darin kurz braten. Gurkenscheiben und Sesamöl untermischen. Fisch dazugeben, schnell alles vermischen und das Gericht dann auf einen Teller geben. Sofort servieren. Beim Essen in die Salz-Pfeffer-Mischung stippen.

Tip! Wenn Sie nicht soviel Übung im Kochen haben, können Sie die Sauce auch über den Fisch gießen. Denn beim Mischen in der Pfanne müssen Sie wirklich sehr schnell arbeiten, damit der Fisch knusprig bleibt.

Tintenfischröllchen

Aus Shandong · Etwas schwieriger

Yan Bao You Yu Juan

Zutaten für 2 Portionen:
300 g Tintenfisch (Sepia),
ohne Kopf und Fangarme
2 TL Speisestärke
1 Frühlingszwiebel
2 dünne Scheiben Ingwer
1 Knoblauchzehe
4 Zweige Koriander
50 ml Fleischbrühe (selbstgekocht
oder instant)
Salz
1 TL Reiswein
$1/2$ TL heller Reisessig
weißer Pfeffer, frisch gemahlen
1 TL Sesamöl

Zubereitungszeit: 30 Min.

Pro Portion: 680 kJ/160 kcal

1 Den Tintenfisch waschen und trockentupfen. Die Außenhaut entfernen, eine Seite aufschneiden, dann mit einem scharfen Messer an der Innenseite im Abstand von etwa 2 mm kreuzweise bis etwa zur Hälfte einschneiden, dann in etwa 5 cm lange, 2 cm breite Stücke schneiden. 1 TL Stärke untermischen.

2 Die Frühlingszwiebel putzen und waschen. Den Ingwer und den Knoblauch schälen. Frühlingszwiebel und Ingwer in feine Streifen schneiden. Den Knoblauch in dünne Scheiben schneiden. Koriander waschen, trockenschütteln und in etwa 3 cm lange Stücke schneiden.

3 Etwa $1/2$ l Wasser in einem Topf zum Kochen bringen, den Tintenfisch darin knapp $1/2$ Min. sprudelnd kochen, herausnehmen und abtropfen lassen. Durch das Blanchieren biegen sich die Tintenfischstücke zu Röllchen. Der Tintenfisch darf nicht länger kochen, sonst wird er hart.

4 Die Brühe in den Wok geben, mit Salz, Reiswein, Essig und 1 Prise Pfeffer würzen und zum Kochen bringen. Frühlingszwiebel, Ingwer, Knoblauch, Koriander und Tintenfisch hineingeben, wieder kurz aufkochen lassen. Nach dem Aufkochen die restliche Stärke mit 3 TL Wasser anrühren und untermischen. Nochmal kurz aufkochen lassen, dann mit Sesamöl beträufeln und servieren.

Info: Für dieses Gericht verwendet man in China außer dem hier angegebenen Tintenfisch noch getrockneten Tintenfisch »You Yu« (Logilo, aus der Gattung Kalmare), den man Stunden vor der Zubereitung einweicht. Der hier angegebene Tintenfisch ist weiß und der getrocknete Tintenfisch etwas rötlich, wodurch das Gericht eine schöne Farbenkombination erhält. Da man den getrockneten Tintenfisch in Deutschland nicht kaufen kann, haben wir ihn hier nicht verwendet. Koriander, der äußerlich Ähnlichkeit mit glatter Petersilie hat, können Sie in Asien-Läden, häufig auch beim Gemüsehändler kaufen. Er läßt sich nicht trocknen und wird deshalb nur frisch verwendet. Da Koriander sehr hitzeempfindlich ist, sollten Sie ihn immer erst gegen Ende der Garzeit dazugeben.

Tip! Das sorgfältige Schneiden ist sehr wichtig für das Gelingen dieses Gerichtes, nicht nur für das schöne Aussehen, sondern auch für den vollen Geschmack, da der Tintenfisch dank dieser Schneidetechnik viel Geschmack aufnehmen kann. Aber falls Sie das doch zu umständlich finden, können Sie den Tintenfisch auch in etwa 5 cm lange, $1/2$ cm dünne Streifen schneiden.

Karpfen süßsauer

Wintergericht · Etwas schwieriger   Tang Cu Li Yu

Zutaten für 4 Portionen:
1 Karpfen (etwa 750 g),
küchenfertig vorbereitet
Salz
5–6 Mu Er-Pilze
1 Frühlingszwiebel
1 etwa walnußgroßes
Stück Ingwer (20 g)
1 Knoblauchzehe
100 g Möhren
1 l neutrales Pflanzenöl
zum Fritieren
4 EL Speisestärke
200 g Zucker
2 EL dunkle Sojasauce
75 ml dunkler Reisessig

Zubereitungszeit: 45 Min.

Pro Portion: 2700 kJ/640 kcal

1 Karpfen innen und außen waschen, trockentupfen. Das Fischfleisch beidseitig in einem Abstand von etwa 3 cm etwa 1 cm tief kreuzweise einschneiden und mit Salz einreiben.

2 Mu Er-Pilze in warmem Wasser etwa 10 Min. einweichen. Inzwischen Frühlingszwiebel putzen, waschen und fein hacken. Ingwer und Knoblauch schälen und fein hacken. Möhren waschen, schälen, quer in etwa 5 cm lange Stücke, dann längs in dünne Streifen schneiden. Mu Er-Pilze aus dem Wasser nehmen, gründlich waschen und kleinschneiden. Backofen auf 75° vorheizen.

3 Öl in einem Wok oder in einer Pfanne stark erhitzen, bis an einem ins Öl getauchten Holzstäbchen Bläschen aufsteigen. 3 EL Stärke mit 5 EL Wasser anrühren, auf dem Karpfen verteilen, dann vorsichtig ins heiße Öl hineingeben und 4–5 Min. fritieren. Vorsicht, Spritzgefahr! Den Fisch nach etwa 2 Min. vorsichtig wenden. Karpfen herausnehmen und im Ofen (Umluft 50°) warm halten.

4 Öl bis auf einen dünnen Film aus dem Wok oder aus der Pfanne gießen. Frühlingszwiebel, Ingwer und Knoblauch bei schwacher Hitze kurz anbraten, Mu Er-Pilze und Möhren dazugeben und unter Rühren kurz mitbraten.

5 Dann 200 ml Wasser, Zucker und Sojasauce hineingeben, Essig dazugießen. Bei starker Hitze aufkochen. Die restliche Stärke mit 2 EL Wasser anrühren, untermischen, gut durchrühren. Die Sauce noch einmal aufkochen lassen, sofort über den Fisch gießen und servieren. Jeder pickt sich mit Stäbchen etwas von dem Fisch heraus.

Variante: Wenn Sie keinen ganzen Fisch zubereiten möchten, nehmen Sie 300 g Fischfilet und schneiden es in etwa 2 cm große Würfel. Die Fischwürfel mit 1 EL Speisestärke, 1 TL Reiswein und 1 Prise Salz vermischen und Stück für Stück ins heiße Öl geben und etwa 2 Min. fritieren. Die Sauce wie oben zubereiten.

Info: In China gehört zu einem Festessen unbedingt ein Fisch. Da der Karpfen als glücksbringendes Symbol gilt, werden Gäste mit großer Vorliebe damit bewirtet. Chinesischer Essig wird aus Reis hergestellt, er ist milder als Weinessig. Sie bekommen ihn in Asien-Läden.

Fisch und Meeresfrüchte

Karpfen mit Lotoskernen

Aus Hunan · Gelingt leicht — Long Nü Hu Zhu

Zutaten für 4 Portionen:
30 g Ingwer
4 EL Reiswein
1 Karpfen (etwa 1 kg), küchenfertig vorbereitet
Salz
150 g getrocknete Lotoskerne
2 Frühlingszwiebeln
1 EL helle Sojasauce
2 EL dunkler Reisessig
1 TL Zucker
1 Prise weißer Pfeffer, frisch gemahlen
außerdem: falls erhältlich, Lotosblätter

Zubereitungszeit: 1 Std.

Pro Portion: 2200 kJ/520 kcal

1 Ingwer schälen und fein hacken. Ein Drittel vom Ingwer mit Reiswein mischen und etwa 5 Min. ziehen lassen. Dann den Reiswein durch ein Sieb gießen und beiseite stellen.

2 Den Karpfen kalt abspülen, trockentupfen. Das Fischfleisch auf einer Seite im Abstand von 4 cm kreuzweise etwa 1 cm tief einschneiden. Den Karpfen innen und außen mit Salz einreiben, mit 3 EL Reiswein bestreichen und etwa 20 Min. ziehen lassen. Inzwischen Lotoskerne in einem Topf mit Wasser bei mittlerer Hitze etwa 10 Min. zugedeckt kochen, dabei 1 Prise Salz dazugeben.

3 Frühlingszwiebeln putzen, waschen und in etwa 10 cm lange Stücke schneiden. Den Rest des feingehackten Ingwers mit Sojasauce, Essig und Zucker in einer Schüssel zu einer Sauce mischen, beiseite stellen.

4 Die Lotoskerne abgießen. Den Fisch damit füllen, dabei 7–8 Lotoskerne in die äußeren Einschnitte legen. Frühlingszwiebeln auf dem Karpfen verteilen und den restlichen Reiswein darüber gießen.

5 Karpfen auf einen feuerfesten Teller (oder auf Lotosblätter) geben, in einen Bambusdämpfer stellen, Dämpfer schließen. In einen Wok 1 l Wasser zum Kochen bringen. Den Dämpfer auf den Wok setzen und den Karpfen bei starker Hitze etwa 25 Min. dämpfen. Danach Frühlingszwiebeln entfernen und den Fisch mit Pfeffer bestreuen. Die Essigsauce extra zum Karpfen servieren.

Lotos

Die Lotospflanze ist eine Seerosenart.

Die Lotospflanze, eine Seerosenart, wird in China nicht nur als Zierpflanze gezüchtet. Ihre Kerne (auch Lotossamen genannt) und die Wurzeln werden in der Küche Chinas ausgiebig verwendet. Lotoskerne gibt es in Europa nur getrocknet zu kaufen. Beim Kauf von frischen Lotoskernen muß man darauf achten, daß sie keine grünen Keime haben, denn sonst schmecken sie zu bitter. Bei den getrockneten Kernen erkennt man die Keime erst nach dem Kochen. Man kann sie mit einer Nadel oder einem Zahnstocher entfernen. Nach der traditionellen chinesischen Medizin dienen die Lotoskerne zur Stärkung der Funktion von Herz, Nieren und Milz. Lotoskerne werden in erster Linie für vegetarische Gerichte und Süßspeisen, entweder als Ganzes oder als süße Paste »Lian Rong« verwendet. Die Lotoskerne aus Hunan sind in ganz China für ihre gute Qualität berühmt. Sie werden unter dem Namen »Xiang Lian« verkauft.

Die frischen Wurzeln der Lotospflanze (auch Rhizon genannt), die in Europa äußerst selten angeboten werden und meist nur in Dosen oder getrocknet in Scheiben zu kaufen sind, werden in China in erster Linie als Gemüse gegessen, aber auch für Süßspeisen verwendet. Die frischen oder getrockneten Blätter der Pflanze werden wie Schilfblätter zum Einwickeln von Speisen verwendet. Sie verleihen den Gerichten ein sehr erfrischendes Aroma. Wie Lotoswurzeln sind die Lotosblätter in Europa sehr selten zu bekommen.

Geschmorter Fisch mit Lauch

Cong Kao Ji Yu

Aus Nordchina · Gelingt leicht

*Zutaten für 2 Servierteller
(3 Portionen):
2 Fische von jeweils etwa 300 g
(z. B. Forellen, küchenfertig
zubereitet)
4 EL dunkle Sojasauce
200 g junger Lauch oder
Frühlingszwiebeln
20 g Bambussprossen
4 EL Schweineschmalz
2 EL Reiswein
1 EL Zucker
1½ EL Sesamöl*

Zubereitungszeit: 35 Min.

Pro Portion: 1700 kJ/ 400 kcal

1 Fische kalt waschen, trockentupfen und auf beiden Seiten über Kreuz mit je 3–4 Schnitten versehen. Mit etwas Sojasauce bestreichen.

2 Lauch oder Frühlingszwiebeln putzen, waschen und in etwa 6 cm lange Stücke schneiden. Wenn die Stangen sehr dick sind, auch längs noch einmal halbieren. Bambus längs in dünne Scheiben schneiden.

3 In einer (beschichteten) Pfanne 3 EL Schweineschmalz erhitzen. Fische darin pro Seite bei mittlerer Hitze etwa 2 Min. anbraten. Reiswein dazugeben und den Deckel auflegen. Alles etwa 1 Min. ziehen lassen. Dann übrige Sojasauce, Zucker und 6 EL Wasser mischen und in die Pfanne gießen. Anschließend Fische zugedeckt etwa 8 Min. bei mittlerer Hitze garen.

4 Inzwischen in einer anderen Pfanne 1 EL Schmalz erhitzen. Lauch oder Frühlingszwiebeln und Bambus darin unter Rühren bei starker Hitze etwa 2 Min. braten, bis sie würzig duften. Fisch mit Sauce in die Pfanne mit Lauch bzw. Frühlingszwiebeln und Bambus geben und alles noch einmal etwa 5 Min. zugedeckt garen.

5 Eine Platte mit Lauch oder Frühlingszwiebeln und Bambus auslegen, Fisch daraufgeben und mit Sesamöl beträufeln.

Rot fritierte Garnelen

You Bao Xia

Aus Nordchina · Geht schnell

*Zutaten für 1 Servierteller
(2 Portionen):
400 g rohe Riesengarnelen
mit Schale
3 dünne Scheiben Ingwerwurzel
1 Stück Lauch (etwa 3 cm lang)
1 EL Zucker
1 EL brauner Essig
1 TL Salz
½ l Pflanzenöl zum Fritieren*

Zubereitungszeit: 15 Min.

Pro Portion: 1900 kJ/ 450 kcal

1 Von den Garnelen Füße und evtl. Kopf abschneiden. Dann gründlich waschen und sehr sorgfältig abtrocknen, sonst spritzen sie beim Fritieren.

2 Ingwer schälen, Lauch putzen und waschen und beides in feine Streifen schneiden. Mit Zucker, Essig und Salz mischen. 2–3 EL Wasser unterrühren.

3 Öl in einem Topf oder Wok erhitzen. Es ist heiß genug, wenn an einem hölzernen Stäbchen, das Sie ins heiße Fett tauchen, kleine Bläschen aufsteigen. Garnelen hineingeben und etwa 1 Min. fritieren, bis sie schön rot sind. Herausnehmen und gut abtropfen lassen.

4 Öl bis auf einen dünnen Film aus dem Topf gießen. Vermischte Sauce dazugeben und heiß werden lassen. Garnelen hineingeben und kurz unter Rühren garen, bis sie von der Sauce überzogen sind.

Tip! Garnelen von guter Qualität gibt es in fast allen Asien-Läden tiefgefroren zu kaufen. Sie können problemlos die gewünschte Menge entnehmen und den Rest weiter im Gefrierfach lagern. Garnelen immer im Kühlschrank vollkommen auftauen lassen.
Die rot fritierten Garnelen kann man auch gut kalt servieren, zum Beispiel auf dem Buffet oder beim Picknick.

FLEISCH UND GEFLÜGEL

Von allen Fleischsorten wird Schweinefleisch in China am häufigsten gegessen. So beliebt ist es nicht nur wegen seines Geschmacks, sondern auch, weil es sich mit vielen verschiedenen Zutaten hervorragend kombinieren läßt. Rindfleisch wurde in China früher kaum gegessen, da Rinder als unabkömmliche Nutztiere in der Landwirtschaft dienten. Erst in den letzten Jahren hat Rindfleisch an Bedeutung gewonnen und wird häufiger, meist mit Gemüse, serviert. Lamm war früher fast ausschließlich den moslemischen Nationalitäten vorbehalten, die kein Schweinefleisch essen dürfen. Auch heute wird Lamm in China eher selten angeboten. Genauso beliebt wie Schweinefleisch ist bei den Chinesen Hähnchen, das nicht nur einen wunderbar zarten Geschmack hat, sondern darüber hinaus sehr gesund ist. Daß das Huhn tatsächlich auch gut schmeckt, ist in China schon deshalb garantiert, weil hauptsächlich freilaufendes Geflügel angeboten wird. Auch viele andere Fleischsorten schmecken in China besonders gut, weil die Tiere noch natürlich aufgezogen werden. Ente ist etwas ganz Besonderes in China und wird fast nur zu festlichen Anlässen serviert, denn ihre Zubereitung erfordert meist etwas mehr Geschick und auch Zeit.

Der junge Mann wartet auf einen Käufer, der aus der Ente ein köstliches Festessen machen wird.

Fleisch und Geflügel 93

Scharf-würziges Hähnchen

Aus Sichuan · Gelingt leicht

Ma La Zi Ji

**Zutaten für 1 Servierteller
(3 Portionen):**
1 Hähnchen (etwa 1,2 kg)
5 getrocknete Chilischoten
(nach Belieben mehr)
1–2 Frühlingszwiebeln
4 EL frische Korianderblätter
4 EL Sesamöl
5 EL helle Sojasauce
Salz
2 EL brauner Essig
1 EL Hühnerschmalz (s. Tip)

Zubereitungszeit: 30 Min.

Pro Portion: 2100 kJ/ 500 kcal

1 In einem Topf 2½ l Wasser zum Kochen bringen. Das Hähnchen hineingeben und das Wasser wieder zum Kochen bringen. Den Schaum abschöpfen und das Hähnchen etwa 20 Min. bei mittlerer Hitze zugedeckt ziehen lassen.

2 Inzwischen Chilischoten in etwa 1 cm lange Stücke schneiden. (Sofort die Hände waschen, Chili brennt wie Feuer, wenn Sie es in die Augen bekommen!) Frühlingszwiebeln putzen und in Streifen schneiden. Koriander waschen und fein hacken.

3 Hähnchen herausnehmen und leicht abkühlen lassen. 50 ml von der Hühnerbrühe aufheben. Das Fleisch von den Knochen lösen und nach Wunsch auch die Haut entfernen. Das Fleisch in mundgerechte Stücke schneiden und in einer Schale warm halten.

4 Sesamöl in einer Pfanne oder im Wok erhitzen. Chili und Frühlingszwiebeln darin bei starker Hitze unter Rühren braten, bis es duftet. Sojasauce, Salz, Essig, Hühnerschmalz und 50 ml Hühnerbrühe dazugeben und alles zum Kochen bringen.

5 Sauce über das Hühnerfleisch gießen. Koriander darüber streuen.

Tip! Wenn Sie häufig Hähnchen kochen, sollten Sie auch das Hühnerfett aufbewahren. Nach dem Kochen das Fett abschöpfen und in eine Schale geben. In den Kühlschrank stellen, bis es fest wird. Dieses Fett können Sie zum Beispiel zum Braten von chinesischen Pfannkuchen oder Reis und Gemüse verwenden.

Knusprige Ente

Raffiniert · Braucht etwas Zeit Xiang Su Ya

Zutaten für 2 Servierteller (4 Portionen):
1 bratfertige Ente (etwa 1,5 kg)
20 Sichuan-Pfefferkörner
15 g Zimtstange
4 Stück Sternanis
Salz
6 EL Reiswein
40 g Lauch + 1 Lauchblatt für die Verzierung
40 g Ingwerwurzel
2 EL Speisestärke
1 l Pflanzenöl zum Fritieren
Zum Stippen:
Salz
einige Körner Sichuan-Pfeffer, im Mörser zerkleinert

Zubereitungszeit: 30 Min. (+ 50 Min. Dämpfen)

Pro Portion: 4400 kJ/ 1000 kcal

1 Ente innen und außen waschen und trockentupfen. Pfefferkörner, Zimt und Anis mit einem großen, schweren Messer hacken. Sie können die Gewürze auch in einen stabilen Plastikbeutel (z.B. Gefrierbeutel) geben und auf einem Brett mit dem Fleischklopfer zerkleinern. Mit Salz und Reiswein mischen und die Ente damit rundherum einreiben. Ente auf einen großen hitzebeständigen Teller legen. Lauch putzen und waschen und in feine Streifen schneiden. Ingwer schälen und ebenfalls in feine Streifen schneiden, beides auf der Ente verteilen.

2 In einen großen Topf eine Tasse stellen. Etwa 5 cm hoch Wasser angießen. Den Teller mit der Ente darauf stellen und die Ente zugedeckt bei starker Hitze etwa 50 Min. dämpfen. Dabei eventuell immer wieder etwas Wasser nachgießen.

3 Ente herausheben, abtropfen und abkühlen lassen. Ingwer und Lauch entfernen. Speisestärke auf der Haut der Ente verreiben.

4 Öl in einem weiten Topf oder im Wok erhitzen. Die Ente darin bei mittlerer Hitze von allen Seiten fritieren, bis sie knusprig und schön gebräunt ist. Das dauert etwa 10 Min.

5 Inzwischen das Lauchblatt waschen, zusammenfalten und in Rauten schneiden. Diese Rauten von einer Seite vielfach einschneiden. Ente abtropfen lassen und in kleine Stücke schneiden. Auf einer Platte mit den Lauchstücken anrichten und sofort servieren.

6 Beim Essen die Entenstücke in die Salz-Pfeffer-Mischung stippen.

Hühnerbrust mit Erdnüssen

Aus Sichuan · Scharf **Gong Bao Ji Ding**

Zutaten für 3–4 Portionen:
100 g rohe geschälte Erdnüsse
300 g Hühnerbrust, ohne Haut
und Knochen
1 Eiweiß
Salz
2 EL Speisestärke
2 Knoblauchzehen
20 g getrocknete rote Chilischoten
1 EL dunkle Sojasauce
1 EL Reiswein
1 TL Zucker
1 EL Reisessig
¹/₂ TL Sesamöl
100 ml neutrales Pflanzenöl

Zubereitungszeit: 50 Min.

Bei 4 Portionen pro Portion:
1500 kJ/360 kcal

1 Erdnüsse etwa 15 Min. in lauwarmem Wasser einweichen. Hühnerbrust waschen, trockentupfen und in etwa 2 cm große Würfel schneiden. Dann in einer Schale mit Eiweiß, Salz und 1 EL Speisestärke verrühren und etwa 10 Min. marinieren.

2 Erdnüsse aus dem Wasser nehmen und trockentupfen. Knoblauch häuten und fein hacken. Chilischoten halbieren, von den Kernen befreien. Vorsicht, danach nicht mit den Händen an die Augen kommen!

3 In einer Schale 1 EL Speisestärke mit 2 EL Wasser anrühren. Mit Sojasauce, Reiswein, Zucker, Reisessig und Sesamöl zu einer Würzsauce verrühren, beiseite stellen.

4 Einen Wok bei mittlerer Hitze erwärmen. 1 EL Pflanzenöl angießen und die Erdnüsse hineingeben. Temperatur herunterschalten und die Erdnüsse bei schwacher Hitze unter Rühren etwa 3 Min. rösten, dann herausnehmen und beiseite stellen.

5 Das restliche Öl in den Wok gießen und bei starker Hitze heiß werden lassen. Hühnerwürfel mitsamt der Marinade hineingeben und unter Rühren etwa 2 Min. braten. Herausnehmen und das Fett auf Küchenpapier abtropfen lassen.

6 Die Temperatur herunterschalten und das Öl bis auf einen dünnen Film aus dem Wok abgießen. Knoblauch und Chilischoten darin bei mittlerer Hitze unter Rühren kurz anbraten, Hühner-

würfel dazugeben und unter Rühren etwa 1 Min. mitbraten. Die vorbereitete Würzsauce unterrühren. Aufkochen lassen, die Erdnüsse dazugeben, alles gut durchrühren und servieren.

Info: Dieses Gericht ist in der Sichuaner Küche sehr berühmt. Es hat eine fast 300 Jahre lange Tradition. Anfang des 17. Jahrhunderts erhielt die Provinz Sichuan einen neuen Gouverneur. Ihm zu Ehren wurde ein großes Essen arrangiert. Dabei hatte ihm das Gericht »Hühnerbrust mit Chili und Erdnüssen« besonders gut geschmeckt. Da der neue Gouverneur die Position eines »Gong Bao« (hoher Beamter) hatte, wurde dieses Gericht dann nach seiner Position, also »Gong Bao-Hühnerbrust«, genannt.

Tips! Wenn Sie keine rohen Erdnüsse im Asienladen bekommen können, ersetzen Sie diese durch geröstete oder Sie nehmen Cashewnüsse. Sie können, ganz nach Geschmack, auch nur 50 ml Öl zum Braten verwenden. Wenn Sie etwas Farbe in das Gericht bringen wollen, können Sie noch je ¹/₂ rote und grüne Paprikaschote verwenden. Dazu geputzte Paprikahälften in etwa 2¹/₂ cm große Stücke schneiden. Die Paprikastücke bei Schritt 6 nach dem Anbraten des Knoblauchs und der Chilischoten dazugeben und unter Rühren etwa 1 Min. braten. Dann die Hühnerwürfel dazugeben.

96 *Fleisch und Geflügel*

Scharfwürzige Hühnerbrust

Aus Sichuan · Gelingt leicht

Yu Xiang Ji Pu

Zutaten für 3–4 Portionen:
300 g Hühnerbrust,
ohne Haut und Knochen
1 Prise Salz · 2 EL Reiswein
2 Eier · 50 g Speisestärke
1 Scheibe Ingwer, etwa 1 cm dick
3 Knoblauchzehen
1 EL Zucker · 1 EL heller Reisessig
1½ TL helle Sojasauce
250 ml neutrales Pflanzenöl
zum Fritieren
1½ TL scharfe Bohnenpaste

Zubereitungszeit: 50 Min.

Bei 4 Portionen pro Portion:
1400 kJ/330 kcal

1 Die Hühnerbrust waschen, trockentupfen und in etwa 6 cm lange und 1 cm dicke Streifen schneiden, dann mit Salz und 1 EL Reiswein mischen. Eier mit der Speisestärke vermengen.

2 Ingwer schälen, Knoblauch häuten, beides fein hacken. In einer kleinen Schüssel Zucker mit Essig, Sojasauce und 1 EL Reiswein zu einer Sauce mischen, beiseite stellen.

3 Öl in einem Wok bei starker Hitze heiß werden lassen, bis an einem ins Öl getauchten Holzstäbchen Bläschen emporsteigen. Hühnerstreifen durch die Ei-Stärkemasse ziehen und stückweise im heißen Öl etwa 1 Min. fritieren. (Vorsicht, Spritzgefahr!) Herausnehmen und das Fett abtropfen lassen.

4 Die Temperatur auf niedrigste Stufe zurückschalten und das Öl bis auf einen dünnen Film aus dem Wok gießen. Die scharfe Bohnenpaste bei schwacher Hitze darin etwa ½ Min. unter Rühren flüssig werden lassen. Ingwer und Knoblauch dazugeben. Unter Rühren kurz anbraten, die vorbereitete Sauce dazugeben. Die Hühnerstreifen untermengen und alles noch einmal unter Rühren etwa ½ Min. bei mittlerer Hitze braten.

Huhn mit Zuckererbsen

Aus Sichuan · Gelingt leicht Wan Dou Ji Pian

Zutaten für 3–4 Portionen:
300 g Hühnerbrust,
ohne Haut und Knochen
1 Eiweiß · 1 EL helle Sojasauce
1 EL Speisestärke
+ 1 TL Speisestärke
2 EL Reiswein
1 kleine Zwiebel (50 g)
1 Frühlingszwiebel
1 Scheibe Ingwer, etwa 1 cm dick
80 g Zuckererbsen
4 EL neutrales Pflanzenöl
weißer Pfeffer, frisch gemahlen
Salz · 1/2 TL Sesamöl
nach Belieben: Frühlingszwiebeln
zum Garnieren

Zubereitungszeit: 35 Min.

Bei 4 Portionen pro Portion:
950 kJ/230 kcal

1 Hühnerbrust waschen, trockentupfen und in etwa 5 cm lange und 1/2 cm dünne Scheiben schneiden. Dann mit Eiweiß, Sojasauce, 1 EL Speisestärke und 1 EL Reiswein mischen. Etwa 10 Min. marinieren.

2 Zwiebel schälen und in etwa 3 cm große Stücke schneiden. Frühlingszwiebel putzen und waschen. Ingwer schälen. Beides fein hacken. Zuckererbsen waschen, abtropfen lassen.

3 Öl in einem Wok bei mittlerer Hitze heiß werden lassen. Hühnerbrust samt Marinade hineingeben und darin unter Rühren etwa 1 Min. braten. Herausnehmen, das Fett abtropfen lassen.

4 Zwiebel, Frühlingszwiebel und Ingwer bei mittlerer Hitze im Restöl kurz anbraten, Zuckererbsen und Hühnerbrust dazugeben, mit 1 EL Reiswein, 1 Prise Pfeffer und Salz würzen. Das Ganze unter Rühren etwa 1 Min. braten. 1 TL Speisestärke mit 1 EL Wasser anrühren, unterrühren und die Sauce damit binden. Vor dem Servieren mit Sesamöl beträufeln. Nach Belieben mit Frühlingszwiebeln garnieren.

Variante: Sie können statt Hühnerbrust auch Schweinefleisch nehmen.

Hühnerfleisch in Ananas

Bo Luo Bi Yi Qiu

Sommergericht · Gelingt leicht

Zutaten für 4 Portionen:
1 frische Ananas (etwa 1,2 kg)
je 1/2 rote und grüne Paprikaschote
250 g Hühnerbrust, ohne Haut und Knochen
3 TL Speisestärke
1 Eiweiß
Salz · 1 TL Zucker
1/2 TL Sesamöl
weißer Pfeffer, frisch gemahlen
1 Knoblauchzehe
1 kleiner Bund Schnittlauch
3 EL neutrales Pflanzenöl
1 TL Reiswein

Zubereitungszeit: 40 Min.

Pro Portion: 1200 kJ/290 kcal

1 Ananas kalt abbrausen, trockentupfen und längs im Verhältnis 1:2 durchschneiden. Das holzige Innere der Ananas herausschneiden. Das Ananasfleisch der beiden Teile auslösen und in Würfel von etwa 2 cm Kantenlänge schneiden.

2 Paprikaschoten von Kernen, Trennwänden und Stielansätzen befreien, Schoten waschen und in etwa 2 cm große Stücke schneiden.

3 Hühnerbrust kalt abbrausen, trockentupfen und in etwa 1/2 cm dünne, 2 cm breite und 3 cm lange Scheiben schneiden. Speisestärke mit 3 TL Wasser anrühren. Dann in einer Eßschale Eiweiß, 1/2 TL Salz und 1/3 der angerührten Speisestärke verrühren. Fleisch untermengen.

4 Die restliche Speisestärke, Zucker, Sesamöl und je 1 Prise Salz und Pfeffer in einer Eßschale zu einer Sauce verrühren. Knoblauch häuten und fein hacken. Schnittlauch waschen, trockenschütteln und fein hacken.

5 Den Wok bei starker Hitze in etwa 2 Min. heiß werden lassen. Öl hineingießen, Temperatur auf mittlere Hitze zurückschalten. Die Hühnerbrust in den Wok geben, unter Rühren etwa 1 Min. braten und danach herausnehmen.

6 Paprika, Knoblauch und Ananaswürfel in den Wok geben. Im Restöl unter Rühren bei mittlerer Hitze etwa 2 Min. braten, die Hühnerbrust dazugeben, alles mit Reiswein beträufeln, die angerührte Sauce darüber gießen (vorher eventuell nochmals durchrühren), alles gut vermengen und zum Kochen bringen.

7 Zum Schluß mit Schnittlauch bestreuen, dann in dem größeren Teil der Ananas anrichten, mit dem kleineren Teil zudecken und servieren.

Getränk: Probieren Sie dazu einmal einen trockenen, jedoch nicht herben Sauvignon Blanc mit tropischem Fruchtaroma, z.B. aus Australien oder Neuseeland.

Info: Ananas wird in Südchina, insbesondere in Guangdong, Fujian, Taiwan und auf der Insel Hainan viel angebaut. Daher ist sie nicht nur als Obst, sondern auch als Zutat in der Küche sehr beliebt. Die Ananasschale, in der das Gericht in diesem Rezept serviert wird, gibt ihm ein besonders appetitanregendes Aroma und trägt auch erheblich zu dem süß-sauren Geschmack bei.

Würzige Hähnchenschenkel

Aus Hunan · Scharf Dong An Tu Ji

Zutaten für 4 Portionen:
6 Hähnchenschenkel
5 Frühlingszwiebeln
30 g Ingwer
4 rote frische Chilischoten
5 EL neutrales Pflanzenöl
200 ml Hühnerbrühe
(selbstgemacht oder instant)
Salz · 1/2 TL Sichuan-Pfeffer,
frisch grob gemahlen
1 EL Reiswein
2 EL dunkler Reisessig
1 EL Speisestärke

Zubereitungszeit: 30 Min.
Pro Portion: 1500 kJ/360 kcal

1 Hähnchenschenkel kalt abspülen, trockentupfen und entbeinen. Dann in etwa 5 cm lange und 1 cm dünne Streifen schneiden.

2 Frühlingszwiebeln putzen, waschen und in etwa 7 cm lange Stücke schneiden. Ingwer schälen und in sehr feine Scheiben schneiden. Chilischoten längs halbieren, von Stielen und Kernen befreien, waschen und in dünne Streifen schneiden. Vorsicht, danach nicht mit den Händen an die Augen kommen!

3 Öl in einem Wok bei mittlerer Hitze heiß werden lassen. Fleisch darin unter Rühren 3–5 Min. braten, herausnehmen und das Fett abtropfen lassen.

4 Frühlingszwiebeln, Ingwer und Chilistreifen im Restöl unter Rühren etwa 1 Min. anbraten, die Brühe angießen, dann mit Salz, Sichuan-Pfeffer, Reiswein und Essig würzen. Hähnchen dazugeben. Zugedeckt bei mittlerer Hitze etwa 4 Min. kochen lassen. Zum Schluß die Speisestärke mit 2 EL Wasser anrühren, untermischen und die Sauce damit binden. Sofort servieren.

Tip! Wenn Sie es weniger scharf mögen, ersetzen Sie 2 der Chilischoten durch 1/2 rote Paprikaschote.

Sichuan-Pfeffer wird am besten frisch im Mörser gemahlen.

Sichuan-Pfeffer

Sichuan-Pfeffer heißt auf chinesisch »Hua Jiao«, was auf deutsch »Blütenpfeffer« bedeutet. Oft wird er auch unter der Bezeichnung »Szechuan-Pfeffer« angeboten. Er wächst nicht am Pfefferstrauch, sondern an einem kleinen Baum, der Dornen an den Ästen hat. Früher wuchs der hauptsächlich in West- und Nordchina vorkommende Baum wild, heute wird er jedoch immer mehr gezüchtet. Im Vergleich zu schwarzem Pfeffer hat der Sichuan-Pfeffer ein intensiveres Aroma. In der Sichuaner Küche wird er oft zusammen mit Chilischoten verwendet, dadurch wird den Gerichten ein scharf-würziger Geschmack verliehen. Die Blütenknospen, die eine rote Farbe haben, getrocknet, aber bräunlich aussehen, werden wie andere Pfefferkörner verwendet. Man mahlt sie im Mörser oder in der Pfeffermühle und streut den Pfeffer über das Gericht. Ganze Sichuan-Pfefferkörner werden entweder zum Marinieren und Einlegen verwendet, oder im heißen Öl kurz angebraten. Pfeffer gilt in der chinesischen Medizin auch als Heilmittel u.a. gegen Wassersucht und Rheuma.

102 *Fleisch und Geflügel*

Hühnerleber mit Zwiebeln

Wintergericht · Gelingt leicht

Yang Cong Chao Ji Gan

Zutaten für 3–4 Portionen:
200 g Hühnerleber
1 EL Reiswein
1 ¹/₂ EL dunkle Sojasauce
2 TL Speisestärke
250 g Zwiebeln
¹/₂ grüne Paprikaschote
4 EL neutrales Pflanzenöl
Salz
weißer Pfeffer, frisch gemahlen
75 ml Hühnerbrühe (selbstgemacht oder instant)

Zubereitungszeit: 30 Min.

Bei 4 Portionen pro Portion:
730 kJ/170 kcal

1 Hühnerleber kalt abbrausen, säubern, trockentupfen und in etwa 3 cm lange und 2 cm breite Stücke schneiden. Reiswein, ¹/₂ EL Sojasauce und 1 TL Speisestärke in einer Eßschale vermengen, Leber hineingeben und etwa 5 Min. marinieren.

2 Zwiebeln schälen und in 2–3 cm große Stücke schneiden. Paprikaschote von Kernen, Trennwänden und Stielansatz befreien, waschen und ebenfalls in 2–3 cm große Stücke schneiden.

3 Wok bei starker Hitze heiß werden lassen. 2 EL Öl angießen, Hühnerleber hineingeben. Unter Rühren etwa 2 Min. braten, dann herausnehmen.

4 Restliches Öl angießen, Zwiebeln und Paprikastücke hineingeben. Mit 1 EL Sojasauce, je 1 Prise Salz und Pfeffer würzen, und unter Rühren bei mittlerer Hitze 2–3 Min. braten. Hühnerleber dazugeben und alles mit Hühnerbrühe ablöschen. Gut durchrühren und bei starker Hitze zum Kochen bringen. Restliche Speisestärke mit 2 EL Wasser anrühren, die Sauce damit binden und das Gericht anschließend servieren.

Tip! Wenn Sie die Zwiebeln weicher mögen, geben Sie sie zuerst in den Wok. Würzen Sie die Zwiebeln dann mit 1 EL Sojasauce, je 1 Prise Salz und Pfeffer und lassen sie unter Rühren etwa 2 Min. braten. Geben Sie dann die Paprika dazu, garen sie unter Rühren etwa 1 Min. und fügen erst dann die Leber hinzu.

Hühnerbrust in Zitronensaft

Aus Guangdong · Gelingt leicht

Xi Ning Jian Ruan Ji

Zutaten für 4 Portionen:
350 g Hühnerbrust, ohne Haut und Knochen
Salz
1 kleines Ei
3 EL Speisestärke
1 unbehandelte Zitrone
300 ml neutrales Pflanzenöl zum Fritieren
3 EL Zucker
2 EL heller Essig
zum Garnieren: etwas Petersilie

Zubereitungszeit: 40 Min.

Pro Portion: 1400 kJ/330 kcal

1 Hühnerbrust kalt abbrausen, trockentupfen, in etwa 5 cm lange, 3 cm breite und ¹/₂ cm dicke Stücke schneiden. ¹/₂ TL Salz, Ei, 1 TL Wasser und 1 ¹/₂ EL Speisestärke vermischen, Fleisch damit vermengen und etwa 10 Min. ziehen lassen. Zitrone waschen, trockentupfen, in dünne Scheiben schneiden.

2 Öl im Wok bei starker Hitze in etwa 2 Min. heiß werden lassen. Temperatur dann auf mittlere Hitze zurückschalten, Hühnerbruststücke im Öl fritieren, bis beide Seiten goldbraun sind. Dann herausnehmen und auf einem Teller anrichten, Tellerrand mit der Hälfte der Zitronenscheiben garnieren.

3 Das Öl bis auf einen dünnen Film aus dem Wok abgießen. Die restlichen Zitronenscheiben mit Zucker, Essig, ¹/₂ TL Salz und 150 ml Wasser zu dem Ölrest in den Wok geben. Das Ganze unter Rühren erhitzen, bis der Zucker geschmolzen ist. 1 ¹/₂ EL Speisestärke mit 8 EL kaltem Wasser vermischen, unter ständigem Rühren in den Wok geben, bis die Sauce dickflüssig wird.

4 Die Sauce mit den Zitronenscheiben über die Hühnerbruststücke geben, Petersilie waschen, trockenschütteln, Blättchen abzupfen. Hühnerbrust damit garnieren und servieren.

Dreifach gewürztes Huhn

Aus Taiwan · Deftig San Bei Ji

Zutaten für 4 Portionen:
1 Huhn (etwa 1 kg),
küchenfertig vorbereitet
100 g Ingwer · 10 Knoblauchzehen
2 scharfe rote Peperoni
2 EL Sesamöl · 150 ml Reiswein
150 ml dunkle Sojasauce
2 EL Zucker
weißer Pfeffer, frisch gemahlen
10–12 Basilikumblätter
zum Garnieren: 1 Peperoni-»Pinsel«

Zubereitungszeit: 30 Min.
(+ 35 Min. Garen)

Pro Portion: 1800 kJ/430 kcal

1 Huhn kalt abbrausen, trockentupfen und mit Haut und Knochen in Würfel von etwa 5 cm Kantenlänge hacken. Ingwer schälen, Knoblauch häuten, beides in dünne Scheiben schneiden. Peperoni waschen, von Kernen und Stielen befreien und in kleine Stücke schneiden. Vorsicht, danach nicht mit den Händen an die Augen kommen!

2 Wok bei mittlerer Hitze anwärmen, Sesamöl hineingießen. Ingwer, Knoblauch und Peperoni darin anbraten. Huhn dazugeben, Reiswein und Sojasauce hinzufügen, unter Rühren 2–3 Min. anbraten, mit Zucker und 1 Prise Pfeffer würzen. Etwa 75 ml Wasser darüber gießen. Alles nochmals durchrühren und zum Kochen bringen. Zugedeckt bei mittlerer Hitze 30–35 Min. garen.

3 Wenn nicht mehr viel Flüssigkeit im Wok ist, Basilikumblätter hineingeben, etwa 1 Min. zugedeckt weiterkochen. Dann das Gericht in einer vorgewärmten Tonschale mit dem Peperoni-»Pinsel« garniert servieren.

Info: Dieses Gericht ist eine sehr beliebte Hausmannskost in Taiwan. Es heißt wörtlich übersetzt »Drei-Tassen-Huhn«, d.h. eine Tasse Reiswein, eine Tasse Sojasauce und eine Tasse Sesamöl. Wir haben hier die Menge des Sesamöls reduziert, denn sonst wird das Gericht für den europäischen Geschmack zu fett.

Tip! Wenn Ihnen das Hacken des Huhns zu umständlich ist, verwenden Sie Hühnerbrust ohne Knochen.

Geschmorte Wachteln

Aus Guangdong · Gelingt leicht Sha Guo An Chun Kuai

Zutaten für 4 Portionen:
20 g getrocknete Donggu-Pilze
4 Wachteln (je etwa 250 g),
küchenfertig vorbereitet
2 Frühlingszwiebeln
1 Scheibe Ingwer, etwa 1 cm dick
Salz · 1 EL Zucker
1 EL Reiswein
4 EL Austernsauce
1 EL helle Sojasauce
weißer Pfeffer, frisch gemahlen
½ TL Sesamöl
1 EL Speisestärke
2 EL neutrales Pflanzenöl
¼ l Hühnerbrühe (selbstgemacht
oder instant)

Zubereitungszeit: 30 Min.
(+ 10 Min. Marinieren
+ 40 Min. Schmoren)

Pro Portion: 910 kJ/220 kcal

1 Donggu-Pilze in warmem Wasser etwa 20 Min. einweichen. Inzwischen Wachteln kalt abbrausen, trockentupfen und mit Haut und Knochen in etwa 5 cm große Stücke hacken. Frühlingszwiebeln putzen, waschen und in etwa 10 cm lange Stücke schneiden. Ingwer schälen und in dünne Scheiben schneiden.

2 Donggu-Pilze aus dem Einweichwasser nehmen, von den Stielen befreien und in etwa 3 cm große Stücke schneiden. In einer großen Schüssel ½ TL Salz mit Zucker, Reiswein, Austernsauce, Sojasauce, 1 Prise Pfeffer, Sesamöl und Speisestärke verrühren. Wachtelstücke dazugeben, alles gut vermengen, Fleisch etwa 10 Min. marinieren.

3 Möglichst einen innen glasierten Tontopf bei starker Hitze etwa 1 Min. erwärmen. Öl angießen, die marinierten Wachtelstücke hineingeben, unter Rühren etwa 3 Min. braten, mit Hühnerbrühe ablöschen. Donggu-Pilze, Frühlingszwiebeln und Ingwer dazugeben. Nach dem Aufkochen die Temperatur auf mittlere Hitze zurückschalten. Wachteln zugedeckt etwa 40 Min. schmoren. Zwischendurch 2- bis 3mal umrühren.

4 Frühlingszwiebeln und Ingwer entfernen. Geschmorte Wachteln servieren.

Tip! Nach Belieben mit einer »Tomaten-Ingwer-Blume« garnieren.

Gans mit Bohnenpaste

Deftig · Wintergericht   **Dou Jiang Zheng Fei E**

Zutaten für 5 – 6 Portionen:
1 Gans (etwa 2 kg), küchenfertig
vorbereitet, ersatzweise 1 Flugente
1 Scheibe Ingwer, etwa 2 cm dick
2 Knoblauchzehen
1 Sternanis
1 unbehandelte Mandarine
2 EL neutrales Pflanzenöl
150 g dunkle Bohnenpaste
Salz
2 EL Sesampaste
2 EL Zucker
4 EL dunkle Sojasauce
2 EL Reiswein
75 ml Hühnerbrühe (selbstgemacht
oder instant)
2 EL Speisestärke
außerdem: Zahnstocher

Zubereitungszeit: 25 Min.
(+ 50 Min. Dämpfen)

Bei 6 Portionen pro Portion:
3800 kJ/900 kcal

1 Die Gans kalt abbrausen und trockentupfen. Ingwer schälen. Knoblauch häuten, beides fein hacken. Sternanis in einem Mörser zerstoßen. Mandarine waschen, trockentupfen, Schale abraspeln.

2 Öl in einem Wok bei mittlerer Hitze in etwa 2 Min. heiß werden lassen. Ingwer, Knoblauch und Bohnenpaste hineingeben und unter Rühren etwa ¹/₂ Min. anbraten, dann zerstoßenen Sternanis, Mandarinenschale, 1 TL Salz, Sesampaste, Zucker, 2 EL Sojasauce sowie Reiswein dazugeben, unter Rühren kurz zum Kochen bringen, mit Hühnerbrühe ablöschen, alles gut durchrühren. Nach erneutem Aufkochen vom Herd nehmen und abkühlen lassen.

3 Diese Gewürzmasse mit einem Pinsel oder den Fingern gleichmäßig auf das Innere der Gans streichen, die Öffnung mit Zahnstochern verschließen und die Gans in eine hitzebeständige Form (z.B. einen chinesischen Tontopf) legen.

4 Wok reinigen, dann darin etwa 1 l Wasser zum Kochen bringen. Die Form mit der Gans in einen Bambusdämpfer stellen, zudecken und auf den Wok stellen. Die Gans zugedeckt bei starker Hitze etwa 50 Min. dämpfen.

5 Die Gans aus dem Dämpfer nehmen. Solange sie noch warm ist, rundherum mit 2 EL Sojasauce bestreichen. Die Zahnstocher entfernen, dabei den Saft aus der Gans in einer Schale auffangen. Die Gans mit den Knochen in etwa 2 ¹/₂ cm breite und 5 cm lange Stücke schneiden, dann auf einem großen Teller anrichten.

6 Den aufgefangenen Saft in einem Topf bei mittlerer Hitze zum Kochen bringen. Speisestärke mit 4 EL Wasser anrühren, zum Saft gießen und unter Rühren zu einer Sauce binden. Die Sauce separat zu der Gans servieren oder darüber gießen.

Getränk: Dazu paßt ein angewärmter chinesischer Reiswein, z.B. »Hua Diao«, besonders gut.

Tips! Wenn Sie keinen Bambusdämpfer haben oder ihn in der passenden Größe nicht bekommen, können Sie das Fleisch in der feuerfesten Form oder zugedeckt auf einem Teller auf einen großen Siebeinsatz geben. Diesen stellen bzw. hängen Sie in den mit Wasser gefüllten Wok oder Topf. Sie können aber auch eine hitzebeständige Tasse umgedreht in einen passenden Topf stellen und etwa 5 cm hoch Wasser angießen. Dann die feuerfeste Form oder den hitzebeständigen Teller mit dem Fleisch auf die Tasse in den Topf stellen und das Fleisch zugedeckt bei starker Hitze dämpfen. Zwischendurch ab und zu nachsehen, ob noch genügend Wasser im Topf ist und eventuell mehrmals Wasser nachgießen. – Wenn Ihnen das Kleinschneiden der Gans mit Knochen zu umständlich ist, können Sie entweder nur das Fleisch kleinschneiden oder Entenbrust mit Haut und Knochen verwenden, die sich einfacher schneiden läßt.

Fleisch und Geflügel **109**

Peking-Ente

Beijing Kao Ya

Festlich · Braucht etwas Zeit

*Zutaten für 4 Portionen:
1 Ente (etwa 2 kg), küchenfertig vorbereitet, deren Haut an keiner Stelle verletzt sein darf
30 g Maltose (Malz aus Reis, ersatzweise flüssiger Honig)
Für die Teigfladen:
200 g Mehl
4 EL neutrales Pflanzenöl
Für die Sauce:
2 Bund Frühlingszwiebeln
4 EL Sojabohnenpaste
(Tian Mian Jiang, ersatzweise Hoisin-Sauce, Fertigprodukte)
außerdem:
Küchengarn
1 Fahrradluftpumpe
1 kleiner Pinsel*

*Zubereitungszeit: 2 Std.
(+ 10 Std. Trocknen)*

Pro Portion: 5000 kJ/1200 kcal

1 Ente innen und außen waschen, den Bauch mit Küchengarn gut zunähen. Ente gründlich massieren, damit sich die Haut etwas vom Fleisch löst. An einer Stelle am Hals eine so kleine Öffnung stechen, daß man mit einer Luftpumpe langsam Luft unter die Haut pumpen kann. So lange pumpen, bis sich die Haut ringsum vom Fleisch löst.

2 In einem großen Topf reichlich Wasser zum Kochen bringen. Die Ente hineingeben und etwa 5 Min. darin kochen. Dann herausnehmen und gründlich abtrocknen.

3 Die Maltose (ersatzweise den Honig) mit 100–200 ml Wasser anrühren, so daß sie gut streichbar ist. Die Ente rundherum mit der Hälfte der Maltoselösung bestreichen und etwa 1 Std. am Hals an einem Fleischerhaken an einem kühlen Ort zum Trocknen aufhängen. Dann wieder mit der restlichen Maltoselösung bestreichen und nochmals etwa 9 Std. zum Trocknen aufhängen.

4 Backofen auf 200° vorheizen. Die Ente mit der Brust nach oben auf den Rost über die Fettschale legen und in den Ofen (Mitte, Umluft 180°) geben. Die Ente etwa 45 Min. braten, dann wenden und noch einmal 30–40 Min. braten, bis die Haut schön rotbraun ist.

5 Inzwischen für die Teigfladen das Mehl mit etwa 100 ml lauwarmem Wasser in einer Schüssel mischen und so lange verkneten, bis der Teig glatt und geschmeidig ist. Den Teig mit einem feuchten Tuch bedecken und etwa 10 Min. ruhen lassen. Die Frühlingszwiebeln putzen, waschen und zuerst in etwa 10 cm lange Stücke, dann in Streifen schneiden und beiseite stellen.

6 Den Teig zu einer Rolle von etwa 2 1/2 cm Durchmesser formen und in 16 Stücke teilen. Jedes Stück mit Öl bestreichen und mit einem Handroller zu runden, dünnen Fladen von etwa 15 cm Durchmesser ausrollen. Eine Pfanne mit etwas Öl bestreichen. Alle Teigfladen darin nacheinander bei schwacher Hitze etwa 2 Min. pro Seite backen, auf einem Rechaud warmhalten.

7 Die Ente aus dem Backofen nehmen. Von der Ente die krosse Haut lösen und in Stücke schneiden. Dann das Fleisch schräg von den Knochen lösen und ebenfalls in kleine Stücke schneiden.

8 Zum Essen je 1 Teigfladen auf den Teller legen, mit Entenhaut oder -fleisch und den Frühlingszwiebeln belegen, mit etwas Sojabohnenpaste bestreichen, zusammenrollen und mit den Fingern essen.

Ente in Schilfblättern

He Ye Ya Zi

Aus Peking · Etwas schwieriger

Zutaten für 6 Portionen:
1 Ente (etwa 1,5 kg),
küchenfertig vorbereitet
1 Frühlingszwiebel
1 etwa walnußgroßes Stück Ingwer
(20 g)
36 g frische oder getrocknete
Schilfblätter (siehe Info)
100 g Rundkornreis
1 Sternanis
4 Sichuan-Pfefferkörner
2 EL Reiswein
Salz
3 EL dunkle Sojasauce
1 EL Zucker
1 EL gelbe Bohnenpaste
außerdem: Bastschnüre
oder Küchengarn

Zubereitungszeit: 1 1/2 Std.

Pro Portion: 2700 kJ/640 kcal

1 Die Ente innen und außen waschen, trockentupfen, die Flügel abschneiden, den Rücken durchschneiden und das Fleisch von den Knochen lösen. Dann das Fleisch in etwa 5 cm lange und 2 1/2 cm breite Stücke schneiden. Dies ergibt etwa 12 Stücke. Die Frühlingszwiebel putzen und waschen, den Ingwer schälen und beides in dünne Streifen schneiden.

2 Die Schilfblätter in warmem Wasser etwa 10 Min. einweichen. Inzwischen den Reis mit Sternanis und Sichuan-Pfefferkörnern in einem Topf bei mittlerer Hitze unter Rühren anrösten, bis die Zutaten würzig duften. Dann abkühlen lassen, mit einer Mühle grob schroten oder im Mörser zerstoßen.

3 Entenfleisch mit Reiswein, Salz, Sojasauce, Zucker, Frühlingszwiebel, Ingwer und Bohnenpaste verrühren. Etwa 5 Min. ziehen lassen, dann das Reisschrot dazugeben und gut verrühren.

4 Die Schilfblätter aus dem Wasser nehmen und abtropfen lassen. Die Spitzen an beiden Seiten abschneiden. 3 Schilfblätter leicht überlappend auf die Arbeitsfläche legen. Jeweils 1 Stück Ente mit etwas Reisschrot auf die Schilfblätter legen.

5 Die Blätter aufrollen, dann rechts und links die Seiten einklappen und mit Bastschnüren oder Küchengarn wie ein Päckchen gut zusammenbinden. Alle Entenfleischstücke auf diese Weise einwickeln.

6 Die Schilfblattröllchen in einen Bambusdämpfer legen, den Dämpfer schließen. Etwa 4–5 cm Wasser in einen Topf gießen. Den Dämpfer auf den Topf setzen und die Entenpäckchen etwa 30 Min. bei starker Hitze gar dämpfen. Eventuell etwas Wasser nachgießen, wenn zuviel verkocht. Falls Sie keinen Bambusdämpfer haben, siehe Info S. 50. Jeder packt sein »Päckchen« am Tisch selber aus.

Info: Das Originalrezept wird mit frischen Lotosblättern zubereitet. Da diese in Deutschland kaum, und wenn nur im Sommer, erhältlich sind, werden hier Schilfblätter verwendet. Diese haben ebenfalls ein sehr schönes Aroma und werden in einigen Asien-Läden angeboten. Im Notfall können Sie auch Alufolie als Ersatz verwenden, da man die Schilfblätter ja nicht mit ißt, aber das Aroma ist dennoch dann leider ganz anders. In manchen Asien-Läden bekommt man fertiges Reisschrot (mit Sternanis und Sichuan-Pfeffer vermischt).

Fleisch und Geflügel

Entenfleisch mit Fu-Zhu

Frühlingsgericht · Gelingt leicht

Hui Ya Ding Fu Zhu

Zutaten für 2 Portionen:
25 g Fu-Zhu
200 g Entenbrust, ohne Haut
2 EL Speisestärke
Salz
Reiswein
50 g Bambussprossen in Stücken (aus der Dose)
50 g frische Champignons
1 Frühlingszwiebel
1 dünne Scheibe Ingwer
3 EL neutrales Pflanzenöl
1 TL helle Sojasauce
$1/2$ l Hühnerbrühe (selbstgemacht oder instant)
1 TL Sesamöl

Zubereitungszeit: 45 Min.

Pro Portion: 1700 kJ/400 kcal

1 Fu-Zhu in warmem Wasser etwa 20 Min. einweichen. Inzwischen das Entenfleisch waschen, trockentupfen und in Würfel von etwa 2 cm Kantenlänge schneiden. Die Stärke mit 4 EL Wasser anrühren. Das Entenfleisch mit 1 EL von der angerührten Stärke, 1 Prise Salz und einem Schuß Reiswein vermischen.

2 In einem Topf Wasser aufkochen. Bambussprossen darin etwa 1 Min. sprudelnd kochen, herausnehmen, abtropfen und abkühlen lassen, dann in ähnlich große Würfel wie das Entenfleisch schneiden.

3 Die Champignons putzen, waschen und in ebenso große Stücke schneiden. Die Frühlingszwiebel putzen, waschen und fein hacken. Den Ingwer schälen und fein hacken. Fu-Zhu aus dem Wasser nehmen und in etwa 2 cm große Stücke schneiden.

4 Einen Wok oder eine Pfanne bei mittlerer Hitze erwärmen. Das Öl angießen und heiß werden lassen. Frühlingszwiebel und Ingwer darin unter Rühren kurz anbraten. Das Entenfleisch hineingeben und unter Rühren etwa 2 Min. braten, dann Fu-Zhu, Bambussprossen und Champignons dazugeben, mit Salz, Sojasauce und 1 EL Reiswein würzen und die Brühe angießen. Alles zum Kochen bringen, dann bei schwacher Hitze zugedeckt etwa 3 Min. köcheln lassen. Die restliche Stärke untermischen und gut verrühren, bis die Sauce bindet. Vor dem Servieren mit Sesamöl beträufeln.

Tip! Sehr hübsch sieht es aus, wenn Sie ein Stück Paprika dekorativ schnitzen oder mit einer Ausstechform z.B. einen Drachen ausstechen und das Gericht damit garnieren.

Fu-Zhu

Fu-Zhu ist die getrocknete Haut der Soja-Milch. Sie ist reich an pflanzlichem Eiweiß und daher besonders nahrhaft. Fu-Zhu wird als flache Folie oder gerollte Stäbchen angeboten. Genau wie Tofu ist Fu-Zhu in der vegetarischen Küche sehr beliebt. Fu-Zhu läßt sich sehr gut mit anderen Zutaten kombinieren, vor allem mit Fleisch und Gemüse. Kochkünstler in vegetarischen Restaurants können aus Fu-Zhu und anderen Tofu-Produkten täuschend ähnlich Geflügelgerichte zaubern, so etwa eine ganze Ente oder ein Huhn. Die flache Folie eignet sich sehr gut für Fu-Zhu-Rouladen, als Füllung kann man je nach Geschmack Hackfleisch oder kleingehacktes Gemüse nehmen. Vor der Zubereitung soll man die Folie – die Stäbchen in kleine Stücke gebrochen – etwa 20 Min. in warmem Wasser einweichen. Fu-Zhu kann man in fast jedem Asien-Laden kaufen.

Fu-Zhu kann man als Folie oder in Form von Stäbchen kaufen.

Hähnchen Shandonger Art

Deftig · Braucht etwas Zeit   Shandong Shao Ji

Zutaten für 4 Portionen:
1 Hähnchen (etwa 1 kg),
küchenfertig vorbereitet
2 Frühlingszwiebeln
50 g Ingwer
1 Bund Koriander
1 kleine grüne Paprikaschote
(etwa 50 g)
200 ml dunke Sojasauce
120 ml Reiswein + 1 TL Reiswein
100 g Zucker
2 Zimtstangen (je etwa 7 cm)
4 Sternanis
1 l neutrales Pflanzenöl
1 EL helle Sojasauce
Salz
50 ml Hühnerbrühe
(selbstgemacht oder instant)
1 TL dunkler Reisessig
1 TL Sesamöl

Zubereitungszeit: 1 Std.

Pro Portion: 2200 kJ/520 kcal

1 Das Hähnchen innen und außen waschen, dann in einem passenden Topf mit kochendem Wasser bedeckt etwa 10 Min. garen. Inzwischen die Frühlingszwiebeln putzen, waschen und 1 Zwiebel für die Sauce fein hacken und beiseite stellen, die andere in 10 cm lange Stücke schneiden. Den Ingwer schälen und etwa 20 g davon für die Sauce fein hacken und beiseite stellen, den Rest für die Brühe in Scheiben schneiden. Den Koriander waschen, trockenschütteln und fein hacken. Die Paprika waschen, halbieren, von Stiel und Kernen befreien, dann fein hacken.

2 Das Hähnchen aus dem Topf nehmen. Mit einem Schaumlöffel den Schaum von der Brühe abschöpfen, dann dunkle Sojasauce, 120 ml Reiswein, Zucker, Zimtstangen, Sternanis, die Frühlingszwiebelstücke und die Ingwerscheiben in die Brühe geben. Die Brühe zum Kochen bringen, das Hähnchen wieder hineingeben, zugedeckt bei schwacher Hitze etwa 15 Min. köcheln lassen. Das Hähnchen herausnehmen, abkühlen lassen und trockentupfen.

3 Öl in einem Wok bei starker Hitze heiß werden lassen, bis an einem ins Öl getauchten Holzstäbchen Bläschen aufsteigen. Das Hähnchen darin etwa 2 Min. fritieren, Vorsicht, Spritzgefahr! Dann das Hähnchen herausnehmen, abkühlen lassen und in etwa 5 cm lange und 2 cm breite Stücke schneiden (mit Knochen). Öl aus dem Wok gießen und den Wok spülen.

4 Die Hähnchenstücke in eine feuerfeste Form legen, die in einen Bambusdämpfer paßt, darüber 4 EL von der Würzbrühe gießen. Dann die Form in einen Bambusdämpfer stellen, den Dämpfer verschließen. ½ l Wasser in einem Topf oder Wok zum Kochen bringen. Den Dämpfer darauf stellen und das Hähnchen über dem heißen Dampf etwa 10 Min. dämpfen. Falls Sie keinen Bambusdämpfer haben, siehe Info.

5 Die Paprika, den Koriander, die gehackte Frühlingszwiebel und den Ingwer, helle Sojasauce, Salz, Hühnerbrühe, 1 TL Reiswein, Essig und Sesamöl in einer Schüssel zu einer Sauce verrühren. Beim Essen die Hähnchenstücke in die Sauce tauchen.

Info: Wenn Sie keinen Bambusdämpfer haben oder ihn in der passenden Größe nicht bekommen, können Sie eine feuerfeste Form oder einen Teller mit dem Fleisch auch (zugedeckt) auf einen großen Siebeinsatz geben und diesen in den mit Wasser gefüllten Topf oder Wok stellen bzw. hängen. Sie können aber auch eine hitzebeständige Tasse in einen passenden Topf stellen, etwa 5 cm hoch Wasser angießen, den Teller mit dem Fleisch darauf stellen und das Fleisch zugedeckt bei starker Hitze dämpfen. Dabei eventuell mehrmals Wasser nachgießen.

Tip! Statt Hähnchen können Sie für dieses Gericht auch Stubenküken verwenden. Die Würzbrühe können Sie zur weiteren Verwendung aufheben.

Huhn mit Kastanien

Herbstgericht · Gelingt leicht Li Zi Men Ji

Zutaten für 4 Portionen:
1 Hähnchen (etwa 1 kg),
küchenfertig vorbereitet
1 Frühlingszwiebel
2 dünne Scheiben Ingwer
3 EL neutrales Pflanzenöl
2 EL Reiswein
4 EL dunkle Sojasauce
Salz
1 EL Zucker
300 ml Hühnerbrühe
(selbstgemacht oder instant)
200 g Eßkastanien (Maronen)
250 g Broccoli

Zubereitungszeit: 50 Min.

Pro Portion: 1900 kJ/450 kcal

1 Das Hähnchen innen und außen waschen, das Fleisch von den Knochen lösen, dann in Würfel von etwa 3 cm Kantenlänge schneiden. Frühlingszwiebel putzen, waschen und kleinschneiden. Ingwer schälen und kleinschneiden.

2 In einem Wok 2 EL Öl bei mittlerer Hitze in etwa 3 Min. heiß werden lassen. Frühlingszwiebel und Ingwer dazugeben, unter Rühren kurz anbraten. Hähnchen dazugeben, bei starker Hitze unter Rühren etwa 5 Min. anbraten. Reiswein, Sojasauce, Salz und Zucker untermischen und nochmals etwa 1 Min. unter Rühren schmoren. Hühnerbrühe angießen. Aufkochen lassen, zudecken und bei schwacher Hitze etwa 15 Min. schmoren.

3 Inzwischen die Kastanien an der Spitze kreuzweise einschneiden, dann in einem Topf bei mittlerer Hitze etwa 5 Min. in Wasser kochen, kalt abschrecken, schälen, zum Hähnchen geben und etwa 5 Min. mitschmoren.

4 Inzwischen Broccoli waschen und die Röschen in etwa 5 cm große Stücke schneiden. In einem Topf $1/2$ l Wasser zum Kochen bringen. Broccoliröschen ins Wasser geben, 1 EL Öl und etwas Salz dazugeben. Etwa 1 Min. sprudelnd kochen lassen, dann herausnehmen, abtropfen lassen und auf einen runden Teller legen.

5 Hähnchen aus dem Wok nehmen und auf die Broccolistücke legen. Kastanien um das Hähnchen herumlegen. 3–4 EL der Sauce darüber gießen.

Scharfe Hähnchenflügel

Aus Shandong · Gelingt leicht Ma La Ji Yi

Zutaten für 2 Portionen:
12 Hähnchenflügel
1 Frühlingszwiebel
2 dünne Scheiben Ingwer
25 g Sichuan-Pfefferkörner
2 frische Korianderzweige
4 EL neutrales Pflanzenöl
2 EL Zucker
4 EL dunkle Sojasauce
Salz
3 getrocknete Chilischoten
1 TL Speisestärke

Zubereitungszeit: 40 Min.

Pro Portion: 2600 kJ/620 kcal

1 Die Hähnchenflügel waschen, 4–5 cm von den Spitzen abschneiden. Hähnchenflügel in einem Topf mit etwa ½ l Wasser zum Kochen bringen, dann bei schwacher Hitze etwa 10 Min. offen weiter köcheln. Hähnchenflügel herausnehmen und abtropfen lassen. 100 ml von der Hühnerbrühe aufheben.

2 Frühlingszwiebel putzen, waschen und in etwa 5 cm lange Stücke schneiden. Ingwer schälen. Sichuan-Pfeffer in ein Stoffsäckchen füllen und zubinden. Koriander waschen, fein schneiden, und beiseite stellen.

3 Das Öl in einem Wok bei mittlerer Hitze heiß werden lassen, Zucker dazugeben und unter Rühren braun werden lassen, Sojasauce und Salz dazugeben, ein paar Sekunden zudecken, dann die Hühnerbrühe, Ingwer, Frühlingszwiebel, Sichuan-Pfeffer, getrocknete Chilischoten und die Hähnchenflügel dazugeben, alles aufkochen lassen. Dann die Hitze reduzieren und offen etwa 15 Min. bei schwacher Hitze köcheln lassen. Ein und wieder umrühren.

4 Wenn im Wok nicht mehr viel Flüssigkeit übrig ist, Ingwer, Frühlingszwiebel und das Sichuan-Pfeffer-Säckchen entfernen. Die Speisestärke mit 2 EL Wasser anrühren, untermischen, alles kurz aufkochen lassen. Die Hähnchenflügel auf einem Teller anrichten und den Koriander darüber streuen.

Getränk: Dazu paßt ein kühles Pils, das den scharfwürzigen Geschmack mildert.

Huhn mit schwarzen Bohnen

Aus Peking · Gelingt leicht Jiang Ya Dou Chi Ji

Zutaten für 4 Portionen:
400 g Hühnerbrust,
ohne Haut und Knochen
75 g junger Ingwer
1 Stück Frühlingszwiebel
(etwa 10 cm lang)
50 g fermentierte schwarze Bohnen
300 ml Hühnerbrühe
(selbstgemacht oder instant)
Salz · 1 EL Reiswein
1 TL Zucker
1 EL dunkle Sojasauce
1 EL Speisestärke
3 EL neutrales Pflanzenöl
zum Braten
nach Belieben: 1 Stück Möhre
zum Garnieren

Zubereitungszeit: 30 Min.

Pro Portion: 990 kJ/240 kcal

1 Das Hühnerfleisch waschen, trockentupfen und in etwa 2 cm große Würfel schneiden. Ingwer schälen und in dünne Streifen schneiden. Frühlingszwiebel putzen, waschen und fein hacken. Die fermentierten schwarzen Bohnen kleinhacken. Die Hühnerbrühe, Salz, Reiswein, Zucker, Sojasauce, Frühlingszwiebel und Speisestärke in einer Schüssel zu einer Sauce mischen.

2 Einen Wok oder eine Pfanne erwärmen, das Öl angießen und in etwa 3 Min. bei mittlerer Hitze heiß werden lassen. Das Hühnerfleisch und die gehackten Bohnen darin unter Rühren etwa 2 Min. anbraten, dann Ingwer und die Sauce dazugeben. Alles zugedeckt bei schwacher Hitze etwa 2 Min. köcheln lassen, bis die Sauce dicklich wird. Nach Belieben ein Stück Möhre in 8 Scheiben schneiden. Mit einem Ausstecher z.B. Blumen ausstechen und das Gericht damit garnieren.

Info: Das Originalrezept verwendet eigentlich statt Hühnerbrust Hähnchenfleisch, das man von den Knochen befreit. Weil das viel Arbeit bedeutet, haben wir hier Hühnerbrust genommen.

Tip! Falls Sie keinen jungen Ingwer bekommen können, nehmen Sie 50 g normalen Ingwer. Beim Kauf sollten Sie aber darauf achten, daß der Ingwer nicht zu viele Fasern hat.

Fermentierte Bohnen

Die fermentierten schwarzen Bohnen, auf chinesisch »Dou Chi«, werden als Würzmittel in erster Linie für Fisch, Geflügel und Fleisch verwendet. Ihr Geschmack regt den Appetit stark an, daher sollte man nicht zuviel verwenden. Man kann die Bohnen sowohl ganz als auch kleingehackt im heißen Öl kurz braten. Das Herstellungsverfahren ist wie folgt: Ausgesuchte Sojabohnen werden zuerst eingeweicht, gedämpft, mit einem Gärmittel und ein bißchen Mehl gemischt, dann in Behälter gefüllt. Nach einem Gärungsprozeß von 3–4 Tagen wird Salz und Sojasauce beigemischt. Die Bohnen werden anschließend in einem Krug verschlossen 2–3 Monate gelagert. Im letzten Arbeitsschritt werden die Bohnen luftgetrocknet. Es gibt auch fermentierte Bohnen ohne Salz und Sojasauce. Sie werden jedoch nur als Heilmittel in der traditionellen chinesischen Medizin verwendet.

Fermentierte Bohnen haben eine appetitanregende Wirkung.

Stubenküken mit Paprika

Aus Shandong · Gelingt leicht **Chao La Zi Ji**

Zutaten für 2 Portionen:
1 Stubenküken (etwa 400 g),
küchenfertig vorbereitet
1 rote Paprikaschote
3 TL neutrales Pflanzenöl
zum Braten
Salz
2 TL dunkle Sojasauce
1 TL Reiswein

Zubereitungszeit: 20 Min.

Pro Portion: 1400 kJ/330 kcal

1 Das Stubenküken innen und außen waschen, trockentupfen, die Spitzen der Flügel abschneiden und das Küken in etwa 2 cm große Würfel hacken (mit Knochen). Paprika waschen, halbieren, Kerne und Stiel entfernen, dann die Paprika in etwa 2 cm große Stücke schneiden.

2 Das Öl in einem Wok bei mittlerer Hitze heiß werden lassen. Kükenstücke darin etwa 5 Min. unter Rühren braten, dann Salz, Sojasauce und Reiswein untermischen, nochmals unter Rühren etwa 1 Min. schmoren, dann die Paprikastücke dazugeben. Alles unter Rühren weitere 2 Min. schmoren und servieren.

Variante: Sie können die Zutaten durch 30 g Donggu-Pilze erweitern. Dazu die Donggu-Pilze etwa 10 Min. in warmem Wasser einweichen, abgießen, kleinschneiden und zusammen mit den Paprikastücken zu den Kükenwürfeln geben. Falls Ihnen das Essen mit den Knochen zu umständlich ist, können Sie auch etwa 300 g Hühnerbrust nehmen. Vor dem Braten wird die Hühnerbrust in etwa 2 cm große Würfel geschnitten, mit 1 TL Stärke und 1 EL Wasser verrührt. Der Geschmack ist dann allerdings etwas anders.

Hühnerbrust mit Ananas

Süßsauer · Gelingt leicht **Bo Luo Ji Pian**

Zutaten für 2 Portionen:
300 g Hühnerbrust,
ohne Haut und Knochen
2 Eiweiß
1 EL Speisestärke
1 EL Reiswein · Salz
1 TL Zucker
3 EL neutrales Pflanzenöl
1 Dose ungezuckerte Ananasstücke
(125 g Abtropfgewicht)

Zubereitungszeit: 20 Min.

Pro Portion: 1500 kJ/360 kcal

1 Die Hühnerbrust waschen, trockentupfen und in etwa 4 cm lange, 2 cm breite, dünne Scheiben schneiden. Das Fleisch mit Eiweiß und Stärke vermischen. Reiswein mit Salz und Zucker in einer Schüssel zu einer Sauce mischen.

2 Einen Wok oder eine Pfanne bei mittlerer Hitze erwärmen, das Öl angießen und in etwa 3 Min. heiß werden lassen. Das Hühnerfleisch darin unter Rühren 2–3 Min. braten. Die Ananasstücke abgießen, dann dazugeben, die Sauce angießen und alles unter schnellem Rühren etwa 1 Min. braten.

Info: Das Originalrezept verwendet außerdem noch junge Blätter von Zuckererbsen (siehe Foto). Da diese in Deutschland nicht zu kaufen sind, wurden sie hier im Rezept nicht verwendet. Wenn Sie dennoch beim Bauern welche bekommen können, nehmen Sie 200 g junge Blätter von Zuckererbsen und geben Sie sie geputzt, gewaschen und abgetropft mit den Ananasstücken zum Hühnerfleisch. Die jungen Erbsenblätter schmecken nicht nur sehr gut, sondern sehen in Kombination mit den anderen Zutaten auch sehr hübsch aus.

122 *Fleisch und Geflügel*

Süß-saures Schweinefleisch

Aus Kanton

Fan Qie Gu Lao Rou

Zutaten für 1 Servierteller
(2 Portionen):
150 g Schweinefilet
2 ½ EL Speisestärke,
mit 1 ½ EL Wasser verrührt
Salz · 1 Ei · 1 Frühlingszwiebel
3 Knoblauchzehen
½ l Pflanzenöl zum Fritieren
3 EL passierte Tomaten
(aus der Packung)
2 EL Fleischbrühe oder Wasser
3–5 EL Zucker · 2 EL heller Essig

Zubereitungszeit: 30 Min.

Pro Portion: 2900 kJ/ 690 kcal

1 Fleisch waschen, trockentupfen und in 4 cm lange, 1½ cm breite und 1 cm dicke Stücke schneiden.

2 Speisestärke, Salz und Ei verquirlen und unter die Fleischstücke rühren.

3 Frühlingszwiebel putzen und in feine Scheiben schneiden. Knoblauch schälen und ebenfalls in feine Scheiben schneiden.

4 Öl in einer Pfanne oder einem Wok erhitzen. Es ist heiß genug, wenn an einem Holzstäbchen, das Sie ins heiße Öl tauchen, kleine Bläschen aufsteigen.

Fleischstücke darin in 2–3 Portionen je etwa 3 Min. fritieren, bis der Teigmantel goldgelb ist.

5 Öl bis auf einen dünnen Film ausgießen. Frühlingszwiebel und Knoblauch im restlichen Öl unter Rühren kurz braten, bis alles würzig duftet. Tomaten und Brühe oder Wasser dazugeben. Sauce mit Zucker, Essig und Salz abschmecken und unter Rühren garen, bis sie dickflüssig ist.

6 Fleisch untermischen und das Gericht sofort servieren, damit die Fleischstücke knusprig bleiben.

Schweinefleisch mit Fischduft

Aus Peking · Gelingt leicht

Yu Xiang Rou Si

Zutaten für 1 Servierteller
(2 Portionen):
25 g getrocknete Tongku-Pilze
150 g Schweinefilet
1 Eiweiß · 2 ½ EL Speisestärke,
in 4 EL Wasser angerührt
Salz
je 25 g rote und grüne Paprikaschote
1 Frühlingszwiebel
3 dünne Scheiben Ingwerwurzel
5 EL Pflanzenöl
1 EL Reiswein · 4 TL Zucker
1 EL brauner Essig
1 ½ EL dunkle Sojasauce
25 g Bambussprossen
1 EL Chiliöl, ersatzweise Pflanzenöl

Zubereitungszeit: 35 Min.

Pro Portion: 2200 kJ/ 520 kcal

1 Pilze in heißem Wasser etwa 20 Min. einweichen. Inzwischen Fleisch waschen, trockentupfen und in etwa 5 cm lange, ½ cm dicke Streifen schneiden. Eiweiß mit ⅓ von der angerührten Speisestärke und etwas Salz verrühren und unter das Fleisch mischen.

2 Paprikastücke waschen und in dünne Streifen schneiden. Frühlingszwiebel putzen, Ingwer schälen und beides fein hacken.

3 Öl bei mittlerer Hitze in einer Pfanne oder einem Wok erwärmen. Fleisch hineingeben und unter Rühren nur so lange garen, bis das Eiweiß stockt. Dann die Mischung herausnehmen.

4 Für die Sauce Reiswein, Zucker, Salz, Essig, Sojasauce und den Rest der angerührten Stärke mischen. Pilze aus dem Wasser nehmen, von den Stielen befreien und mit den Bambussprossen in streichholzdünne Streifen schneiden.

5 Chiliöl in die Pfanne oder den Wok geben und erhitzen. Paprika, Pilze, Bambus, Frühlingszwiebel und Ingwer darin unter Rühren bei starker Hitze 1–2 Min. braten. Anschließend das Fleisch wieder dazugeben.

6 Die Sauce unterrühren und leicht erhitzen, bis sie dickflüssig ist. Mit Salz abschmecken. Nach Wunsch etwas Flüssigkeit (Wasser) untermischen.

Pillen-Klöße
Zhen Zhu Rou Yuan

Aus Hubei · Braucht etwas Zeit

**Zutaten für 1 Servierteller
(3 Portionen):**
200 g Klebreis
100 g Wasserkastanien
3 dünne Scheiben Ingwerwurzel
1 EL Reiswein
Salz
1 EL Speisestärke,
in 2 EL Wasser angerührt
400 g gehacktes Schweinefleisch
5–6 zarte Blätter Chinakohl

Zubereitungszeit: 1 Std.

Pro Portion: 3065 kJ/ 735 kcal

1 Reichlich Wasser in einem großen Topf zum Kochen bringen. Klebreis in einem Sieb waschen, dann 2 Min. in kochendem Wasser vorgaren. Reis anschließend in einem Sieb abtropfen lassen.

2 Wasserkastanien fein hacken. Ingwer schälen und fein zerkleinern.

3 Reiswein, Salz, Ingwer, Wasserkastanien und angerührte Speisestärke mit dem Hackfleisch mischen. Dabei immer in einer Richtung rühren, bis der Fleischteig gut bindet.

4 Aus dem Teig kastaniengroße Kugeln formen. Klebreis auf einen großen Teller geben und die Klößchen darin wälzen, bis sie rundherum davon überzogen sind.

5 Chinakohlblätter waschen und evtl. von dicken Blattrippen befreien. Einen ausreichend großen, hitzebeständigen Teller damit auslegen und die Kugeln ordentlich darauf anordnen.

6 In einen großen Topf eine umgedrehte Tasse stellen. Etwa 3 cm hoch Wasser einfüllen. Den Teller darauf stellen und die Klößchen über dem heißen Wasserdampf zugedeckt bei mittlerer Hitze etwa 15 Min. garen, bis der Reis weich ist. (Am besten nehmen Sie zum Dämpfen ein chinesisches Bambusdämpfkörbchen – es sieht auch bei einer Einladung attraktiv aus.)

7 Klößchen sofort servieren, sonst wird der Reis wieder hart.

Tip! Die Klößchen schmecken als Hauptgericht, aber auch als originelle Vorspeise bei einem festlichen Essen mit Freunden.

Dämpfen

Dämpfen ist eine verbreitete Garmethode in der chinesischen Küche, besonders für die Zubereitung von Grundnahrungsmitteln. Beim Dämpfen garen die Zutaten über heißem Wasserdampf, das heißt, sie kommen mit der Flüssigkeit nicht in Berührung. Durch die starke Hitze und die kurze Garzeit bleiben Aroma, Farbe, Vitamine und Geschmack der Zutaten erhalten. Den chinesischen Bambusdämpfer gibt es in China in Größen von 15 cm bis über einen Meter Durchmesser. Die einzelnen Körbe werden mit den Zutaten gefüllt, wie eine Pagode aufeinandergeschichtet und auf eine Pfanne oder einen Wok mit kochendem Wasser gestellt. Diese Methode ist noch besser als die bei uns übliche mit dem Teller auf der umgedrehten Tasse, da das Bambusgeflecht durchlässig ist und so der Wasserdampf optimal hochsteigen kann. Wenn Sie die Körbe mit einem dünnen, feuchten Tuch auslegen, kleben die Speisen nicht, und Sie müssen den Topf nicht reinigen. Falls Sie den Bambusdämpfer auf den Tisch stellen, sieht es sehr hübsch aus, wenn Sie ihn vor dem Dämpfen mit Salatblättern auslegen.

Im Teehaus werden frische Speisen aus dem Bambusdämpfer angeboten.

Fleisch in Eihülle

Aus Nordchina · Braucht etwas Zeit Bai Zhi Dan Jiao

*Zutaten für 1 Servierteller
(3–4 Portionen):
4–5 Eier (etwa 200 g)
100 g rohe Garnelen
1 Stück Lauch (etwa 10 g)
2 dünne Scheiben Ingwerwurzel
200 g gehacktes Schweinefleisch
Salz
2 TL Reiswein
1 TL trockene Speisestärke
+ 1 TL Speisestärke,
in 2 EL Wasser angerührt
nach Belieben:
30 g Bambussprossen
50 g roh geräucherter Schinken
50 g Schweineschmalz
200 ml Pflanzenöl zum Fritieren
200 ml Fleischbrühe oder Wasser
30 g enthülste Erbsen
(frisch oder tiefgefroren)*

Zubereitungszeit: 1½ Std.

*Bei 4 Portionen pro Portion:
2700 kJ/ 640 kcal*

1 2 Eier trennen. Je 1 Eiweiß in eine Schüssel geben. Garnelen von Kopf, Schale und Darm befreien und fein hakken. Lauch putzen und waschen, Ingwer schälen und beides fein zerkleinern.

2 Hackfleisch mit Salz, Ingwer, Lauch und 1 TL Reiswein zu 1 Eiweiß geben und mischen. Alles in eine Richtung rühren, bis der Fleischteig bindet. Dann zu kleinen Klößchen formen.

3 Garnelen zum anderen Eiweiß geben und mit Salz und der trockenen Speisestärke verrühren. Bambus und Schinken in erbsengroße Würfel schneiden.

4 Restliche Eier und Eigelbe mit Salz und der Hälfte der angerührten Stärke verquirlen.

5 Pfanne erhitzen. Etwas Schweineschmalz darin zerlaufen lassen. 1 EL Eierteig in die Pfanne geben und dünn verteilen. Den Eierkuchen bei mittlerer Hitze stocken lassen.

6 Ein Fleischklößchen auf eine Hälfte des Eierteiges legen, die andere Hälfte darüber klappen. Die Ränder kleben dabei zusammen. Klößchen im Teig vorsichtig aus der Pfanne nehmen und auf einen hitzebeständigen Teller legen.

7 Alle Fleischklößchen auf diese Weise zubereiten. In einen großen Topf eine umgedrehte Tasse stellen, 3–4 cm hoch Wasser einfüllen und zum Kochen bringen. Den Teller mit den Klößchen darauf stellen. Das Ganze zugedeckt bei starker Hitze etwa 5 Min. dämpfen.

8 Öl bei mittlerer Hitze in einer Pfanne oder einem Wok erwärmen. Garnelen hineingeben und durchrühren. Garen, bis das Eiweiß weiß wird, dann herausfischen und abtropfen lassen.

9 Öl bis auf einen dünnen Film aus der Pfanne gießen. Bambus, Schinken und Erbsen darin kurz braten. Übrigen Reiswein dazugeben, Brühe oder Wasser angießen, mit Salz abschmecken und die Garnelen dazugeben. Restliche angerührte Stärke dazugeben und die Sauce einmal aufkochen lassen. Sauce über die Fleischklößchen gießen.

Tip! Besonders hübsch sieht der Servierteller aus, wenn Sie den Rand mit halbierten Gurkenscheiben verzieren.

128 Fleisch und Geflügel

Pikantes Schweinefilet

Aus Sichuan · Scharf Yu Xiang Rou Si

Zutaten für 3 Portionen:
6 getrocknete Mu Er-Pilze
100 g Bambussprossen
(aus der Dose)
250 g Schweinefilet · Salz
3 EL Reiswein
1 EL Speisestärke
+ 1 TL Speisestärke · 1 Eiweiß
1 Frühlingszwiebel
1 Scheibe Ingwer, etwa 2 cm dick
3 Knoblauchzehen
1 EL Zucker · 1 TL Reisessig
1 EL dunkle Sojasauce
4 EL neutrales Pflanzenöl
1 1/2 EL scharfe Bohnenpaste
1/2 TL Sesamöl
nach Belieben:
Chilischoten und Frühlingszwiebelröllchen zum Garnieren

Zubereitungszeit: 40 Min.
Pro Portion: 870 kJ/210 kcal

1 Die Mu Er-Pilze in warmem Wasser etwa 15 Min. einweichen. Dann gründlich waschen und in dünne Streifen schneiden. Bambussprossen in kochendem Wasser etwa 1 Min. sprudelnd kochen, herausnehmen, abkühlen lassen und in 3–4 cm lange und 1/2 cm dünne Scheiben schneiden. Das Schweinefilet kalt abspülen, trockentupfen und in etwa 5 cm lange und 1/2 cm dünne Scheiben schneiden. Salz, 2 EL Reiswein, 1 EL Speisestärke, Eiweiß und 2 EL Wasser mischen. Fleisch darin etwa 5 Min. ziehen lassen.

2 Frühlingszwiebel putzen und waschen. Ingwer schälen, Knoblauch häuten. Alles fein hacken. Zucker mit Essig, Sojasauce, 1 EL Reiswein und 1 TL Speisestärke in einer Schale zu einer Sauce mischen, beiseite stellen.

3 Öl in einem Wok bei mittlerer Hitze heiß werden lassen. Bohnenpaste darin unter Rühren kurz anbraten, Frühlingszwiebel, Ingwer und Knoblauch dazugeben, unter Rühren 1/2 Min. braten.

4 Die Temperatur erhöhen, Fleisch samt Marinade in den Wok geben und bei starker Hitze unter Rühren etwa 1/2 Min. braten. Wenn die Fleischstreifen nicht mehr zusammenkleben, Mu Er-Pilze und Bambussprossen untermengen, die beiseite gestellte Sauce dazugeben und alles unter Rühren noch etwa 1/2 Min. garen. Vor dem Servieren mit Sesamöl beträufeln. Nach Belieben mit Chilischoten und Frühlingszwiebelröllchen garnieren.

Getränk: Dazu paßt ein kühles Pils.

Schweinebauch mit Paprika

Aus Sichuan · Deftig Hui Guo Rou

Zutaten für 4 Portionen:
300 g Schweinebauch,
ohne Schwarte und Knorpel
2 EL Reiswein · Salz
2 grüne Paprikaschoten
2 Frühlingszwiebeln
3 EL neutrales Pflanzenöl
2 EL Hoisin-Sauce (siehe Info)
1½ EL scharfe Bohnenpaste
1 TL Zucker

Zubereitungszeit: 40 Min.

Pro Portion: 1400 kJ/330 kcal

1 Schweinebauch kalt abspülen und in einem Topf mit Wasser bedeckt bei mittlerer Hitze etwa 20 Min. zugedeckt kochen, dabei 1 EL Reiswein und 1 Prise Salz dazugeben.

2 Paprikaschoten von Kernen, Trennwänden und Stielansatz befreien und in etwa 4 cm lange und 3 cm breite Stücke schneiden. Frühlingszwiebeln putzen, waschen und in 6–7 cm lange Stücke schneiden.

3 Schweinebauch aus der Brühe nehmen, abkühlen lassen und in etwa 5 cm lange und ½ cm dünne Scheiben schneiden. 50 ml von der Brühe in einer Schale beiseite stellen.

4 Öl in einem Wok bei mittlerer Hitze heiß werden lassen. Schweinebauch darin unter Rühren etwa 2 Min. braten, Paprikaschoten und Frühlingszwiebeln dazugeben. Alles unter Rühren etwa 1 Min. braten und herausnehmen.

5 Hoisin-Sauce und scharfe Bohnenpaste im Restöl unter Rühren etwa ½ Min. braten, mit der Brühe ablöschen. 1 EL Reiswein und Zucker dazugeben und aufkochen lassen. Schweinebauch, Paprikaschoten und Frühlingszwiebeln untermengen, unter Rühren etwa ½ Min. garen.

Info: Statt Hoisin-Sauce können Sie auch »Tian Mian Jiang«, eine aus gegorenem Mehl gewonnene Sauce, nehmen. Wie die Hoisin-Sauce ist die »Tian Mian Jiang«-Sauce in vielen Asienläden erhältlich. Kühl und gut verschlossen aufbewahrt, sind beide monatelang haltbar.

Hackfleisch mit Glasnudeln

Ma Yi Shang Shu

Sommergericht · Gelingt leicht

Zutaten für 4 Portionen:
150 g Glasnudeln
100 g Staudensellerie
1 Bund Frühlingszwiebeln
1 Scheibe Ingwer, etwa 1 cm dick
4 EL neutrales Pflanzenöl
1 TL scharfe Bohnenpaste
200 g Schweinehackfleisch
2 EL dunkle Sojasauce · Salz
150 ml Hühnerbrühe (z.B. instant)
½ TL Sesamöl
Korianderblättchen zum Garnieren

Zubereitungszeit: 35 Min.
Pro Portion: 1200 kJ/290 kcal

1 Glasnudeln in warmem Wasser etwa 15 Min. einweichen. Inzwischen Staudensellerie und Frühlingszwiebeln putzen, waschen und fein hacken. Ingwer schälen und fein hacken.

2 Öl in einem Wok bei mittlerer Hitze heiß werden lassen. Bohnenpaste, Frühlingszwiebeln und Ingwer darin unter Rühren kurz anbraten, Hackfleisch dazugeben und unter Rühren 3–4 Min. braten, bis das Fleisch nicht mehr zusammenklebt.

3 Mit Sojasauce und Salz würzen, dann mit der Hühnerbrühe ablöschen.

Glasnudeln aus dem Wasser nehmen, abtropfen lassen und nach Belieben ein paarmal zerschneiden.

4 Die Brühe aufkochen lassen, die Glasnudeln dazugeben, Sellerie untermengen, gut durchrühren und alles noch etwa 2 Min. zugedeckt garen. Vor dem Servieren mit Sesamöl beträufeln und mit Koriander garnieren.

Variante: Sie können die Glasnudeln auch ganz kurz (15 Sek.–½ Min.) in heißem Öl fritieren (ohne sie vorher einzuweichen) und dann mit den anderen Zutaten kochen.

Schweinehack mit Tofu

Ma Po Dou Fu

Aus Sichuan · Sehr scharf

Zutaten für 4 Portionen:
500 g Tofu · 3 Knoblauchzehen
1 Scheibe Ingwer, etwa 2 cm dick
2 Frühlingszwiebeln
10 g fermentierte schwarze Bohnen
(Dou Chi, aus dem Glas)
3 EL neutrales Pflanzenöl
2 EL scharfe Bohnenpaste
200 g Schweinehackfleisch
1 EL Reiswein
2 EL dunkle Sojasauce · Salz
200 ml Hühnerbrühe
(selbstgemacht oder instant)
1½ EL Speisestärke
½ TL Sichuan-Pfeffer,
frisch gemahlen
1 TL Sesamöl

Zubereitungszeit: 30 Min.

Pro Portion: 1100 kJ/260 kcal

1 Tofu kalt abspülen, trockentupfen und in etwa 2 cm große Würfel schneiden. Knoblauch häuten, Ingwer schälen, beides fein hacken. Frühlingszwiebeln putzen, waschen und fein hacken. Die fermentierten Bohnen ebenfalls fein hacken.

2 Tofu in kochendem Wasser etwa ½ Min. sprudelnd kochen, herausnehmen und abtropfen lassen. Einen Wok erhitzen. Öl bei mittlerer Hitze darin heiß werden lassen. Bohnenpaste, fermentierte Bohnen, Ingwer und Knoblauch darin unter Rühren etwa 1 Min. anbraten. Hackfleisch dazugeben und bei starker Hitze unter Rühren etwa 2 Min. braten.

3 Temperatur herunterschalten. Das Fleisch mit Reiswein, Sojasauce und

Salz würzen, dann Tofuwürfel und Hühnerbrühe dazugeben. Alles bei mittlerer Hitze zum Kochen bringen. Die Speisestärke mit 3 EL Wasser anrühren, untermischen und die Sauce damit binden.

4 Die Frühlingszwiebeln untermischen. Mit Sichuan-Pfeffer bestreuen und mit Sesamöl beträufeln. Sofort servieren.

Info: Dieses Gericht zählt zu den berühmtesten und beliebtesten der Sichuaner Küche.

Tips! Falls es im Asienladen verschiedene Sorten von Tofu gibt, nehmen Sie für dieses Gericht bitte die zarteste Sorte. Verwenden Sie unbedingt frisch gemahlenen Sichuan-Pfeffer, denn er ist ganz wichtig für den typischen Geschmack dieses Gerichts.

Schweinefleisch mit Zha Cai

Sommergericht · Geht schnell

Zha Cai Rou Si

Zutaten für 4 Portionen:
300 g mageres Schweinefleisch
4 EL neutrales Pflanzenöl
2 EL Reiswein
1 EL Speisestärke
+ 1 TL Speisestärke · Salz
50 g Zha Cai (aus der Dose)
2 Frühlingszwiebeln
½ TL Sesamöl

Zubereitungszeit: 30 Min.

Pro Portion:
750 kJ/180 kcal

1 Fleisch kalt abspülen, trockentupfen und in etwa 5 cm lange und ½ cm dünne Streifen schneiden. Dann in einer Schüssel mit je 1 EL Öl, Reiswein und Speisestärke, mit 1 Prise Salz sowie 2 EL Wasser mischen. Dann Fleisch etwa 10 Min. marinieren.

2 Zha Cai abbrausen, trockentupfen und ebenfalls in etwa 5 cm lange und ½ cm dünne Streifen schneiden. Frühlingszwiebeln putzen, waschen und in etwa 7 cm lange, dünne Streifen schneiden.

3 In einem Wok bei starker Hitze 2 EL Öl heiß werden lassen. Schweinefleisch darin unter Rühren etwa 2 Min. braten, bis es nicht mehr zusammenklebt, dann herausnehmen.

4 Restliches Pflanzenöl in den Wok gießen, Zha Cai darin unter Rühren etwa ½ Min. braten, Frühlingszwiebeln und 1 EL Reiswein dazugeben. Alles unter Rühren etwa ½ Min. weiterbraten. Schweinefleisch dazugeben. 1 TL Speisestärke mit 1 EL Wasser anrühren, untermischen und die Sauce damit binden. Alles gut durchrühren. Vor dem Servieren mit Sesamöl beträufeln.

Info: In China werden für dieses Gericht statt Frühlingszwiebeln Keimlinge vom chinesischen Schnittlauch »Jiu Huang« verwendet. Da diese in Deutschland nicht zu kaufen sind, haben wir sie durch Frühlingszwiebeln ersetzt, die vom Geschmack her ähnlich sind.

Zha Cai

Das eingelegte Gemüse »Zha Cai«, auf deutsch wörtlich »gepreßtes Gemüse«, ist eine Spezialität aus Sichuan. Das Zha Cai aus der Stadt Fu Ling, dessen hervorragende Qualität in ganz China berühmt ist, wird auch exportiert. Das Ausgangsprodukt von Zha Cai sind die Knollen einer Art Senfgemüse, die zuerst in Salz eingelegt und dann gepreßt werden. Erst danach werden die Knollen in einer Mischung aus Chilipulver, Salz und anderen Gewürzen eingelegt. Das eingelegte Gemüse hat nun einen salzig-scharfen Geschmack und wird in der Regel nur in kleinen Mengen verwendet, damit die Gerichte einen würzigen Geschmack bekommen. Außerdem bereichert es das Essen durch seine knackige Konsistenz. Man kann es nicht nur zusammen mit kleingeschnittenem Fleisch oder Gemüse wie z.B. Chinakohl braten, sondern es ist auch gut geeignet als Zutat für Suppen. Zha Cai gibt es in den meisten Asienläden in der Dose. Nach dem Öffnen hält es sich, in einem Glas gut verschlossen und kühl aufbewahrt, gut 2 Wochen.

Zha Cai hat einen ganz speziellen salzig-scharfen Geschmack.

Schälrippchen süß-sauer

Yang Shao Pai Gu

Aus Taiwan · Gelingt leicht

Zutaten für 2–3 Portionen:
250 g Schälrippchen, vom Metzger
in etwa 4 cm lange Stücke hacken
lassen
1 kleines Ei · Salz
weißer Pfeffer, frisch gemahlen
1 EL Reiswein · 1 EL weißer Sesam
4 Salatblätter
1/4 l neutrales Pflanzenöl
zum Fritieren · 50 g Speisestärke
1 EL Tomatenmark · 2 EL Zucker
3 EL dunkler Reisessig

Zubereitungszeit: 30 Min.

Bei 3 Portionen pro Portion:
1600 kJ/380 kcal

1 Schälrippchen kalt abspülen, trockentupfen. Das Ei mit je 1 Prise Salz und Pfeffer sowie mit Reiswein in einer Eßschale mischen. Unter die Rippchenstücke mengen. Sesam in einem Topf bei mittlerer Hitze unter Rühren etwa 2 Min. rösten, beiseite stellen. Salat waschen, trockenschleudern und auf einem Teller anrichten.

2 Öl im Wok bei starker Hitze in etwa 1 Min. heiß werden lassen. Rippchenstücke einzeln in der Speisestärke wenden, dann bei starker Hitze in etwa 3 Min. im Öl goldbraun fritieren. Vorsicht, Spritzgefahr! Dann herausnehmen und Öl abtropfen lassen.

3 Öl bis auf einen dünnen Film aus dem Wok gießen. Das Tomatenmark und den Zucker in den Wok geben, unter Rühren bei schwacher Hitze erwärmen, bis der Zucker geschmolzen ist. Essig dazugeben, nochmals gut durchrühren.

4 Rippchenstücke hineingeben, unter ständigem Rühren bei starker Hitze kurz heiß werden lassen, bis die Sauce dickflüssig wird. Die Rippchen mit dem Sesam bestreuen und auf den Salatblättern anrichten.

Getränk: Dazu paßt ein kühles Pils.

Schwein mit Erdnüssen

Hua Sheng Hui Li Ji

Aus Guangdong · Geht schnell

Zutaten für 3 Portionen:
50 g rohe Erdnüsse, ohne Schale
(s. Info)
200 g mageres Schweinefleisch
(z.B. Schweinerücken ohne Knochen)
Salz · 1 TL Reiswein
1 Eiweiß
2 EL Speisestärke
1/2 grüne Paprikaschote
1 kleine Möhre (etwa 20 g)
3 EL neutrales Pflanzenöl
weißer Pfeffer, frisch gemahlen
150 ml Fleischbrühe (selbstgemacht
oder instant)
zum Garnieren: Möhrenscheiben

Zubereitungszeit: 35 Min.

Pro Portion: 840 kJ/200 kcal

1 Erdnüsse in warmem Wasser etwa 15 Min. einweichen. Inzwischen Schweinefleisch kalt abspülen, trockentupfen und in Würfel von etwa 1 1/2 cm Kantenlänge schneiden. Das Fleisch in einer Eßschale mit 1 Prise Salz, Reiswein, Eiweiß und 1 EL Speisestärke mischen und etwa 10 Min. marinieren.

2 Paprika von Kernen, Trennwänden und Stielansatz befreien, waschen und in etwa 1/2 cm große Rauten schneiden. Möhre waschen, schälen und ebenfalls in 1/2 cm große Rauten schneiden. Erdnüsse aus dem Einweichwasser nehmen und die Haut entfernen.

3 Öl im Wok bei mittlerer Hitze in etwa 2 Min. heiß werden lassen. Fleisch hineingeben, unter Rühren etwa 2 Min.

braten, dann herausnehmen. Paprika- und Möhrenstücke im Restöl unter Rühren etwa 1 Min. braten. Erdnüsse und Fleisch dazugeben, mit Salz und 1 Prise Pfeffer würzen und mit der Fleischbrühe ablöschen. Alles gut durchrühren und bei starker Hitze zum Kochen bringen. 1 EL Speisestärke mit 2 EL Wasser anrühren, in den Wok geben, verrühren, Sauce damit binden. Gericht servieren. Mit den z.B. zu Drachen ausgestochenen Möhrenscheiben garnieren.

Info: Rohe Erdnüsse ohne Schale sind in vielen Asienläden erhältlich. Notfalls kann man sie durch geröstete oder nur gesalzene Erdnüsse ersetzen. Bei letzteren muß das Gericht kaum noch gesalzen werden.

Fleisch und Geflügel **137**

Pikanter Schweinerücken

Aus Fujian · Frühlingsgericht   Zui Pai Gu

Zutaten für 4 Portionen:
400 g Schweinerücken,
ohne Knochen · Salz
weißer Pfeffer, frisch gemahlen
90 g Speisestärke
100 g Wasserkastanien (aus der Dose) · 1 Bund Schnittlauch
2 Knoblauchzehen
1 EL dunkle Sojasauce
1 ½ EL Zucker
2 EL dunkler Reisessig
½ EL Tomatenmark
½ EL Currypaste
½ EL Sesampaste
200 ml Fleischbrühe (selbstgemacht oder instant)
2 EL Orangensaft, frisch gepreßt
1 Salatgurke (etwa 200 g)
¼ l neutrales Pflanzenöl zum Fritieren
zum Garnieren: 1 Stück Möhre und Lauch

Zubereitungszeit: 30 Min.
Pro Portion: 3100 kJ/740 kcal

1 Schweinerücken kalt abbrausen, trockentupfen. Das Fleisch zuerst in etwa 1 ½ cm dicke Scheiben schneiden und mit dem Rücken des Küchenbeils oder mit einem Fleischklopfer leicht klopfen. Dann in etwa 3 cm lange und 1 ½ cm breite Stücke schneiden. Die Fleischstücke in einer Schale mit je 1 Prise Salz und Pfeffer sowie 1 EL Speisestärke vermengen.

2 Wasserkastanien abtropfen lassen und in etwa 1 cm dicke Scheiben schneiden. Schnittlauch waschen, fein hacken, Knoblauchzehen häuten, durch die Knoblauchpresse drücken, beides zusammen mit Sojasauce, Zucker, Reisessig, Tomatenmark, Currypaste, Sesampaste, Fleischbrühe und Orangensaft in einer Eßschale zur Würzsauce vermischen.

3 Gurke waschen, zuerst längs halbieren, dann in etwa 6 cm lange, 3 cm breite und ½ cm dicke Scheiben schneiden und auf einem Teller anrichten.

4 Öl im Wok bei starker Hitze heiß werden lassen. Es ist heiß genug, wenn an einem ins Öl getauchten Holzstäbchen Bläschen aufsteigen. Schweinefleisch und Wasserkastanien in restlicher Speisestärke wenden, nacheinander ins Öl geben und bei starker Hitze fritieren, bis die Fleisch- und Wasserkastanienstücke goldbraun und knusprig sind. Vorsicht, Spritzgefahr! Zuerst die Wasserkastanien, dann das Fleisch mit einem Schaumlöffel herausnehmen. Fett abtropfen lassen.

5 Fleisch- und Wasserkastanienstücke einzeln nacheinander für ein paar Sekunden in die Würzsauce tauchen, herausnehmen und mit einer »Möhren-Lauch-Blume« garniert anrichten.

Schwein mit Sojabohnen

Aus Taiwan · Deftig   Dou Chi Rou Ding

Zutaten für 4 Portionen:
300 g Schweinerücken, ohne Knochen
2 EL helle Sojasauce
5 EL Reiswein
1 Eiweiß
1 EL Speisestärke
1 TL Sesamöl
Salz
weißer Pfeffer, frisch gemahlen
1 EL schwarze fermentierte Sojabohnen (Dou Chi)
1 Stück Ingwer, etwa 4 1/2 cm dick
2 Frühlingszwiebeln
1 scharfe rote Peperoni
2 Knoblauchzehen
5 EL neutrales Pflanzenöl
1/2 EL Zucker

Zubereitungszeit: 40 Min.

Pro Portion: 2100 kJ/500 kcal

1 Schweinefleisch kalt abbrausen, trockentupfen. Mit einem Fleischklopfer beide Seiten klopfen, Fleisch in Würfel von etwa 2 cm Kantenlänge schneiden. 1 EL Sojasauce mit 1 EL Reiswein, Eiweiß, Speisestärke und Sesamöl verrühren. Fleischwürfel untermengen. Mit je 1 Prise Salz und Pfeffer würzen und etwa 15 Min. marinieren.

2 Schwarze Sojabohnen waschen und abtropfen lassen. Ingwer schälen, in 3 Scheiben schneiden und in 3 EL Reiswein einlegen, Sojabohnen dazugeben und alles etwa 15 Min. ziehen lassen.

3 Inzwischen Frühlingszwiebeln putzen, waschen und in etwa 1 cm große Stücke schneiden. Peperoni waschen, halbieren, entkernen. Vorsicht, danach nicht mit den Händen an die Augen kommen. Knoblauch häuten, mit der Peperoni fein hacken.

4 Öl im Wok bei starker Hitze in etwa 1 Min. heiß werden lassen. Fleischwürfel hineingeben und unter Rühren etwa 2 Min. braten, bis das Fleisch nicht mehr rosa ist. Dann herausnehmen und Fett abtropfen lassen.

5 Bis auf einen dünnen Film Öl aus dem Wok gießen. Schwarze Sojabohnen aus der Marinade nehmen, abtropfen lassen und zusammen mit Frühlingszwiebeln, Peperoni und Knoblauch in den Wok geben, bei mittlerer Hitze unter Rühren etwa 1 Min. braten, mit 1 EL Sojasauce und 1 EL Reiswein ablöschen. Fleischwürfel zu den Sojabohnen in den Wok geben. Zucker hinzufügen. Bei starker Hitze durchrühren. Mit Salz und Pfeffer abschmecken und servieren.

Tip! Zur Garnierung hauchdünn geschnittene Peperoni und Frühlingszwiebeln mit einem Schnittlauchhalm bündeln.

Gebratenes Schweinefleisch

Jiang Bao Bai Rou Si

Herbstgericht · Braucht etwas Zeit

Zutaten für 2–3 Portionen:
300 g mageres Schweinefleisch
je 1 kleine grüne und rote
Paprikaschote (je etwa 50 g)
1 EL gelbe Bohnenpaste
1 EL Reiswein
Salz
2 EL Mehl
½ l neutrales Pflanzenöl
zum Fritieren
1 EL dunkle Sojasauce
1 TL Zucker
weißer Pfeffer, frisch gemahlen
nach Belieben: 1 TL Sesamöl

Zubereitungszeit: 45 Min.

Bei 3 Portionen pro Portion:
1600 kJ/380 kcal

1 Das Schweinefleisch waschen. ½ l Wasser in einem kleinen Topf zum Kochen bringen. Das Fleisch hineingeben und zugedeckt bei mittlerer Hitze etwa 5 Min. kochen. Inzwischen die Paprikaschoten waschen, halbieren, von Stiel und Kernen befreien und in dünne Streifen schneiden.

2 Das Fleisch aus dem Topf nehmen, abkühlen lassen. Dann in Streifen schneiden, etwa so dick wie Eßstäbchen. Die Bohnenpaste, den Reiswein und 1 Prise Salz in einer Schüssel mischen, die Fleischstreifen untermengen. Mehl durchsieben, dann das Fleisch darin wälzen.

3 Öl in einem Wok oder in einer Pfanne bei starker Hitze heiß werden lassen, bis an einem ins Öl getauchten Holzstäbchen Bläschen aufsteigen. Die Fleischstreifen nacheinander ins Öl geben, darin etwa 2 Min. goldgelb fritieren. Vorsicht, Spritzgefahr! Herausnehmen und das Fett abtropfen lassen. Das Öl bis auf einen dünnen Film aus dem Wok gießen.

4 Das Fleisch wieder in den Wok geben, die Paprikastreifen dazugeben und alles gut durchrühren. Mit Sojasauce, Zucker und 1 Prise weißem Pfeffer würzen und unter Rühren bei starker Hitze etwa 1 Min. schmoren. Vor dem Servieren nach Belieben mit Sesamöl beträufeln.

Info: Das Fleisch muß gekocht sein, sonst wird es nicht knusprig.

Schweinefilet mit Koriander

Geht schnell · Gelingt leicht
Yan Bao Li Ji

Zutaten für 2 Portionen:
200 g Schweinefilet
1 TL Speisestärke · Salz
1 Eiweiß · 5 Zweige Koriander
1 Frühlingszwiebel
1 dünne Scheibe Ingwer
1 Knoblauchzehe
3 EL neutrales Pflanzenöl
100 ml Fleischbrühe
(selbstgemacht oder instant)
1 EL Reiswein
weißer Pfeffer, frisch gemahlen
1 TL Sesamöl
nach Belieben: 1 Stück
gelbe Paprika zum Garnieren

Zubereitungszeit: 30 Min.

Pro Portion: 1500 kJ/360 kcal

1 Das Filet in etwa 5 cm lange, feine Streifen schneiden. Speisestärke mit 3 EL Wasser anrühren. Das Filet mit 1 Prise Salz, Eiweiß und der Speisestärke mischen. Koriander waschen, trockenschütteln und in etwa 3 cm lange Stücke schneiden. Die Frühlingszwiebel putzen, waschen und fein hacken. Den Ingwer schälen und fein hacken. Knoblauch schälen und in feine Streifen schneiden.

2 Das Öl in einem Wok stark erhitzen. Das Filet darin unter Rühren etwa $1/2$ Min. braten, bis es nicht mehr zusammenklebt, dann herausnehmen. In dem im Wok übriggebliebenen Öl Frühlingszwiebel, Ingwer und Knoblauch bei mittlerer Hitze unter Rühren etwa 1 Min. anbraten, dann Brühe, Reiswein, Salz, 1 Prise Pfeffer, Koriander und das Filet dazugeben, bei starker Hitze schnell zum Aufkochen bringen, dann sofort vom Herd nehmen. Vor dem Servieren mit Sesamöl beträufeln. Nach Belieben aus Paprika Schweinchen schnitzen oder ausstechen und das Gericht damit garnieren.

Variante: Sie können den Koriander auch durch 1 grüne Paprikaschote (etwa 100 g) ersetzen. Dazu die in dünne Streifen geschnittene Paprika zusammen mit Frühlingszwiebel, Ingwer und Knoblauch etwa 1 Min. braten, dann die anderen Zutaten und das gebratene Fleisch dazugeben, wie beschrieben.

141

Schweinebauch mit »Fu Ru«

Sommergericht · Deftig

Fu Ru Rou

Zutaten für 4 Portionen:
750 g Schweinebauch, mit Schwarte, ohne Knochen
2 EL neutrales Pflanzenöl
2 EL Reiswein
2 EL »Fu Ru« (roter fermentierter Tofu)
1 EL Zucker · Salz
250 g frischer Spinat
zum Garnieren: 1 Möhrenscheibe

Zubereitungszeit: 1 Std.

Pro Portion: 2800 kJ/670 kcal

1 Schweinebauch kalt abspülen, trockentupfen und in Würfel von etwa 4–5 cm Kantenlänge schneiden. Wok bei starker Hitze in etwa 1 Min. heiß werden lassen. 1 EL Öl angießen, Schweinebauchstücke hineingeben, unter Rühren etwa 3 Min. braten, Reiswein angießen und kurz zudecken.

2 Fermentierten Tofu, Zucker und Salz dazugeben. Unter Rühren nochmals etwa 3 Min. braten, dann $1/4$ l Wasser dazugießen. Bei starker Hitze zum Kochen bringen und zugedeckt bei mittlerer Hitze etwa 45 Min. köcheln. Zwischendurch 2- bis 3mal umrühren.

3 Inzwischen Spinat putzen und gründlich waschen. In einem Topf etwa $1/2$ l Wasser zum Kochen bringen, 1 EL Öl und 1 Prise Salz dazugeben. Spinat darin etwa 1 Min. sprudelnd kochen lassen, herausnehmen, abtropfen lassen und auf einem Teller anrichten. Schweinebauch aus dem Wok nehmen, auf dem Spinat anrichten, Sauce darüber geben und mit der dekorativ geschnitzten Möhre servieren.

Fermentierter Tofu

Ausgangsprodukt für die Herstellung von Tofu ist die Sojabohne, die viel pflanzliches Eiweiß enthält und in der chinesischen Küche sehr beliebt ist. Da Sojabohnen selbst oft schwer verdaulich sind und auf Dauer wenig abwechslungsreich, werden sie meist zu verschiedenen Produkten weiterverarbeitet. So wird z.B. aus in Wasser eingeweichten Sojabohnen Sojamilch hergestellt und die Sojamilch zu verschiedenen Tofusorten verarbeitet. Fermentierter Tofu, auf chinesisch »Fu Ru« oder »Dou Fu Ru« genannt, wird, wie der Name schon besagt, aus Tofu gewonnen. Dabei wird der Tofu zuerst in kleine Stücke geschnitten, 2–3 Tage warm gehalten, dann mit Salz bestreut. Je nach

Fermentierter Tofu verfeinert den Geschmack vieler Speisen.

Sorte wird er anschließend mit Hefe, fermentiertem Klebreis und Schnaps vermischt. Bei Zimmertemperatur ist der Tofu erst nach 5–6 Monaten reif. Es gibt grundsätzlich drei verschiedene Sorten fermentierten Tofu: milden weißen und roten sowie scharfen weißen. Alle drei Sorten werden gern zum Frühstück zu Reisbrei oder als Aufstrich für Mantou (eine Art Dampfnudeln) serviert; die rote Sorte, der beim Fermentieren eine Art roter Reis beigemischt wird, dient auch als Gewürz für Fleisch oder für Bambussprossen. In europäischen Ländern ist der fermentierte Tofu in den meisten Asienläden erhältlich.

Fleisch und Geflügel

Schweinshaxe in Sojasauce

Aus Sichuan · Braucht etwas Zeit

Dong Po Jin Jiao

Zutaten für 4 Portionen:
1 Schweinshaxe (etwa 1,2 kg)
2 EL Reiswein
3 EL dunkle Sojasauce
1 Scheibe Ingwer, etwa 2 cm dick
1 l neutrales Pflanzenöl zum Fritieren
1 Prise Sichuan-Pfeffer,
frisch gemahlen
3 Sternanis · Salz
1 TL Zucker
200 g Broccoliröschen
100 g Möhren
400 ml Hühnerbrühe
(selbstgemacht oder instant)

Zubereitungszeit: 1¹/₂ Std.

Pro Portion: 2900 kJ/690 kcal

1 Schweinshaxe kalt abspülen. In einem Topf ³/₄ l Wasser aufkochen. Fleisch hineingeben (es soll knapp bedeckt sein), 1 EL Reiswein dazugießen und bei mittlerer Hitze etwa 20 Min. zugedeckt kochen. Herausnehmen, kurz abkühlen lassen, mit 1¹/₂ EL Sojasauce bestreichen und etwa 5 Min. ziehen lassen. Die Brühe beiseite stellen. Ingwer schälen und in dünne Scheiben schneiden.

2 Öl in einem Wok bei starker Hitze heiß werden lassen. Es ist heiß genug, wenn an einem ins Öl getauchten Holzstäbchen Bläschen emporsteigen. Die Schweinshaxe hineingeben und etwa 2 Min. fritieren. (Vorsicht, Spritzgefahr!) Das Fleisch herausnehmen und gleich in die beiseite gestellte Brühe geben.

3 Die Temperatur herunterschalten und das Öl bis auf einen dünnen Film aus dem Wok abgießen. Ingwer darin bei mittlerer Hitze unter Rühren kurz anbraten, Sichuan-Pfeffer, Sternanis, restliche Sojasauce und Reiswein, 1 Prise Salz und Zucker dazugeben und leicht durchrühren. Dann über die Schweinshaxe in die Brühe geben. Die Brühe zum Kochen bringen und das Fleisch darin zugedeckt bei schwacher Hitze etwa 45 Min. garen.

4 Broccoli waschen. Möhren schälen, quer in etwa 4 cm lange Stücke schneiden, dann längs in feine Scheiben. Hühnerbrühe aufkochen, Gemüse darin 1–2 Min. sprudelnd kochen, herausnehmen und beiseite stellen. Fleisch aus der Brühe nehmen. Die Brühe offen bei starker Hitze einkochen lassen, bis sie etwas dickflüssig ist. Die Sternanis entfernen und 5–6 EL von der Brühe auf die Schweinshaxe gießen. Broccoli und Möhren rundherum anrichten.

Schweinewürfel

Frühlingsgericht · Gelingt leicht

Sui Za Rou Ding

Zutaten für 4 Portionen:
250 g mageres Schweinefleisch
250 g eingelegtes Sichuan-Gemüse
(siehe S. 37)
50 g Cashewnüsse
6 frische rote Chilischoten
4 EL neutrales Pflanzenöl
1 EL scharfe Bohnenpaste · Salz
1 TL Zucker · 1 EL Reiswein
75 ml Gemüsebrühe
(selbstgemacht oder instant)

Zubereitungszeit: 30 Min.
Pro Portion: 670 kJ/160 kcal

1 Schweinefleisch waschen, trockentupfen und in etwa 1 cm große Würfel schneiden. Eingelegtes Sichuan-Gemüse abtropfen lassen und kleinhacken. Cashewnüsse nach Belieben grob hacken. 2 Chilischoten von Stielen und Kernen befreien, waschen und fein hacken. Vorsicht, danach nicht mit den Händen an die Augen kommen!

2 In einem Wok 3 EL Öl bei mittlerer Hitze heiß werden lassen. Fleisch und Sichuan-Gemüse hineingeben und unter Rühren etwa 3 Min. braten, dann herausnehmen und beiseite stellen.

3 Restliches Öl in den Wok geben, gehackte Chilischoten und Bohnenpaste darin unter Rühren kurz anbraten, Fleisch und Sichuan-Gemüse dazugeben. Unter Rühren etwa ¹/₂ Min. braten, die Cashewnüsse, Salz, Zucker und Reiswein dazugeben, dann mit der Brühe ablöschen. Bei mittlerer Hitze zugedeckt noch etwa ¹/₂ Min. garen. Mit den restlichen Chilischoten garniert servieren.

Fleisch und Geflügel **145**

Fleisch im Kartoffelnest

Wintergericht · Braucht etwas Zeit

Que Chao Niu Rou

Zutaten für 4 Portionen:
300 g mageres Rindfleisch
1 EL neutrales Pflanzenöl
+ ½ l neutrales Pflanzenöl zum Fritieren
1 Eiweiß
2 TL Speisestärke
2 EL dunkle Sojasauce
2 EL Reiswein
je ½ rote und grüne Paprikaschote
500 g Kartoffeln, festkochend
2 EL Weizenmehl · Salz
200 g Blattsalat oder Chinakohl
1 Frühlingszwiebel
1 Scheibe Ingwer, etwa 1 cm dick
1 Prise weißer Pfeffer, frisch gemahlen
80 ml Hühnerbrühe (selbstgemacht oder instant)
½ TL Sesamöl

Zubereitungszeit: 1 Std.

Pro Portion: 1900 kJ/450 kcal

1 Rindfleisch kalt abspülen, trockentupfen und in etwa 5 cm lange und sehr dünne Scheiben schneiden. 1 EL Öl und Eiweiß in einer Schüssel mit 1 TL Speisestärke verquirlen, dann mit dem Rindfleisch, 1 EL Sojasauce und 1 EL Reiswein mischen. Paprikahälften putzen, waschen und in 2–3 cm große Stücke schneiden.

2 Kartoffeln waschen, schälen und raspeln, mit Weizenmehl und 50 ml Wasser vermischen, leicht mit Salz würzen. Ein kleines Metallsieb ohne Plastikstiel (etwa 12 cm Durchmesser) gründlich mit Kartoffelmasse auslegen und anschließend ein zweites Sieb auf das erste mit der festgedrückten Kartoffelmasse setzen.

3 In einem Wok ½ l Öl bei starker Hitze heiß werden lassen, bis an einem ins Öl getauchten Holzstäbchen kleine Bläschen emporsteigen. Die Siebe mit der Kartoffelmasse dazwischen hineintauchen. Das Kartoffelnest etwa 8 Min. fritieren, bis es goldbraun und knusprig ist. (Vorsicht, Spritzgefahr!) Dann die Siebe herausnehmen und das Nest aus dem unteren Sieb auf Küchenpapier gleiten und abtropfen lassen. Alle Nester auf diese Weise fritieren.

4 Salat oder Chinakohl putzen, waschen und trockenschwenken. Die Nester auf Tellern anrichten und Salat- oder Chinakohlblätter rundum verteilen. Frühlingszwiebel putzen, waschen und fein hacken. Ingwer schälen und fein hacken.

5 Das Fritieröl noch einmal stark erhitzen. Rindfleischscheiben und Paprika hineingeben, etwa 1½ Min. fritieren, herausnehmen und das Fett abtropfen lassen. Öl bis auf einen dünnen Film aus dem Wok gießen.

6 Temperatur herunterschalten. Frühlingszwiebel und Ingwer bei mittlerer Hitze im verbliebenen Öl unter Rühren kurz anbraten, Rindfleisch und Paprika dazugeben, mit 1 EL Reiswein, 1 EL Sojasauce, Pfeffer und 1 Prise Salz würzen, dann mit der Hühnerbrühe ablöschen. Alles aufkochen lassen. 1 TL Speisestärke mit 2 EL Wasser anrühren, unterrühren und die Sauce damit binden.

7 Alles in die Kartoffelnester füllen, mit Sesamöl beträufeln und servieren.

Tip! Sie können für das Nest statt Kartoffeln auch vorgekochte schmale Nudeln verwenden. Sehr schön sieht es aus, wenn Sie das Kartoffelnest mit einer »Rettich-Rose« zusammen auf einem Teller servieren.

146 Fleisch und Geflügel

Rindfleisch mit Rettich

Luo Bo Niu Rou Si

Wintergericht · Geht schnell

*Zutaten für 1 Servierteller
(2 Portionen):*
200 g Rinderfilet
Salz
1 TL Speisestärke,
in 2 EL Wasser angerührt
150 g weißer Rettich
15 g chinesischer Schnittlauch,
ersatzweise junger Knoblauch
2–3 dünne Scheiben Ingwerwurzel
1 EL helle Sojasauce
4 EL Fleischbrühe oder Wasser
4–5 EL Pflanzenöl
1 Msp. Sichuan-Pfeffer,
frisch gemahlen

Zubereitungszeit: 30 Min.

Pro Portion: 1200 kJ/ 290 kcal

1 Rindfleisch waschen und trockentupfen, dann in dünne, etwa 4 cm lange Streifen schneiden. Mit etwas Salz und einem Drittel der angerührten Speisestärke mischen.

2 Rettich schälen und ebenfalls in dünne, etwa 4 cm lange Streifen schneiden oder hobeln. Schnittknoblauch waschen und in etwa 4 cm lange Stücke schneiden. Oder Knoblauch schälen und in dünne Scheiben schneiden. Ingwer schälen und hacken. Sojasauce mit übriger Stärke und Brühe oder Wasser verrühren.

3 In einer Pfanne oder im Wok 2 EL Öl erhitzen. Rettich darin bei starker Hitze unter Rühren etwa 1 Min. anbraten, wieder herausnehmen.

4 Restliches Öl erhitzen. Fleisch darin bei starker Hitze unter Rühren etwa 1 Min. braten. Ingwer, Schnittknoblauch (oder Knoblauch) und Rettich dazugeben und alles noch einmal kurz braten. Angerührte Sauce untermischen und die Mischung einmal aufkochen lassen.

5 Rindfleisch salzen, auf einen Servierteller geben und mit Sichuan-Pfeffer bestreuen.

Variante: Dieses Gericht schmeckt auch mit grüner Paprikaschote oder Zwiebel statt Rettich. Auch ein bißchen salzige Bohnenpaste (Tian Mian Jiang, gibt es im Asien-Laden) schmeckt gut in der Sauce.

Info: Chinesische Gerichte werden häufig mit Verzierungen aus Gemüsesorten wie Möhren, Gurken oder Tomaten serviert. Für die Rettichblumen werden rohe Rettichscheiben mit der Küchenschere eingeschnitten. In die Mitte der Blumen können Sie dünne Frühlingszwiebelscheiben legen.

Rindfleisch mit Sellerie

Aus Nordchina · Gelingt leicht **Gan Bian Niu Rou Si**

Zutaten für 1 Servierteller (2 Portionen):
250 g Rinderfilet
100 g zarter Stangensellerie
5-6 dünne Scheiben Ingwerwurzel
4 EL Pflanzenöl
Salz
3 EL Reiswein
2 EL scharfe Bohnenpaste
½ TL Zucker
1 Msp. Sichuan-Pfeffer, frisch gemahlen

Zubereitungszeit: 25 Min.

Pro Portion: 2000 kJ/ 480 kcal

1 Fleisch waschen, trockentupfen und in etwa 3 cm lange, dünne Streifen schneiden. Sellerie waschen, putzen und die Blätter entfernen. Falls die Stangen sehr dick sind, 1- oder 2mal längs halbieren, damit sie zur Fleischgröße passen. Dann in Stücke von etwa 3 cm Länge schneiden. Ingwer schälen und in dünne Streifen schneiden.

2 Öl in einer Pfanne oder im Wok erhitzen. Rindfleisch darin bei starker Hitze unter Rühren kurz anbraten. Salz, Reiswein und Ingwer dazugeben und kurz weitergaren, bis das Fleisch sich braun gefärbt hat.

3 Bohnenpaste untermischen und kurz weiterrühren. Dann Sellerie ebenfalls dazugeben, und alles unter Rühren noch etwa 3 Min. garen, bis der Sellerie bißfest ist.

4 Das Gericht mit Zucker abschmecken, auf den Servierteller geben und mit Sichuan-Pfeffer bestreuen.

Info: Wörtlich übersetzt heißt dieses Gericht »trocken gebratenes Fleisch«, da es keine Sauce hat.

Tip! Sehr gut schmeckt das Gericht auch mit geröstetem Sesam. Dazu müssen Sie den Sesam in einer Pfanne ohne Fett unter ständigem Rühren bei mittlerer Hitze braten, bis er würzig duftet und leicht gebräunt ist. Sie können den Sesam kurz vor dem Essen auf das Gericht streuen. Oder Sie stellen den Sesam in einem Schälchen auf den Tisch, so daß sich jeder selbst nehmen kann.

Rindfleisch in Sojasauce

Aus Sichuan · Gelingt leicht

Hong Shao Niu Nan

Zutaten für 4 Portionen:
800 g zartes Rindfleisch
(z.B. aus der Hüfte)
3 Frühlingszwiebeln
1 Scheibe Ingwer, etwa 2 cm dick
2 Knoblauchzehen
250 g frischer Spinat
150 g Möhren
4 EL neutrales Pflanzenöl
1 TL weißer Kandiszucker
1 TL Zucker
4 EL dunkle Sojasauce
4 EL Reiswein
3 Sternanis
1/2 l Hühnerbrühe
(selbstgemacht oder instant)
1 TL Speisestärke

Zubereitungszeit: 1 1/2 Std.

Pro Portion: 1600 kJ/380 kcal

1 Das Rindfleisch waschen. In einem Topf etwa 1 l Wasser aufkochen. Das Fleisch hineingeben (es soll mit Wasser bedeckt sein). Die Temperatur herunterschalten und das Fleisch etwa 45 Min. zugedeckt bei schwacher Hitze garen.

2 Inzwischen Frühlingszwiebeln putzen, waschen und in etwa 10 cm lange Stücke schneiden. Ingwer schälen, Knoblauch häuten, beides in Scheiben schneiden. Spinat putzen, gründlich waschen und abtropfen lassen. Möhren schälen und in 1–2 cm große Würfel schneiden.

3 In einem Topf 1 EL Öl bei schwacher Hitze erwärmen. Kandiszucker und Zucker darin unter Rühren auflösen, 2 EL von der Rinderbrühe abnehmen und hineinrühren. In eine Schüssel abgießen, beiseite stellen. Das Fleisch aus dem Topf nehmen, abkühlen lassen und in etwa 5 cm lange und 1 cm dicke Scheiben schneiden. 400 ml von der Rinderbrühe in einer Schale beiseite stellen.

4 In einem Wok restliches Öl bei mittlerer Hitze heiß werden lassen. Ingwer, Knoblauch und Frühlingszwiebeln unter Rühren kurz anbraten, das Fleisch dazugeben, mit Sojasauce und Reiswein würzen. Dann mit der beiseite gestellten Rinderbrühe ablöschen und Sternanis dazugeben. Aufkochen lassen, die Temperatur zurückschalten und alles zugedeckt etwa 20 Min. bei schwacher Hitze garen.

5 Kurz vor dem Ende der Garzeit Hühnerbrühe aufkochen. Spinat darin etwa 1 Min. sprudelnd kochen, herausnehmen, abtropfen lassen und auf einem Teller anrichten. Das Fleisch aus dem Wok nehmen und auf dem Spinat anrichten.

6 Die im Wok verbleibende Sauce bei starker Hitze offen auf die Hälfte einkochen. Möhrenwürfel hineingeben und etwa 2 Min. bei mittlerer Hitze garen. Speisestärke mit 1 EL Wasser anrühren. Zuckerlösung und die Speisestärke unterrühren und die Sauce mit den Möhrenwürfeln über das Fleisch verteilen.

Variante: Rindfleisch mit Paprika
(Qing Jiao Niu Rou Si)
Für die Variante, die ebenfalls aus Sichuan kommt, für 3–4 Portionen 300 g mageres in etwa 5 cm lange und 1/2 cm dünne Streifen geschnittenes Rindfleisch mit 1 Eiweiß, 1 Prise Salz, 1 EL Reiswein, 1 TL Zucker, 1 EL dunkle Sojasauce und 1 EL Speisestärke mischen und etwa 10 Min. marinieren. Dann 4 EL neutrales Pflanzenöl in einem Wok bei starker Hitze heiß werden lassen und das Fleisch darin unter raschem Rühren etwa 1 Min. braten. Herausnehmen und das Fett abtropfen lassen. 2 frische rote, in Streifen geschnittene Chilischoten und 1 etwa 2 cm dicke, in Streifen geschnittene Scheibe Ingwer kurz im Restöl anbraten. 1 grüne, in 7–8 cm lange, sehr dünne Streifen geschnittene Paprikaschote dazugeben, mit 1 EL dunkler Sojasauce würzen und unter Rühren etwa 1/2 Min. garen. Das Fleisch wieder dazugeben, alles unter schnellem Rühren noch 1–2 Min. braten und sofort servieren.

Fleisch und Geflügel **151**

Gedämpftes Rinderfilet

Aus Sichuan · Scharf **Yuan Long Niu Rou**

Zutaten für 4 Portionen:
400 g Rinderfilet
100 g Rundkornreis
1 EL Sichuan-Pfefferkörner
4 Sternanis
500 g Süßkartoffeln
2 Frühlingszwiebeln
1 Scheibe Ingwer, etwa 2 cm dick
1 ½ EL scharfe Bohnenpaste
1 EL dunkle Sojasauce
2 EL Reiswein · 1 TL Zucker
50 ml Fleischbrühe
(selbstgemacht oder instant)
1 EL Sesamöl
Salz
1 kleiner Bund Koriander

Zubereitungszeit: 50 Min.

Pro Portion: 1500 kJ/360 kcal

1 Das Rinderfilet kalt abspülen, trockentupfen, in etwa 2 cm lange und ½ cm dünne Scheiben schneiden und beiseite stellen. Reis mit Sichuan-Pfefferkörnern und Sternanis in einem Topf bei schwacher Hitze unter Rühren rösten, bis der Reis gelblich wird und es würzig duftet. Dann abkühlen lassen und den Reis mit den Gewürzen in einer Mühle grob schroten oder im Mörser zerstoßen.

2 Süßkartoffeln waschen, schälen und in 1 ½ cm dicke Scheiben schneiden. Den Boden eines Bambusdämpfers damit auslegen. Dabei darauf achten, daß der Boden des Dämpfers vollständig bedeckt ist. Frühlingszwiebeln putzen, waschen und fein hacken. Ingwer schälen und fein hacken. Rindfleisch mit Frühlingszwiebeln, Ingwer, Bohnenpaste, Sojasauce, Reiswein, Zucker, Fleischbrühe, Sesamöl, Salz und Reisschrot vermengen. Anschließend auf den Süßkartoffelscheiben verteilen. Den Dämpfer schließen.

3 Etwa 1 l Wasser in einem Wok aufkochen lassen, den Bambusdämpfer auf den Wok setzen. Fleisch und Süßkartoffeln bei starker Hitze etwa 15 Min. dämpfen. Inzwischen Koriander abbrausen, Blättchen fein hacken. Erst kurz vor dem Servieren das Fleisch mit dem Koriander bestreuen. Im Dämpfer servieren.

Getränk: Dazu paßt ein kühles Pils.

Tip! Falls Sie im Asienladen Schilfblätter bekommen, können Sie den Bambusdämpfer zuerst mit den Blättern auslegen, bevor die Süßkartoffeln darauf kommen.

Ochsenschwanz mit Kandis

Aus Sichuan · Braucht etwas Zeit **Bing Tang Niu Wei**

Zutaten für 4 Portionen:
1 kg Ochsenschwanz, mit Knochen
2 EL neutrales Pflanzenöl
80 g brauner Kandiszucker
4 EL Reiswein · Salz
weißer Pfeffer, frisch gemahlen
2 Frühlingszwiebeln
1 Scheibe Ingwer, etwa 2 cm dick
2 EL dunkle Sojasauce
4 Sternanis · 1 Zimtstange
(etwa 7 cm)
100 g Salatblätter
(z.B. zarte Chinakohlblätter
oder Endiviensalat)

Zubereitungszeit: 2 Std.

Pro Portion: 2500 kJ/600 kcal

1 Ochsenschwanz waschen. Fleisch erst vom Knochen, dann in etwa 3 cm große Würfel schneiden. In einem Topf etwa 1¼ l Wasser aufkochen, Fleisch darin etwa 3 Min. garen, herausnehmen, nochmals abspülen und abtropfen lassen. Die Fleischbrühe abschäumen und beiseite stellen.

2 Öl in einem Wok bei starker Hitze heiß werden lassen. Ochsenschwanzstücke darin unter leichtem Rühren 4–5 Min. braten, den Kandiszucker dazugeben und weiter unter Rühren etwa 5 Min. braten, bis der Zucker vollständig aufgelöst ist. Die beiseite gestellte Fleischbrühe dazugießen. Die Ochsenschwanzstücke sollen davon bedeckt sein. Reiswein, Salz und 1 Prise Pfeffer dazugeben und zugedeckt zum Kochen bringen. Inzwischen Frühlingszwiebeln putzen, waschen und in etwa 10 cm lange Stücke schneiden. Ingwer schälen und in dünne Scheiben schneiden.

3 Nach dem Aufkochen die Brühe abschäumen, dann Sojasauce, Frühlingszwiebeln, Ingwer, Sternanis und Zimtstange dazugeben. Zugedeckt etwa 1 Std. 20 Min. garen. Inzwischen Salat putzen, waschen, trockenschwenken und auf einem großen Teller anrichten. Die Ochsenschwanzstücke aus der Brühe nehmen und auf dem Salat anrichten. 200 ml von der Brühe in einen kleinen Topf geben, offen bei starker Hitze leicht dickflüssig einkochen, dann über die Ochsenschwanzstücke gießen und servieren.

Rindfleisch mit Äpfeln

Aus Guangdong · Gelingt leicht

Ping Guo Niu Rou Bao

Zutaten für 2–3 Portionen:
15 g getrocknete Donggu-Pilze
200 g mageres Rindfleisch
100 g Brokkoli
2 EL neutrales Pflanzenöl
Salz
80 g rote Zwiebeln
2 Äpfel (Granny Smith)
weißer Pfeffer, frisch gemahlen
1 TL chinesischer Schnaps
(Gao Liang)
¼ l Hühnerbrühe
(selbstgemacht oder instant)

Zubereitungszeit: 35 Min.

Bei 3 Portionen pro Portion:
910 kJ/220 kcal

1 Donggu-Pilze in warmem Wasser etwa 20 Min. einweichen. Inzwischen Rindfleisch kalt abbrausen, trockentupfen und zuerst in etwa ½ cm dünne Scheiben schneiden, dann in 2 cm breite und 3 cm lange Stücke teilen.

2 Brokkoli putzen, waschen und die Röschen abtrennen. Die Stiele schälen und in kleine Stücke schneiden. Wasser aufkochen. Brokkoli darin mit 1 EL Öl und ½ TL Salz etwa 1 Min. sprudelnd kochen.

3 Zwiebeln schälen und in etwa 4 cm große Stücke schneiden. Donggu-Pilze aus dem Wasser nehmen und die Stiele entfernen. Äpfel kalt abspülen, Kern-

gehäuse entfernen und die Äpfel mit der Schale in Würfel von etwa 3 cm Kantenlänge schneiden.

4 Möglichst einen (südchinesischen) Tontopf mit Brokkoli, Zwiebeln, Äpfeln und Donggu-Pilzen auslegen, Rindfleisch darüber verteilen. Mit 1 TL Salz und 1 Prise Pfeffer würzen, 1 TL Schnaps und 1 EL Öl beträufeln, dann die Hühnerbrühe darüber gießen.

5 Das Ganze zugedeckt bei starker Hitze zum Kochen bringen, dann bei mittlerer Hitze 3–4 Min. köcheln, anschließend servieren.

Rindfleisch in Currysauce

Aus Taiwan · Sommergericht

Ga Li Niu Rou

Zutaten für 4 Portionen:
300 g mageres Rindfleisch · 1 Ei
2 EL Reiswein · 3 EL Speisestärke
Salz · weißer Pfeffer, frisch
gemahlen
je 1 rote und grüne Paprika
1 kleine Zwiebel · 1 Knoblauchzehe
4 EL neutrales Pflanzenöl
2 EL Rinderbouillon (selbstgemacht
oder instant)
2 EL Currypulver · 1 TL Zucker
zum Garnieren: 1 kleine Möhre
und 1 Zweig Petersilie

Zubereitungszeit: 30 Min.
(+ 2 Std. Marinieren)

Pro Portion: 1000 kJ/240 kcal

1 Rindfleisch kalt abbrausen, trockentupfen und in etwa 4 cm lange, 1 cm breite und ½ cm dicke Streifen schneiden. Ei, Reiswein und 2 EL Speisestärke verrühren, Fleisch untermischen, salzen, pfeffern und etwa 2 Std. in den Kühlschrank stellen.

2 Paprika von Kernen, Stielansätzen und Trennwänden befreien, Paprika waschen und in kleine Stücke schneiden. Zwiebel schälen, Knoblauch häuten, beides fein hacken.

3 Öl im Wok bei starker Hitze heiß werden lassen. Rindfleisch hineingeben und unter ständigem Rühren etwa 2 Min. braten, dann herausnehmen.

4 Paprika, Zwiebel und Knoblauch in den Wok geben, unter ständigem Rühren bei mittlerer bis starker Hitze in etwa 2 Min. andünsten, mit Rinderbouillon ablöschen.

5 Rindfleisch zusammen mit Curry und Zucker dazugeben, bei mittlerer Hitze unter Rühren etwa 1 Min. aufkochen, salzen, pfeffern. 1 EL Speisestärke mit 2 EL Wasser verrühren und die Currysauce damit binden.

6 Möhre putzen, waschen und in Scheiben schneiden. Das fertige Gericht auf einem Teller anrichten, rundherum mit Petersilie und Möhrenscheiben garnieren.

154 Fleisch und Geflügel

Rindfleisch in Austernsauce

Aus Guangdong · Gelingt leicht Hao You Niu Rou

Zutaten für 4 Portionen:
200 g mageres Rindfleisch
1 1/2 EL Speisestärke
3 TL Reiswein · Salz
je 1/2 rote und grüne Paprikaschote
1 Zwiebel (etwa 100 g)
1 Frühlingszwiebel
1 Scheibe Ingwer, etwa 1 cm dick
1 Knoblauchzehe
1 EL helle Sojasauce
1 EL Austernsauce
1 TL Zucker
1/2 TL Sesamöl
weißer Pfeffer, frisch gemahlen
4 EL neutrales Pflanzenöl
zum Garnieren: Gurkenstreifen

Zubereitungszeit: 45 Min.

Pro Portion: 760 kJ/180 kcal

1 Das Rindfleisch kalt abspülen, trockentupfen und zuerst in sehr dünne Scheiben schneiden, dann in etwa 3 cm lange und 2 cm breite Stücke teilen.

2 Speisestärke in einer Eßschale mit 2 EL Wasser anrühren. In einer anderen Eßschale 1 TL Reiswein mit 1 Prise Salz und 1/3 der angerührten Speisestärke vermischen.

3 Das Fleisch mit dieser Mischung vermengen, 2–3 EL Wasser dazugeben, nochmals durchrühren und zugedeckt 8–10 Min. in den Kühlschrank stellen.

4 Inzwischen Paprikaschoten von Kernen, Trennwänden und Stielansätzen befreien, waschen, dann in etwa 2 cm lange und 1 1/2 cm breite Stücke schneiden. Zwiebel schälen und in etwa 2 cm große Stücke schneiden. Frühlingszwiebel putzen, waschen und fein hacken. Ingwer schälen, Knoblauch häuten, beides fein hacken.

5 Sojasauce mit Austernsauce, 2 TL Reiswein, Zucker, Sesamöl sowie je 1 Prise Salz und Pfeffer mischen. Die restliche angerührte Speisestärke untermengen.

6 Öl im Wok oder in einer Pfanne bei starker Hitze in etwa 1 Min. heiß werden lassen. Das Rindfleisch hineingeben und unter Rühren etwa 1 Min. braten, bis es leicht braun ist. Dann herausnehmen.

7 Frühlingszwiebel, Ingwer und Knoblauch im Restöl bei mittlerer Hitze unter Rühren kurz anbraten, Paprikastücke und Zwiebel dazugeben, zusammen unter Rühren 2–3 Min. braten. Das Fleisch dazugeben. Die angerührte Austern-Sojasauce nochmals durchrühren und angießen, dann alles bei starker Hitze unter Rühren einmal aufkochen, dann sofort auf einer mit Gurkenstreifen garnierten Platte servieren.

Variante: Entenfleisch in Austernsauce (Hao You Men Ya)
Für 4 Portionen eine küchenfertig vorbereitete Ente (1,2 kg) kalt abspülen, trockentupfen und mit Haut und Knochen in etwa 3 cm breite und 5 cm lange Stücke hacken. (Wem das zu aufwendig ist, der kann auch nur das Entenfleisch kleinschneiden.) 1 Scheibe Ingwer, etwa 2 cm dick, schälen, 2 Knoblauchzehen häuten und beides fein hacken. 2 Frühlingszwiebeln putzen, waschen und in etwa 5 cm lange Stücke schneiden. In einem Wok bei starker Hitze 2 EL Pflanzenöl in etwa 1 Min. heiß werden lassen. Entenstücke hineingeben und unter Rühren 3–5 Min. braten, dann herausnehmen. Im Wok wiederum 2 EL Öl bei mittlerer Hitze heiß werden lassen. Ingwer und Knoblauch darin kurz anbraten, Entenstücke dazugeben und alles mit 1 Prise Salz, 2 TL Zucker, 4 EL Austernsauce und 1 EL dunkler Sojasauce würzen, alles gut durchrühren. Mit 3 EL Reiswein ablöschen und kurz zudecken. Dann ¼ l Hühnerbrühe (selbstgemacht oder instant) über die Ente gießen, zum Kochen bringen und bei mittlerer Hitze etwa 40 Min. zugedeckt köcheln. Nach etwa 35 Min. Frühlingszwiebeln dazugeben, mit 1 Prise weißem Pfeffer bestreuen. 2 EL Speisestärke mit 4 EL Wasser anrühren, gleichmäßig über die Entenstücke verteilen und unter Rühren einmal aufkochen. Vor dem Servieren mit 1 TL Sesamöl beträufeln.

Info: Bei dem Gericht »Rindfleisch in Austernsauce« ist es wichtig, das Fleisch nicht zu lange zu braten, da es sonst zäh wird. Damit das Fleisch zart bleibt, wird in China 1 Prise Natriumhydrogenkarbonat (Glutamat) mit dem Fleisch vermischt. Wir haben hier aber darauf verzichtet.

Rinderhack in Eihülle

Aus Guangdong · Herbstgericht Ju Hua Shi Liu Niu Rou

Zutaten für 4 Portionen:
3 getrocknete Donggu-Pilze
50 g Bambussprossen
(in Stücken aus der Dose)
1 Frühlingzwiebel
20 g gekochter Schinken,
ohne Schwarte
150 g Rinderhackfleisch
1 ½ EL Speisestärke
Salz
1 EL helle Sojasauce
1 EL Reiswein
1 Stange Staudensellerie
4 Eier
4 EL neutrales Pflanzenöl
250 g frischer Spinat
150 ml Fleischbrühe (selbstgemacht oder instant)

Zubereitungszeit: 1 Std.

Pro Portion: 900 kJ/210 kcal

1 Donggu-Pilze in warmem Wasser etwa 20 Min. einweichen. Inzwischen Wasser aufkochen, Bambussprossen darin etwa 1 Min. sprudelnd kochen lassen, herausnehmen und abkühlen lassen. Frühlingszwiebel putzen und waschen. Pilze aus dem Wasser nehmen, von den Stielen befreien. Pilze, Bambussprossen, Frühlingszwiebel und Schinken fein hacken.

2 Das Feingehackte mit Rinderhack und 1 EL Speisestärke in einer Schale verkneten. Mit 1 Prise Salz, Sojasauce und Reiswein würzen, nochmals verkneten und für die Füllung in 8 Portionen teilen.

3 Selleriestange putzen, waschen, Wasser aufkochen, Sellerie darin etwa 1 Min. sprudelnd kochen lassen, herausnehmen und abkühlen lassen. Dann den Stengel längs in 8 dünne Streifen teilen.

4 Eier verquirlen und mit 1 Prise Salz würzen. Pfanne bei mittlerer Hitze erwärmen, mit etwas von dem Öl auspinseln. 3 EL Eiermasse in die Pfanne geben, dünn verteilen und in 3–4 Min. stocken lassen, die fertige Eihülle auf einen Teller legen. Auf diese Weise weitere 7 Eihüllen fertigstellen.

5 Je 1 Portion der Füllung auf die Mitte einer Eihülle geben. Den Rand vorsichtig hochziehen. 1 Selleriestreifen über Kreuz binden, so daß eine Schlinge entsteht. Schlinge über den hochgezogenen Rand der Eihülle stülpen, Schlinge zusammenziehen, Enden verknoten. Eihülle dann auf einen hitzebeständigen Teller legen. Die restlichen 7 Eihüllen ebenfalls auf diese Weise füllen und verschließen.

6 Eine hitzebeständige Tasse umgedreht in einen Topf stellen, 3–4 cm hoch Wasser einfüllen, den Teller mit den gefüllten Eihüllen darauf stellen. Das Ganze zugedeckt bei starker Hitze etwa 7 Min. dämpfen.

7 Inzwischen Spinat putzen und gründlich waschen. In einem zweiten Topf ½ l Wasser zum Kochen bringen, 2 EL Öl und 1 Prise Salz dazugeben. Spinat darin etwa 1 Min. sprudelnd kochen lassen, herausnehmen und abtropfen lassen.

8 Fleischbrühe in einem kleinen Topf zum Kochen bringen. ½ EL Speisestärke mit 1 EL Wasser anrühren, unter die Brühe mischen und damit binden. Die gefüllten Eihüllen aus dem Topf nehmen, rundum mit Spinat garnieren. Die Brühe darüber gießen und servieren.

Fleisch und Geflügel

Scharfes Rinderfilet

Sheng Jian Niu Liu

Sommergericht · Braucht etwas Zeit

Zutaten für 2–3 Portionen:
400 g Rinderfilet
1 Frühlingszwiebel
1 dünne Scheibe Ingwer
2 TL Reiswein
1 EL scharfe Sojasauce
1 EL Sesamöl
Salz
schwarzer Pfeffer, frisch gemahlen
1 Ei
2 Knoblauchzehen
3 EL neutrales Pflanzenöl zum Braten
2 EL Speisestärke
1 TL Zucker

Zubereitungszeit: 30 Min.

Bei 3 Portionen pro Portion:
1400 kJ/330 kcal

1 Das Rinderfilet waschen, trockentupfen und in etwa 2 cm dicke Scheiben schneiden. Die Frühlingszwiebel putzen, waschen und fein hacken. Den Ingwer schälen und fein hacken.

2 Das Fleisch mit Frühlingszwiebel, Ingwer, je der Hälfte des Reisweins, der scharfen Sojasauce und des Sesamöls, 1 Prise Salz sowie 1 Prise Pfeffer in einer Schüssel vermischen und etwa 5 Min. marinieren. Das Ei in einer anderen Schüssel mit 2 EL Wasser verquirlen. Den Knoblauch schälen und zerdrücken.

3 Eine Pfanne bei mittlerer Hitze erwärmen, das Öl angießen. Wenn das Öl nach etwa 3 Min. heiß ist, die Pfanne vom Herd nehmen. Ein Fleischstück in der Stärke wenden und durch die Eiermasse ziehen.

4 Dann das Fleischstück in die Pfanne geben, die anderen Stücke auch auf diese Weise in die Pfanne geben. Pfanne wieder auf die Herdplatte stellen und bei mittlerer Hitze das Fleisch beidseitig goldgelb braten. Herausnehmen und das Restöl aus der Pfanne gießen.

5 Das restliche Sesamöl und den Knoblauch in die Pfanne geben, bei schwacher Hitze kurz anbraten, den restlichen Reiswein angießen, dann die übrige scharfe Sojasauce, Zucker, 1 Prise Salz und das Fleisch dazugeben, alles etwa 2 Min. bei mittlerer Hitze schmoren, dabei ein- bis zweimal wenden.

Getränk: Dazu paßt ein kühles Pils.

Info: Wenn Sie in Ihrem Asien-Laden keine scharfe Sojasauce bekommen, mischen Sie einfach 1 EL helle Sojasauce mit 1 kleinen Schuß Chiliöl oder ½ TL Sambal Oelek (Fertigprodukt).

Lammfleisch mit Sesam

Aus Peking · Gelingt leicht   Zhi Ma Yang Rou

Zutaten für 2–3 Portionen:
300 g Lammkeule, ohne Knochen
1 Frühlingszwiebel
1 etwa walnußgroßes Stück Ingwer (20 g)
Salz
weißer Pfeffer, frisch gemahlen
2 EL Reiswein
2 Eiweiß
3 EL Speisestärke
4 Eier
1/2 l neutrales Pflanzenöl zum Fritieren
50 g weißer Sesam

Zubereitungszeit: 40 Min.

Bei 3 Portionen pro Portion:
2900 kJ/690 kcal

1 Das Lammfleisch waschen, trockentupfen und ganz fein hacken oder durch den Fleischwolf drehen. Die Frühlingszwiebel waschen, putzen und fein hakken. Den Ingwer schälen und fein hakken. Das Lammfleisch mit Frühlingszwiebel, Ingwer, Salz, Pfeffer und Reiswein in einer Schüssel vermischen und etwa 10 Min. marinieren. Inzwischen das Eiweiß mit der Stärke in einer anderen Schüssel gründlich verrühren.

2 Die Eier in einer Schüssel aufschlagen und mit 1 Prise Salz verquirlen. Eine Pfanne bei schwacher Hitze erwärmen und mit etwas von dem Öl auspinseln. Die Hälfte der Eiermasse in der Pfanne durch Schwenken sehr dünn verteilen und bei schwacher Hitze in 3–4 Min. stocken lassen. Das Eier-Omelette herausheben, mit der anderen Hälfte der Eiermasse genauso verfahren. Beide Eier-Omelettes auf einem Teller abkühlen lassen.

3 Das Lammfleisch in 2 Portionen teilen, jede Portion zu einem etwa 12 cm langen, 6 cm breiten und 1 1/2 cm dicken Stück formen. Jedes Stück in ein Eier-Omelett gut einwickeln. Anschließend vollständig mit der Eiweiß-Stärke-Masse bestreichen.

4 Sesam gleichmäßig über die Stücke streuen, danach den Sesam leicht festdrücken. Jedes Lammfleischpäckchen soll möglichst ganz mit Sesam bedeckt sein.

5 Das Öl in einer Pfanne bei mittlerer Hitze heiß werden lassen, bis an einem ins Öl eingetauchten Holzstäbchen Bläschen aufsteigen. Lammfleischpäckchen vorsichtig in das Öl hineingleiten lassen. Vorsicht, Spritzgefahr! Bei mittlerer Hitze etwa 3 Min. fritieren, dann vorsichtig wenden und weitere 3 Min. fritieren, bis sie goldgelb und knusprig sind. Mit einen Schaumlöffel herausnehmen und das Fett abtropfen lassen. Vor dem Servieren die Päckchen der Länge und Breite nach einmal durchschneiden.

Variante: Sie können statt Lammfleisch nach Belieben auch Schweinehackfleisch nehmen.

Lammspießchen

Aus Peking · Im Freien **Kao Yang Rou Chuan**

Zutaten für 4 Portionen:
500 g Lammfleisch aus der Keule,
ohne Knochen (etwa 2 cm dick)
2 Frühlingszwiebeln
1 etwa walnußgroßes Stück Ingwer
(20 g)
2 Knoblauchzehen
2 EL Reiswein
2 EL helle Sojasauce
Salz
1 TL Sesamöl
außerdem: Holzspieße

Zubereitungszeit: 45 Min.

Pro Portion: 1400 kJ/330 kcal

1 Das Lammfleisch in etwa 3 cm lange, 2 cm breite, dünne Scheiben schneiden. Die Frühlingszwiebeln putzen, waschen und in etwa 3 cm lange Stücke schneiden. Den Ingwer und den Knoblauch schälen und in dünne Scheiben schneiden.

2 Das Lammfleisch mit Frühlingszwiebeln, Ingwer, Knoblauch, Reiswein, Sojasauce, 1 Prise Salz und Sesamöl verrühren und etwa 30 Min. marinieren. Inzwischen den Holzkohlegrill anheizen.

3 Das Lammfleisch mit Frühlingszwiebeln, Ingwer und Knoblauch abwechselnd auf Spieße stecken, dann auf dem Holzkohlegrill von jeder Seite in etwa 3 Min. gar grillen.

Getränk: Probieren Sie dazu einen trockenen Rosé aus der Provence oder ein helles Bier.

Variante: Statt das Lammfleisch mit den angegebenen Zutaten zu marinieren, kann man das Fleisch auch zuerst auf Spieße stecken, dann auf dem Holzkohlegrill grillen. Dabei die Spießchen zweimal mit Sojasauce bestreichen, danach mit einer Mischung aus 6–7 zerstoßenen Sichuan-Pfefferkörnern, 1 TL Paprikapulver (scharf) und 1 Prise Salz bestreuen und zum Schluß beide Seiten mit Sesamöl beträufeln. Sie können die Lammspießchen natürlich auch im vorgeheizten Elektrogrill zubereiten.

Lammfleisch mit Lauch

Wintergericht · Geht schnell Cong Bao Yang Rou

Zutaten für 2 Portionen:
300 g Lammfleisch aus der Keule, ohne Knochen (etwa 2 cm dick)
1 EL dunkle Sojasauce
2 EL Reiswein
2 TL Sesamöl · 200 g Lauch
2 Knoblauchzehen
4 EL neutrales Pflanzenöl
Salz
1 TL dunkler Reisessig

Zubereitungszeit: 30 Min.

Pro Portion: 2500 kJ/600 kcal

1 Das Lammfleisch quer zur Faser in etwa 5 cm lange, 2 cm breite, dünne Scheiben schneiden. Das Fleisch mit je der Hälfte der Sojasauce, des Reisweins und des Sesamöls verrühren. Lauch putzen, waschen und leicht schräg in etwa 2 cm breite Stücke schneiden. Knoblauch schälen und fein pressen.

2 Einen Wok oder eine Pfanne bei mittlerer Hitze erwärmen. Das Öl angießen und in etwa 3 Min. heiß werden lassen. Den Knoblauch darin kurz anbraten.

3 Dann das Fleisch bei starker Hitze unter Rühren kurz anbraten und die restliche Sojasauce sowie den restlichen Reiswein angießen, Salz untermischen und unter Rühren etwa 1 Min. weiter schmoren. Danach den Lauch dazugeben und unter Rühren etwa 1/2 Min. weiter schmoren. Mit Essig und dem restlichen Sesamöl beträufeln und gut vermischen.

Tip! Dieses Gericht ist in Peking im Winter sehr beliebt. Es muß sehr schnell zubereitet werden. Die Gesamtdauer des Bratvorgangs sollte 2 Min. nicht überschreiten, sonst wird das Fleisch zäh. Statt Lauch können Sie auch Frühlingszwiebeln nehmen.

Geschmorte Lammkeule

Aus Guangdong · Braucht etwas Zeit
Hong Pa Yang Rou

Zutaten für 4 Portionen:
20 g getrocknete Donggu-Pilze
50 g Ingwer
4 EL Reiswein
750 g Lammkeule, ohne Knochen
4 EL dunkle Sojasauce
700 ml neutrales Pflanzenöl zum Fritieren
200 g Wasserkastanien (aus der Dose)
2 Frühlingszwiebeln
10 g unbehandelte getrocknete Mandarinenschale
2 Sternanis
Salz
weißer Pfeffer, frisch gemahlen

Zubereitungszeit: 35 Min. (+ 1 ¼ Std. Garen)

Pro Portion: 3300 kJ/790 kcal

1 Donggu-Pilze in warmem Wasser etwa 20 Min. einweichen. Ingwer schälen, fein hacken, dann in einer Eßschale mit 4 EL Reiswein vermischen und etwa 10 Min. ziehen lassen. Inzwischen im Wok oder in einem Topf 1 l Wasser zum Kochen bringen. Lammkeule kalt abspülen und darin etwa 3 Min. kochen, herausnehmen, abtropfen lassen und mit 1 EL Sojasauce bestreichen. Die Brühe abschäumen und beiseite stellen.

2 Öl im Wok bei starker Hitze heiß werden lassen. Es ist heiß genug, wenn an einem ins Öl getauchten Holzstäbchen Bläschen aufsteigen. Lammkeule hineingeben und darin etwa 1 Min. fritieren. Vorsicht, Spritzgefahr! Lammkeule dann herausnehmen und das Öl abtropfen lassen.

3 Frühlingszwiebeln putzen und waschen. Den Reiswein vom Ingwer abfiltern. Ingwer wegwerfen. Donggu-Pilze aus dem Einweichwasser nehmen, von den Stielen befreien. Wasserkastanien in einem Sieb abtropfen lassen und dann halbieren.

4 Öl bis auf einen dünnen Film aus dem Wok gießen. Die fritierte Lammkeule in den Wok geben. Den Reiswein darüber gießen, Frühlingszwiebeln, Mandarinenschale und Sternanis dazugeben. Mit der restlichen Sojasauce und 1 Prise Salz würzen, und mit der beiseite gestellten Brühe ablöschen. Alles zugedeckt bei starker Hitze zum Kochen bringen.

5 Lammkeule und andere Zutaten aus dem Wok möglichst in einen innen glasierten Tontopf umfüllen. Zugedeckt

bei schwacher Hitze etwa 1 Std. köcheln. Dann Donggu-Pilze und Wasserkastanien dazugeben, alles einmal durchrühren und zugedeckt etwa 15 Min. weiterköcheln.

6 Lammkeule, Donggu-Pilze und Wasserkastanien herausnehmen, kurz abkühlen lassen. Lammkeule in etwa 4 cm breite, 6 cm lange und 1 cm dicke Scheiben schneiden und auf einer Platte anrichten. Donggu-Pilze auf dem Fleisch und Wasserkastanien um das Fleisch herum anrichten. Die Sauce mit 1 Prise Pfeffer bestreuen, bei starker Hitze etwas einkochen lassen, über das Gericht geben und mit den gekochten Frühlingszwiebeln und der Mandarinenschale garniert servieren.

Variante: Geschmorte Schweinefüße
(Lu Zhu Jiao)
Für 2–3 Portionen Schweinefüße (etwa 700 g) vom Metzger in der Mitte durchhacken und an den Gelenken auseinanderschneiden lassen. Schweinefüße kalt abspülen und trockentupfen. Gegebenenfalls Haare mit einer Pinzette entfernen. 2 Frühlingszwiebeln putzen und waschen, 1 Scheibe Ingwer, etwa 1 cm dick, schälen. Schweinefüße, Frühlingszwiebeln, Ingwer und 1 EL Reiswein in 1 l kochendes Wasser geben und bei starker Hitze etwa 10 Min. kochen. Dann Schweinefüße herausnehmen, mit 1 EL dunkler Sojasauce bestreichen und abkühlen lassen. Brühe abschäumen und aufbewahren. In einem Wok $1/2$ l Pflanzenöl heiß werden lassen, Schweinefüße darin bei starker Hitze etwa 5 Min. fritieren. Vorsicht, Spritzgefahr! Dann mit 2 Sternanis zurück in die Brühe geben, mit 1 EL Reiswein, 2 EL dunkler Sojasauce, 1 TL Zucker und 1 Prise Salz würzen. Alles bei starker Hitze aufkochen, dann zugedeckt bei schwacher Hitze etwa 1 Std. köcheln. Inzwischen 50 g rohe Erdnüsse, ohne Schale, etwa 10 Min. in warmem Wasser einweichen, anschließend herausnehmen, Haut abziehen. 150 g Brokkoliröschen waschen und in $1/4$ l Wasser bei mittlerer Hitze 3–4 Min. kochen, mit 1 Prise Salz abschmecken. Etwa 5 Min. vor Ende der Garzeit die Erdnüsse zu den Schweinefüßen geben und mitkochen. Anschließend Schweinefüße und Erdnüsse aus der Brühe nehmen, auf einem Teller anrichten, rundum mit Brokkoli garnieren. Brühe bei starker Hitze einkochen, über die Schweinefüße gießen und mit Pfeffer bestreut servieren.

Rindfleisch mit Tomaten

Braucht etwas Zeit · Gelingt leicht

Fan Qie Niu Rou

**Zutaten für 1 Servierteller
(2 Portionen):
250 g Rinderfilet
100 g Eiertomaten
1 Frühlingszwiebel
4 dünne Scheiben Ingwerwurzel
4 EL Pflanzenöl
1 Stück Sternanis
3 TL Zucker
Salz
1 TL Speisestärke, in 2 EL Wasser angerührt
1–2 EL Sesamöl**

**Zubereitungszeit: 20 Min.
(+ 25 Min. Garen)**

Pro Portion: 2100 kJ/ 500 kcal

1 Fleisch waschen, in einen Topf geben, mit Wasser bedecken und dieses zum Kochen bringen. Fleisch zugedeckt bei mittlerer Hitze etwa 25 Min. garen, bis es sich leicht einstechen läßt. Dann herausnehmen und etwas abkühlen lassen. Von der Brühe 100 ml abmessen und aufheben.

2 Fleisch in etwa 4 cm lange, 3 cm breite und 1 cm dicke Stücke schneiden. Tomaten waschen, vom Stielansatz befreien und vierteln. Frühlingszwiebel waschen, putzen und in 3 Stücke von je etwa 3 cm Länge schneiden. Das Stück mit der Wurzel beiseite legen. Ingwerscheiben schälen.

3 Pflanzenöl in einer Pfanne oder im Wok erhitzen. Sternanis hineingeben und unter Rühren anbraten, bis er würzig duftet. Frühlingszwiebel und Ingwer dazugeben und alles unter Rühren ½ Min. bei starker Hitze braten. Brühe angießen und aufkochen. Fleisch untermischen und alles 5 Min. kochen lassen.

4 Ingwer, Frühlingszwiebel und Anis herausfischen. Tomaten, Zucker und Salz zum Fleisch geben, Speisestärke untermischen und alles einmal aufkochen lassen, bis die Sauce dickflüssig wird. Das Gericht mit Sesamöl beträufelt servieren.

Tip! Von dem beiseite gelegten Endstück der Frühlingszwiebel die Wurzel abschneiden, dann das Stück längs bis etwa ½ cm vor dem Ende in feine Streifen schneiden. Bis zum Servieren in kaltes Wasser legen.

Stärke

Stärke ist in der chinesischen Küche sehr wichtig. Sie wird aus Getreide, Kartoffeln oder Hülsenfrüchten hergestellt, in der chinesischen Küche wird meistens Kartoffelstärke verwendet. Kleingeschnittenes Fleisch wird vor dem Braten oft in Stärke gewendet. Es bleibt dadurch schön zart und besonders aromatisch. Auch zum Andicken von Saucen wird Stärke verwendet. Dabei müssen Sie die Hitze kontrollieren, sonst wird die Sauce zu dick. Sie können den Wok ruhig kurz vom Herd ziehen. Auch für die Zubereitung von chinesischen Süßigkeiten ist Stärke sehr wichtig. Hier wird Maisstärke verwendet. Sie ist nicht so klebrig wie andere Sorten.

Maisstärke umhüllt diese zarte Süßigkeit aus Lotossamenpaste.

Der Teig für die transparente Hülle, in die viele chinesische Süßigkeiten gewickelt sind, wird aus Schweineschmalz, Maisstärke und heißem Wasser angerührt. Zum Bearbeiten des Teiges verwenden die Chinesen kein Nudelholz, sondern sie formen den Teig mit dem Küchenbeil.

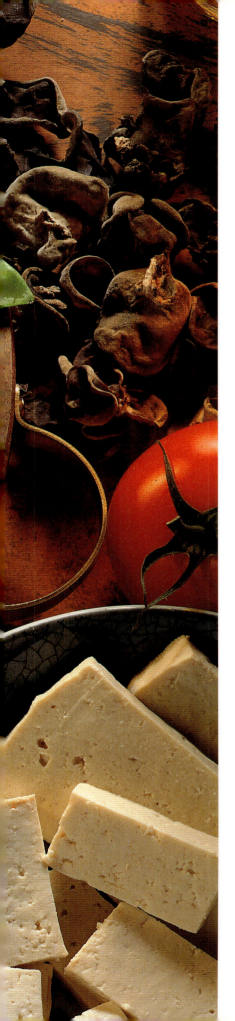

GEMÜSE, TOFU UND EIER

Vor allem die köstlichen und gesunden Gemüsegerichte – ob mit oder ohne Fleisch – haben die chinesische Küche in Europa so beliebt gemacht. Im alltäglichen Leben spielt Gemüse in China eine wesentlich wichtigere Rolle als Fleisch oder Fisch – mit ein Grund, weshalb es soviele verschiedene Gerichte mit Gemüse gibt. Gemüse wird in der chinesischen Küche immer fein zerkleinert und viel kürzer als in Europa gegart, meistens in der Pfanne oder im Wok mit sehr heißem Öl unter Rühren gebraten. So behält es nicht nur sein volles Aroma, sondern auch viele Vitamine und das ansprechende Aussehen, das den Chinesen so wichtig ist. Bei Gemüse mit hübscher Farbe wird deshalb auch möglichst wenig oder nur helle Sojasauce verwendet.
Die Verbreitung von Tofu geht in China auf buddhistische Mönche zurück, die sehr phantasievolle Rezepte erfanden, um Fleisch zu ersetzen, das viele von ihnen nicht essen durften.
Tofu wird aus Sojabohnen gewonnen und ist so vielseitig verwendbar, daß es in China angeblich mindestens 10 000 Gerichte damit gibt.
Eiergerichte sind ein wichtiger Bestandteil der alltäglichen Küche in China. Sie dienen als wichtiger Eiweißlieferant und lassen sich auf vielerlei köstliche Art zubereiten.

Die Schößlinge des Bambus sind die Bambussprossen, die in vielen chinesischen Gerichten enthalten sind.

Kartoffeln süß-sauer

Aus Nordchina · Raffiniert Suan Tian Tu Dou Si

Zutaten für 1 Serviceteller (2 Portionen):
3 festkochende Kartoffeln (300–400 g)
1 Frühlingszwiebel
4–5 EL Pflanzenöl
10 Sichuan-Pfefferkörner
6 EL brauner Essig
1 TL helle Sojasauce
Salz
1–2 EL Zucker

Zubereitungszeit: 50 Min.
(mit der Küchenmaschine 30 Min.)

Pro Portion: 1400 kJ/ 330 kcal

1 Kartoffeln schälen und in sehr dünne Scheiben schneiden. Dazu am besten erst an einer Seite ein Stück abschneiden, damit die Kartoffel gut auf dem Schneidebrett steht. Die Scheiben dann in streichholzdicke Streifen schneiden. Oder die Kartoffeln in der Küchenmaschine in feine Stifte teilen. Je dünner die Kartoffeln geschnitten sind, desto knuspriger schmecken sie später.

2 Die Kartoffeln 10–15 Min. in kaltes Wasser legen, um die Stärke zu entfernen. Inzwischen Frühlingszwiebel putzen, waschen und die hellgrünen und weißen Teile fein hacken.

3 Öl in einer Pfanne oder im Wok erhitzen. Sichuan-Pfefferkörner darin unter Rühren braten, bis sie würzig duften. Die Körner dann wieder herausfischen. Kartoffeln abtropfen lassen und sehr gründlich mit Küchenpapier abtrocknen.

4 Dann Kartoffeln ins Öl geben und bei starker Hitze unter Rühren etwa 5 Min. braten, bis sie gar sind. Die Hitze etwas reduzieren. Essig und Sojasauce dazugeben. Kartoffeln abschmecken und eventuell mit Salz nachwürzen. Zucker dazugeben und Kartoffeln unter Rühren noch einmal kurz braten. Mit Frühlingszwiebeln bestreut servieren.

Fritierte Auberginen

Aus Ostchina · Gelingt leicht Jiao Yian Qie Tiao

Zutaten für 1 Servierteller (2 Portionen):
300 g Auberginen
2 Scheiben Ingwerwurzel
1 Stück Lauch (etwa 3 cm lang)
1 Ei · Salz
5 EL Speisestärke
1 TL Reiswein
½ l Pflanzenöl zum Fritieren
Zum Servieren:
Salz, gemischt mit weißem Pfeffer oder gemahlenem Sichuan-Pfeffer
nach Belieben 1 EL Sesamöl

Zubereitungszeit: 25 Min.

Pro Portion: 2400 kJ/ 570 kcal

1 Auberginen waschen, putzen und die Schale dünn abschälen. Das Auberginenfleisch dann in etwa 2 x 2 x 5 cm große Würfel schneiden. Ingwer schälen, Lauch putzen und waschen, beides fein hacken.

2 Ei mit etwas Salz und Stärke zu einem dickflüssigen Teig mischen. Evtl. etwas Wasser zugeben. Reiswein, Lauch und Ingwer untermischen.

3 Öl in einem Topf oder Wok erhitzen. Es ist heiß genug, wenn an einem ins Öl getauchten Holzstäbchen kleine Bläschen aufsteigen.

4 Auberginen durch den Teig ziehen und anschließend im Öl etwa 2 Min. fritieren, bis der Teig härter wird. Dann sofort herausnehmen.

5 Öl noch einmal erhitzen. Alle Auberginen noch einmal hineingeben und goldgelb fritieren. Dann gut abtropfen lassen.

6 Fritierte Auberginen in Salz-Pfeffer-Mischung stippen und nach Wunsch mit Sesamöl beträufeln.

Tip! Übriggebliebene Auberginenwürfel kann man am nächsten Tag mit Sojasauce, Knoblauch und etwas Zucker aufkochen. Schmeckt delikat mit Reis.

Sojasprossen mit Paprika
Shuang Se Yin Ya

Gelingt leicht · Geht schnell

**Zutaten für 1 Servierteller
(2 Portionen):
300 g Sojasprossen
(aus Mungobohnen)
1 rote Paprikaschote
4 EL Pflanzenöl
Salz**

Zubereitungszeit: 15 Min.

Pro Portion: 910 kJ/ 220 kcal

1 Sprossen waschen und evtl. die braunen Enden abschneiden. Auch die grünen Schalenteile sehr sorgfältig entfernen.

2 Paprikaschote waschen und halbieren. Stielansätze sowie die Trennwände mit den Kernen entfernen und die Schotenhälften in feine Streifen schneiden, etwa so lang wie die Sojasprossen.

3 Öl in einem Topf oder Wok erhitzen. Sprossen und Paprikastreifen hineingeben und bei starker Hitze unter Rühren etwa 3 Min. braten, bis sie bißfest sind. Das Gericht mit Salz abschmecken und servieren.

Tips! Gut schmeckt dieses Gericht auch, wenn Sie ein bißchen chinesischen Schnittlauch untermischen. Aber Sie dürfen ihn erst zum Schluß zugeben und nur ganz kurz braten, sonst schmeckt er nicht mehr!
Sprossen können Sie ganz leicht selbst ziehen. 100 g Mungobohnen 12 Std. einweichen, dann abgießen, in ein Glas geben und dieses mit Mulltuch abdecken. Bohnen jeden Tag 15 Min. wässern, abgießen und an einem warmen Ort stehenlassen. Sie brauchen etwa 5 Tage.

Sauer-scharfer Weißkohl

Aus Nordchina · Geht schnell   **Suan La Yang Bai Cai**

Zutaten für 1 Servierteller
(2 Portionen):
250 g junger Weißkohl, geputzt
gewogen
3 getrocknete Chilischoten
(nach Belieben mehr)
1 gehäufter EL Zucker
1 EL brauner Essig
(nach Belieben mehr)
1½ TL Speisestärke,
in 3 EL Wasser angerührt
Salz
4 EL Pflanzenöl

Zubereitungszeit: 20 Min.

Pro Portion: 1300 kJ/ 310 kcal

1 Weißkohl waschen und von den dicken Blattrippen befreien. Die Blätter sehr gut trockentupfen oder in der Salatschleuder trocknen. Dann in etwa 2 x 3 cm große Stücke schneiden.

2 Chilischoten in etwa 1 cm lange Stücke schneiden. (Danach sofort Hände waschen.) Zucker mit Essig, Speisestärke und Salz verrühren.

3 Öl in einer Pfanne oder im Wok erhitzen. Chilistücke darin bei starker Hitze etwa 4 Min. braten, bis sie dunkel werden. Dann herausnehmen.

4 Weißkohl ins Öl geben und unter Rühren bei starker Hitze 1–2 Min. braten, bis er gerade bißfest ist. Sauce dazugießen und alles einmal aufkochen lassen.

Variante: Statt Weißkohl schmecken auch Gurken sehr gut. Die Gurken schälen und vor dem Garen mit Salz bestreuen und Saft ziehen lassen. Dann gut abtrocknen. Die Sauce ohne Speisestärke und Zucker zubereiten und die Gurken höchstens 1 Min. braten.

Tip! Der Weißkohl paßt gut als Ergänzung zu Fleischgerichten, schmeckt aber auch kalt ganz ausgezeichnet, z.B. für ein Picknick.

Zweimal gegarter Tofu

Wintergericht · Braucht etwas Zeit Jin Xiang Yu

Zutaten für 1 Servierteller (2 Portionen):
100 g roher magerer Schweinebauch ohne Schwarte
5 mittelgroße getrocknete Mu-Err-Pilze
20 g getrocknete Garnelen
10 getrocknete Lilienblüten
20 g Bambussprossen
3 dünne Scheiben Ingwerwurzel
1 Frühlingszwiebel
400 g Tofu
3 EL Schweineschmalz
1 EL Reiswein
2 EL helle Sojasauce
Salz
1 EL Speisestärke, in 3 EL Wasser angerührt
weißer Pfeffer, frisch gemahlen
nach Belieben etwas Sesamöl

Zubereitungszeit: 1 Std.

Pro Portion: 2300 kJ/ 550 kcal

1 Schweinebauch in einen Topf geben, mit reichlich Wasser bedecken und zum Kochen bringen. Dann etwa 20 Min. bei mittlerer Hitze garen. Inzwischen Pilze, Garnelen und Lilienblüten waschen und getrennt je etwa 10 Min. in warmem Wasser einweichen. Dann Pilze in Streifen schneiden, Lilienblüten in Stücke schneiden. Einweichwasser der Garnelen aufbewahren. Bambus in Streifen schneiden. Ingwer schälen, Frühlingszwiebel putzen und beides hacken.

2 Schweinebauch aus dem Topf nehmen und in dünne Streifen schneiden. 200 ml von der Brühe abmessen und aufheben.

3 Tofu auf einen Teller geben und diesen in einem Topf auf eine umgedrehte Tasse stellen. Etwa 3 cm hoch Wasser angießen und zum Kochen bringen. Tofu bei starker Hitze zugedeckt etwa 5 Min. dämpfen. Dann in dünne Scheiben schneiden.

4 In einer Pfanne 2 EL Schweineschmalz erhitzen. Tofuscheiben darin bei mittlerer Hitze in etwa 5 Min. goldgelb braten. Herausnehmen und in Streifen schneiden.

5 Das übrige Schweineschmalz in einer Pfanne oder im Wok erhitzen. Fleisch darin kurz bei starker Hitze anbraten. Reiswein dazugeben. Brühe, Einweichwasser der Garnelen, Pilze, Lilien, Bambus, Frühlingszwiebel, Ingwer, Garnelen und Tofu dazugeben. Das Gericht mit Sojasauce und Salz abschmecken und zum Kochen bringen. Speisestärke zugießen und das Gericht noch einmal aufkochen lassen.

6 Das Gericht auf eine Servierplatte geben und mit Pfeffer bestreuen. Nach Belieben Sesamöl darüber träufeln. Sehr heiß servieren.

Info: Wörtlich übersetzt heißt dieses Gericht »Von Jadeblättern golden eingefaßt«, weil der Tofu nach dem Braten innen weiß ist und außen gelbe Flecken hat. Diese Kombination verbindet man in China mit Reichtum und langem Leben.
Es gibt noch ein anderes Gericht mit einem ähnlichen Namen. Die »eingefaßten Jadeblätter« werden aber auf einem Papagei mit rotem Schnabel angerichtet. Der Papagei besteht aus Spinatblättern, der Stiel, der bei chinesischem Spinat rot gefärbt ist, ist der Schnabel.

Krümel-Tofu

Gelingt leicht   Ji Zhuo Dou Fu

Zutaten für 1 Servierteller (2 Portionen):
5 getrocknete Tongku-Pilze
20 getrocknete Lilienblüten
1 Frühlingszwiebel
30 g geröstete Erdnüsse · 300 g Tofu
30 g roher geräucherter Schinken (2 dünne Scheiben)
50 g Bambussprossen
3 EL Schweineschmalz (ersatzweise 4 EL Pflanzenöl)
50 g gehacktes Schweinefleisch (evtl. weglassen und 20 g mehr Schinken nehmen) · 1 TL Reiswein
Salz · 1 EL helle Sojasauce
1 TL Speisestärke, in 3 EL Wasser angerührt · 1 TL Sesamöl

Zubereitungszeit: 40 Min.

Pro Portion: 2200 kJ/ 520 kcal

1 Pilze und Lilienblüten in heißem Wasser etwa 10 Min einweichen. Inzwischen Frühlingszwiebel putzen und fein hacken. Erdnüsse mit einem großen schweren Messer hacken. Tofu in dünne Scheiben schneiden. Dann Pilze und Lilienblüten waschen und mit Schinken und Bambussprossen in etwa 1/2 cm große Würfel schneiden.

2 In einer Pfanne oder im Wok 1 EL Schweineschmalz erhitzen. Hackfleisch darin unter Rühren bei starker Hitze etwa 1 Min. braten, bis es krümelig ist. Bambus, Pilze und Lilienblüten dazugeben und kurz mitbraten. Reiswein angießen und alles etwa 1 Min. weiterbraten, bis es duftet. Dann aus der Pfanne nehmen.

3 Restliches Schmalz erhitzen. Tofuscheiben darin bei mittlerer Hitze von beiden Seiten in etwa 5 Min. goldgelb braten. Dann mit dem Pfannenwender fein zerkrümeln. Die Fleischmischung wieder dazugeben und mit Salz und Sojasauce abschmecken. Stärke unterrühren und alles einmal aufkochen lassen.

4 Tofu in einer Schüssel anrichten und mit Sesamöl beträufeln. Schinken, Frühlingszwiebeln und Erdnüsse darüber streuen.

Info: In der Original-Übersetzung heißt dieses Gericht »Tofu pickender Hahn«, weil das Picken des Hahns der Bewegung ähnelt, die man beim feinen Zerkrümeln des Tofus macht.

Gedämpfte Eier

Gelingt leicht   Rou Bing Zheng Dan

Zutaten für 1 Servierteller (2 Portionen):
1 Frühlingszwiebel
150 g gehacktes Schweinefleisch
2 EL Pflanzenöl
2 EL helle Sojasauce
3 Eier
Salz
200 ml Fleischbrühe oder Wasser

Zubereitungszeit: 30 Min.

Pro Portion: 2400 kJ/ 570 kcal

1 Frühlingszwiebel putzen und fein hacken. Dann mit Hackfleisch mischen.

2 Eier verquirlen und salzen. Fleischbrühe oder Wasser unterrühren und die Masse in eine hitzebeständige Schüssel geben. Die Schüssel in einen Topf auf eine umgedrehte Tasse stellen. Etwa 3 cm hoch Wasser angießen und die Eiermasse zugedeckt bei starker Hitze etwa 10 Min. dämpfen.

3 Öl in einer Pfanne oder im Wok erhitzen. Fleisch darin unter kräftigem Rühren bei starker Hitze etwa 2 Min. braten, bis es krümelig ist. Sojasauce untermischen. Hitze reduzieren und Fleisch warm halten.

4 Das Fleisch auf dem Ei verteilen und servieren.

Info: Dieses Gericht kann eine Suppe ersetzen, da sich beim Dämpfen etwas Flüssigkeit absetzt. Es wird aber in China nicht als Suppe, sondern als Suppengericht bezeichnet.

Variante: Sie können statt des Schweinefleisches auch Garnelen nehmen und diese fein hacken. Dann sollten Sie aber die Sojasauce weglassen.

Eier mit Fischfleisch

Aus Nordchina · Raffiniert

Sai Pang Xie

Zutaten für 1 Servierteller
(2 Portionen):
100 g festes Fischfilet,
z.B. Rotbarsch
3–4 Eier (je nach Größe)
2 EL Speisestärke
1 EL Reiswein
Salz
1 walnußgroßes Stück Ingwerwurzel
½ l Pflanzenöl zum Fritieren
50 ml Fleischbrühe oder Wasser
1–2 EL brauner Essig
nach Belieben: 1 Scheibe Rettich
zum Verzieren

Zubereitungszeit: 30 Min.

Pro Portion: 2700 kJ/ 640 kcal

1 Fischfilet kalt abspülen und trockentupfen. Dann in etwa 1 cm dicke und 3 cm lange Stücke schneiden und in eine Schüssel geben. 1 Ei trennen. Eiweiß mit der Speisestärke glattrühren. Mit Reiswein und Salz unter die Fischwürfel mischen. Ingwer schälen und fein hacken.

2 Öl in einem Topf oder Wok erhitzen. Es ist heiß genug, wenn an einem hölzernen Kochlöffelstiel oder Eßstäbchen, das Sie ins heiße Fett tauchen, kleine Bläschen aufsteigen.

3 Fisch im Öl in 2–3 Portionen je etwa 2 Min. fritieren, bis die Stärkemasse fest, aber noch hell ist. Abtropfen lassen.

4 Öl bis auf einen dünnen Film ausgießen. Eier mit dem Eigelb hineingeben. Fisch hinzufügen und Eier mit einem Stäbchen ringförmig durchrühren, so daß weiße und gelbe Spuren darin zu sehen sind. Eier stocken lassen.

5 Brühe oder Wasser, Essig und Ingwer dazugeben und das Gericht sofort servieren.

Info: Krebse, die in China sehr beliebt, aber auch sehr teuer sind, werden immer mit Ingwer und Essig zubereitet. Dieses Gericht, das in der wörtlichen Übersetzung »Schmeckt genausogut wie Krebs« heißt, ist eine preiswertere Variante, die geschmacklich tatsächlich an ein Krebsgericht erinnert.

Tip! Schneiden Sie aus der Rettichscheibe einen kleinen Fisch zur Verzierung des Tellers.

Frühlings-Komposition

Geht schnell

Thun Rhe Cai

Zutaten für 1 Servierteller
(2 Portionen):
50 g Glasnudeln
200 g Sojasprossen
nach Belieben: 100 g Spinat
5–6 Stengel chinesischer Schnittlauch
(ersatzweise 2 Frühlingszwiebeln)
3 Eier · Salz
5 EL Pflanzenöl
6 Sichuan-Pfefferkörner
1 EL Sesamöl

Zubereitungszeit: 25 Min.

Pro Portion: 2700 kJ/ 640 kcal

1 Glasnudeln etwa 10 Min. in lauwarmem Wasser einweichen. Inzwischen Sojasprossen waschen. Spinat verlesen, waschen, und in 4–5 cm große Stücke schneiden.

2 Spinat in sprudelnd kochendem Wasser etwa 1 Min. blanchieren, dann abtropfen lassen. Schnittlauch waschen und fein schneiden. Glasnudeln abtropfen lassen und kleiner schneiden.

3 Eier verquirlen. Mit Salz würzen. Etwa 3 EL Pflanzenöl in einer Pfanne oder im Wok erhitzen. Eiermasse darin unter Rühren bei starker Hitze knapp 1 Min. garen, bis die Masse krümelig ist. Herausnehmen.

4 Restliches Pflanzenöl erhitzen. Sichuan-Pfefferkörner hineingeben und anbraten, bis sie würzig duften. Wieder herausnehmen. Schnittlauch kurz anbraten. Sojasprossen und Glasnudeln dazugeben und 2–3 Min. unter Rühren bei starker Hitze garen, bis die Glasnudeln weich sind. Spinat und Eiermasse untermischen und alles etwa ½ Min. unter Rühren erhitzen.

5 Gericht salzen und mit Sesamöl beträufeln.

Gemüse, Tofu und Eier **181**

Tomaten mit Ei

Preiswert · Gelingt leicht   **Xi Hong Shi Chao Dan**

**Zutaten für 1 Servierteller
(2 Portionen):**
200 g Eiertomaten
1 Frühlingszwiebel
3–4 Eier (je nach Größe)
Salz
5 EL Pflanzenöl
1 gehäufter EL Zucker

Zubereitungszeit: 30 Min.

Pro Portion:
2200 kJ/ 520 kcal

1 Tomaten mit kochendem Wasser überbrühen, kurz darin ziehen lassen, kalt abschrecken und häuten. Tomaten längs halbieren und in etwa 2 cm breite Stücke schneiden. Frühlingszwiebel putzen und in feine Streifen schneiden oder fein hacken. Eier in einer Schüssel mit etwas Salz verquirlen.

2 In einer Pfanne oder im Wok 4 EL Öl erhitzen. Eier hineingeben und bei starker Hitze stocken lassen, dann grob zerteilen und so lange weiterbraten, bis die Masse goldgelb, aber nicht trocken ist. Das dauert etwa 1 Min. Eierstücke aus der Pfanne nehmen.

3 Restliches Öl erhitzen. Frühlingszwiebel darin kurz anbraten. Tomaten dazugeben und unter Rühren bei starker Hitze 1–2 Min. braten. Salz und Zucker untermischen. Eier wieder unterrühren und kurz erwärmen.

Tip! Sehr gut eignen sich für dieses Gericht auch geschälte Tomaten aus der Dose (1 kleine Dose, 400 g; etwas Sauce wegnehmen und evtl. als Suppe verwenden). Dann etwas mehr Zucker nehmen und die gebratenen Eier nicht aus der Pfanne nehmen, sondern die Tomaten gleich dazugeben und grob zerkleinern.
Die Frühlingszwiebel können Sie auch zum Schluß roh über das Gericht streuen.

Eier mit fünf Köstlichkeiten

Aus Peking · Gelingt leicht
Liu Huang Cai

Zutaten für 1 Servierteller (2 Portionen):
25 g gegartes Hühnerfleisch
40 g roh geräucherter Schinken (2 Scheiben)
20 g Bambussprossen
3 Wasserkastanien
50 g Garnelen (ersatzweise 10 g getrocknete Garnelen, 20 Min. eingeweicht)
3–4 Eier (je nach Größe)
Salz
1 EL Speisestärke, in 4 EL Wasser angerührt
200 ml Hühnerbrühe oder Wasser
3 EL Schweineschmalz (ersatzweise 4 EL Pflanzenöl)

Zubereitungszeit: 25 Min.

Pro Portion:
2200 kJ/ 520 kcal

1 Hähnchenfleisch, Schinken, Bambus und Wasserkastanien kleinschneiden. Garnelen von Kopf, Schale und Darm befreien und ebenfalls kleinschneiden. Eier verquirlen und dazugeben. Salz, Speisestärke und Brühe bzw. Wasser untermischen.

2 Schweineschmalz oder Öl in einer Pfanne oder im Wok sehr heiß werden lassen. Eiermasse hineingießen und etwas stocken lassen. Dabei die flüssige Masse von der Oberfläche immer wieder etwas an die Seite schieben, damit sie ebenfalls fester wird. Den Eierkuchen dann in mundgerechte Stücke zerteilen und bei starker Hitze etwa 1 Min. weitergaren, bis die Masse ganz gestockt ist. In einem tiefen Teller oder in einer Schüssel servieren. Nach Belieben mit Schnittlauch verzieren.

Info: Dieses Gericht ist sehr zart und relativ flüssig. Die Chinesen essen es öfter anstelle einer Suppe.

Tip! Falls Sie einmal frische Bambussprossen im Asien-Laden sehen, greifen Sie zu, denn sie sind hierzulande eine Seltenheit und schmecken unvergleichlich besser als die Sprossen aus der Dose. Roh essen dürfen Sie Bambussprossen auf keinen Fall, denn manche Sorten enthalten Blausäure. Beim Garen verschwindet die Blausäure. Vor dem Essen müssen Sie die Sprossen immer schälen und kochen oder einige Minuten braten.
Aus dem Rest – Sie brauchen für dieses Gericht ja nur wenig – können Sie Gemüse zubereiten.

Tofutäschchen

Aus Sichuan · Mild **Kou Dai Dou Fu**

Zutaten für 4 Portionen:
500 g Tofu
150 g Bambussprossen
(aus der Dose)
200 g Chinakohlblätter
½ l neutrales Pflanzenöl
Salz
2 EL helle Sojasauce
1 EL Reiswein
½ l Gemüsebrühe
(selbstgemacht oder instant)
1 EL Speisestärke
1 Prise weißer Pfeffer,
frisch gemahlen

Zubereitungszeit: 40 Min.

Pro Portion: 1500 kJ/360 kcal

1 Tofu waschen, in 8 Stücke von etwa 6 cm Länge und 3 cm Dicke schneiden, trockentupfen.

2 Bambussprossen in kochendem Wasser etwa 1 Min. sprudelnd kochen, abgießen und abkühlen lassen. Dann in etwa 5 cm lange, 2 cm breite und sehr dünne Scheiben schneiden. Chinakohlblätter putzen, waschen und ebenfalls in 5 cm lange und 2 cm breite Stücke schneiden.

3 Öl in einem Wok bei mittlerer Hitze heiß werden lassen. Tofu darin unter Wenden etwa 7 Min. fritieren, bis beide Seiten goldgelb sind. (Vorsicht, Spritzgefahr!) Herausnehmen, das Fett abtropfen lassen und den Tofu abkühlen lassen.

4 An einer Seite den Tofu mit einem kleinen Messer etwas aufschlitzen und jeweils 1–2 TL Tofu, der nicht weiter verwendet wird, aus dem Innenraum herausschneiden.

5 Das Öl bis auf einen dünnen Film aus dem Wok abgießen. Bei mittlerer Hitze heiß werden lassen. Bambussprossen, Chinakohl und Tofu dazugeben, mit Salz, Sojasauce und Reiswein würzen. Die Gemüsebrühe angießen und alles zugedeckt etwa 7 Min. kochen. Die Speisestärke mit 2 EL Wasser anrühren, unterziehen und die Sauce damit binden. Vor dem Servieren mit Pfeffer bestreuen.

Info: Durch das Fritieren entstehen im Innern vom Tofu viele kleine Löcher. Wenn man den Tofu noch ein wenig aushöhlt, nimmt er bei der weiteren Zubereitung viel Flüssigkeit in sich auf. Deshalb schmeckt er besonders saftig.

Tofu mit Donggu-Pilzen

Aus Sichuan · Gelingt leicht Xiong Zhang Dou Fu

Zutaten für 3–4 Portionen:
75 g getrocknete Donggu-Pilze
500 g Tofu · 1 Frühlingszwiebel
1 Scheibe Ingwer, etwa 1 cm dick
1 Möhre (50 g)
½ l neutrales Pflanzenöl
3 EL Erbsen (frisch oder tiefgekühlt)
1 EL dunkle Sojasauce
1 EL Reiswein · Salz
½ TL Zucker
150 ml Gemüsebrühe (z.B. instant)
1 EL Speisestärke
weißer Pfeffer, frisch gemahlen

Zubereitungszeit: 40 Min.

Bei 4 Portionen pro Portion:
1700 kJ/400 kcal

1 Donggu-Pilze in warmem Wasser etwa 20 Min. einweichen. Tofu waschen, in 12 Stücke von etwa 6 cm Länge, 4 cm Breite und ½ cm Dicke schneiden, trockentupfen.

2 Frühlingszwiebel putzen und waschen. Ingwer schälen. Beides fein hacken. Möhre schälen und längs in etwa 4 cm lange, sehr dünne Scheiben schneiden. Donggu-Pilze aus dem Wasser nehmen, von den harten Stielen befreien und in etwa 4 cm große Stücke schneiden.

3 Öl in einem Wok bei mittlerer Hitze heiß werden lassen. Tofu darin etwa 7 Min. fritieren, bis beide Seiten goldgelb sind. (Vorsicht, Spritzgefahr!) Herausnehmen, das Fett abtropfen und den Tofu abkühlen lassen.

4 Öl bis auf einen dünnen Film aus dem Wok gießen. Frühlingszwiebel und Ingwer darin bei schwacher Hitze unter Rühren anbraten. Donggu-Pilze, Möhre, Erbsen und Tofu dazugeben, mit Sojasauce, Reiswein, Salz und Zucker würzen. Die Gemüsebrühe angießen und zugedeckt etwa 3 Min. kochen. Die Speisestärke mit 2 EL Wasser anrühren, unterziehen und die Sauce damit binden. Vor dem Servieren mit Pfeffer bestreuen.

Getränk: Zu diesem Gericht paßt ein chinesischer grüner Tee, z.B. der berühmte Drachenbrunnen-Tee (Long Jing Cha) oder Jasmin-Tee besonders gut.

Tofu mit Lotoskernen

Aus Hunan · Sommergericht

Lian Zi Hui Dou Fu

Zutaten für 3–4 Portionen:
1 TL Salz · 500 g Tofu
120 g getrocknete Lotoskerne
1 kleiner Bund Schnittlauch
400 ml Gemüsebrühe
(selbstgemacht oder instant)
1 TL Zucker
1 EL Speisestärke

Zubereitungszeit: 40 Min.

Bei 4 Portionen
pro Portion: 1300 kJ/310 kcal

1 Salz in ¹/₂ l lauwarmem Wasser auflösen, den Tofu darin etwa 20 Min. liegen lassen. Lotoskerne in einem Topf mit ¹/₄ l Wasser bedeckt bei mittlerer Hitze zugedeckt etwa 15 Min. kochen. Abgießen, beiseite stellen.

2 Schnittlauch putzen, waschen und fein hacken. Tofu aus dem Wasser nehmen, trockentupfen und in etwa 2 cm große Würfel schneiden. Die Gemüsebrühe in einen Wok oder Topf geben und zum Kochen bringen. Tofustücke und Lotoskerne hineingeben, Zucker dazugeben und eventuell mit 1 Prise Salz nachwürzen.

3 Zugedeckt zum Kochen bringen und abschäumen. Speisestärke mit 2 EL Wasser anrühren, unterziehen und etwa ¹/₂ Min. köcheln lassen. Vor dem Servieren mit Schnittlauch bestreuen.

Info: Dieses leichte Gericht ist vor allem für die heißen Sommertage empfehlenswert.

Bohnensprossen in Teig

Sommergericht · Gelingt leicht

Gong He Liang Cai

Zutaten für 3 Portionen:
75 g Glasnudeln
16 Teighüllen für Frühlingsrollen
(tiefgekühlt, aus dem Asienladen)
350 g Mungobohnensprossen
100 g Rettich · 100 g Möhren
100 g Staudensellerie
1 kleiner Bund Koriander
1 EL mittelscharfer Senf
1 EL helle Sojasauce
2 TL dunkler Reisessig
Salz · 1 EL Sesamöl
nach Belieben:
ein paar Korianderblättchen
zum Garnieren

Zubereitungszeit: 25 Min.

Pro Portion: 1500 kJ/360 kcal

1 Glasnudeln in warmem Wasser etwa 15 Min. einweichen. Den Teig für Frühlingsrollen auftauen lassen.

2 Mungobohnensprossen von den Wurzeln und Hülsen befreien, waschen und abtropfen lassen. Rettich und Möhren schälen und waschen. Sellerie putzen und waschen. Rettich, Möhren und Sellerie in feine Streifen (wie Bohnensprossen) schneiden. Koriander abbrausen, Blättchen hacken.

3 In einem Topf 1 l Wasser zum Kochen bringen. Glasnudeln abgießen. Glasnudeln, Bohnensprossen, Rettich, Möhren und Sellerie getrennt voneinander nacheinander in kochendem Wasser je etwa ¹/₂ Min. sprudelnd kochen lassen, herausnehmen, abtropfen lassen und in eine Schüssel geben. Senf, Sojasauce, Essig, Salz, Koriander und Sesamöl verrühren, dann unter das Gemüse mischen.

4 Aufgetaute Teighüllen auseinandernehmen und flach ausbreiten. Gemüse auf eine Seite der Teighülle legen, beide Enden einschlagen, aufrollen und servieren. Nach Belieben mit Koriander garnieren.

Info: Tiefgekühlter Teig für Frühlingsrollen ist in fast allen Asienläden erhältlich. Falls Sie selbst Teighüllen machen möchten, mischen Sie 400 g Mehl mit ¹/₂ l kaltem Wasser und ¹/₂ TL Salz in einer Schüssel. Dann etwa 10 Min. kneten, bis ein elastischer Teig entsteht. Danach den Teig in 16 Portionen teilen. Eine Pfanne bei schwacher Hitze erwärmen Je 1 Portion Teig (ohne Öl) darin zu einer sehr dünnen Teigschicht auseinanderdrücken. Den Fladen etwa 1 Min. backen, bis er weiß wird, dabei einmal wenden. Mit den anderen Fladen genauso verfahren.

Gemüse, Tofu und Eier **187**

Pikante Aubergine

Aus Sichuan · Gelingt leicht Yu Xiang Qie Zi

Zutaten für 4 Portionen:
1 Aubergine (300 g)
2 Frühlingszwiebeln
1 Scheibe Ingwer, etwa 3 cm dick
2 Knoblauchzehen · 1 Ei
8 EL Speisestärke
+ 1 TL Speisestärke
Salz · 1 TL Reiswein
25 g scharfe Bohnenpaste
1 EL dunkle Sojasauce
1 TL dunkler Reisessig
1 TL Zucker
1 Prise Sichuan-Pfeffer, frisch gemahlen
½ l neutrales Pflanzenöl
150 ml Gemüsebrühe (selbstgemacht oder instant)

Zubereitungszeit: 45 Min.

Pro Portion: 1200 kJ/290 kcal

1 Aubergine waschen und dünn abschälen. Dann in 16 etwa 1 cm dicke Scheiben schneiden.

2 Frühlingszwiebeln putzen und waschen, Ingwer schälen, Knoblauch häuten, dann alles fein hacken. Ei mit 8 EL Stärke, 1 Prise Salz, Reiswein, je der Hälfte der Frühlingszwiebeln und des Ingwers sowie 2 EL Wasser zu einem dickflüssigen Teig mischen.

3 Bohnenpaste, Sojasauce, Essig, Zucker und Sichuan-Pfeffer in einer Schüssel zu einer Sauce mischen.

4 Öl in einem Wok erhitzen. Es ist heiß genug, wenn an einem ins Öl getauchten Holzstäbchen Bläschen emporsteigen. Auberginenscheiben durch den Teig ziehen. Stückweise ins Öl geben und portionsweise 3–5 Min. fritieren, bis der Teig goldgelb ist. (Vorsicht, Spritzgefahr!) Herausnehmen, das Fett abtropfen lassen und die Auberginenscheiben auf einem Teller anrichten. Warm stellen.

5 Öl bis auf einen dünnen Film aus dem Wok gießen. Restliche Frühlingszwiebeln und Ingwer sowie Knoblauch bei mittlerer Hitze darin unter Rühren anbraten. Die vorbereitete Sauce dazugeben und die Brühe angießen. Aufkochen lassen. 1 TL Speisestärke mit 1 EL Wasser anrühren, unterziehen und die Sauce damit binden. Die Sauce über die Auberginenscheiben gießen und servieren.

Variante: Sie können auch Tomaten (nicht überreif) auf diese Weise zubereiten.

Scharfer Weißkohl

Aus Sichuan · Geht schnell Qiang Lian Hua Bai

Zutaten für 4 Portionen:
500 g Weißkohl
(am besten Spitzkohl)
2 frische rote Chilischoten
1 EL helle Sojasauce
Salz
1 EL Zucker
3 EL neutrales Pflanzenöl
½ TL Sichuan-Pfefferkörner
1 TL heller Reisessig
½ TL Sesamöl

Zubereitungszeit: 20 Min.

Pro Portion: 400 kJ/95 kcal

1 Den Weißkohl putzen, waschen, vierteln und den Strunk entfernen. Den Weißkohl dann in 2–3 cm breite Streifen schneiden. Die Chilischoten längs halbieren, von den Stielen und Kernen befreien. Vorsicht, danach nicht mit den Händen an die Augen kommen!

2 Aus Sojasauce, Salz und Zucker in einer Schüssel eine Sauce mischen.

3 Pflanzenöl in einem Wok bei mittlerer Hitze heiß werden lassen. Sichuan-Pfefferkörner hineingeben, unter Rühren darin etwa ½ Min. anbraten, dann herausfischen. Die Chilihälften ins Öl geben und darin ebenfalls unter Rühren etwa ½ Min. braten.

4 Den Weißkohl dazugeben und unter Rühren etwa 2 Min. braten, die vorbereitete Sauce untermengen. Alles zugedeckt weitere 1–1½ Min. garen. Dann den Essig untermischen. Vor dem Servieren mit Sesamöl beträufeln.

Variante: Sie können auch zuerst die Sichuan-Pfefferkörner bei mittlerer Hitze etwa ½ Min. anbraten, dann ganze geputzte Kohlblätter dazugeben, mit 1 Prise Salz würzen und zusammen etwa 3 Min. braten. Danach die Kohlblätter einzeln mit in Streifen geschnittenen Chilischoten in der Mitte aufrollen und auf einem Teller anrichten. Die Sauce aus Schritt 2 bei schwacher Hitze etwa ½ Min. garen und über die aufgerollten Kohlblätter gießen.

Bambus mit Zha Cai

Gan Bian Dong Sun

Aus Sichuan · Geht schnell

Zutaten für 2–3 Portionen:
500 g Bambussprossen
(aus der Dose)
100 g Zha Cai (aus der Dose)
1 Frühlingszwiebel
3 EL neutrales Pflanzenöl
1 EL Reiswein
1 Prise Salz
¹/₂ TL Sesamöl

Zubereitungszeit: 20 Min.

Bei 3 Portionen pro Portion:
490 kJ/120 kcal

1 Bambussprossen in einem Topf in kochendem Wasser etwa 1 Min. sprudelnd kochen, herausnehmen, abtropfen und abkühlen lassen. Dann in etwa 6 cm lange, 3 cm breite und sehr dünne Scheiben schneiden.

2 Zha Cai waschen, trockentupfen und in etwa 6 cm lange, dünne Streifen schneiden. Frühlingszwiebel putzen, waschen und fein hacken.

3 Öl in einem Wok oder einer Pfanne bei mittlerer Hitze heiß werden lassen. Frühlingszwiebel darin unter Rühren kurz anbraten.

4 Zha Cai dazugeben und unter Rühren etwa ¹/₂ Min. braten. Dann Bambussprossen dazugeben und Reiswein angießen. Unter Rühren etwa 2 Min. garen. Eventuell mit Salz nachwürzen. Vor dem Servieren mit Sesamöl beträufeln.

Info: In China werden frische Winter-Bambussprossen verwendet. Da man diese in Deutschland nicht kaufen kann, haben wir sie durch Bambussprossen aus der Dose ersetzt.

Chinakohl mit Kastanien

Ban Li Shao Cai Xin

Herbstgericht · Gelingt leicht

Zutaten für 3–4 Portionen:
250 g Kastanien (Maronen)
500 g zarte Chinakohlblätter
300 ml neutrales Pflanzenöl
Salz
125 ml Gemüsebrühe
(selbstgemacht oder instant)
1¹/₂ TL Speisestärke
weißer Pfeffer, frisch gemahlen
1 TL Sesamöl

Zubereitungszeit: 50 Min.

Bei 4 Portionen pro Portion:
1100 kJ/260 kcal

1 Die Kastanien an der Spitze kreuzweise einschneiden und schälen. Dann in etwa 1 cm dicke Scheiben schneiden. Chinakohl putzen, waschen und in etwa 4 cm lange und 3 cm breite Stücke schneiden.

2 Öl in einem Wok stark erhitzen. Es ist heiß genug, wenn an einem ins Öl getauchten Holzstäbchen Bläschen emporsteigen. Kastanienscheiben darin etwa 2 Min. fritieren (Vorsicht Spritzgefahr!), herausnehmen und das Fett abtropfen lassen.

3 Die Temperatur herunterschalten. Öl bis auf etwa 3 EL aus dem Wok abgießen. Chinakohl hineingeben und mit Salz würzen. Dann unter Rühren bei mittlerer Hitze etwa 1 Min. braten, die Kastanienscheiben dazugeben, die Gemüsebrühe angießen und zugedeckt noch etwa 1 Min. garen.

4 Die Speisestärke mit 1 EL Wasser anrühren, unterziehen, mit 1 Prise Pfeffer bestreuen und mit Sesamöl beträufeln. Sofort servieren.

Info: Im Originalrezept wird zum Fritieren und Braten Schweineschmalz verwendet. Aus Rücksicht auf Vegetarier haben wir es durch Pflanzenöl ersetzt.

Spargel mit Mischgemüse

Aus Sichuan · Frühlingsgericht **Lu Sun San Su**

Zutaten für 3–4 Portionen:
10 Donggu-Pilze
(etwa 80 g, möglichst gleich groß)
400 g frischer weißer Spargel
250 g Pak-Choi-Herzen
(ersatzweise etwa
200 g frische Zuckererbsen)
Salz
1 TL Zucker
1¹/₂ EL Speisestärke
1 TL Sesamöl

Zubereitungszeit: 30 Min.

Bei 4 Portionen pro Portion:
420 kJ/100 kcal

1 Donggu-Pilze mit warmem Wasser bedeckt etwa 15 Min. einweichen. Spargel schälen, waschen und in 5–7 cm lange Stücke schneiden. Dann den Spargel in einem Topf mit Wasser bedeckt bei mittlerer Hitze etwa 10 Min. offen garen.

2 Inzwischen Pak-Choi-Herzen putzen, waschen und längs halbieren. Donggu-Pilze aus dem Wasser nehmen und von den harten Stielen befreien. Pak-Choi und Donggu-Pilze nach etwa 7 Min. Garzeit zum Spargel geben und offen bei mittlerer Hitze die letzten 3 Min. mitgaren.

3 Spargel, Pak-Choi und Donggu-Pilze aus der Gemüsebrühe nehmen, abtropfen lassen. Die Brühe beiseite stellen. Spargel, Pak-Choi und Donggu-Pilze dekorativ auf einem Teller anrichten.

4 Etwa 300 ml von der Gemüsebrühe erneut zum Kochen bringen, mit Salz und Zucker würzen. Stärke mit 3 EL Wasser anrühren, in die Brühe rühren und nochmals aufkochen lassen. Dann gleichmäßig über das Gemüse gießen und mit Sesamöl beträufeln.

Variante: Für dieses Gericht kann jeder nach seinem Geschmack verschiedene Kombinationen zusammenstellen. Wichtig ist nur, daß die Konsistenz der Gemüsearten zueinander paßt und ihr Geschmack sich gegenseitig ergänzt, z.B. grünes Gemüse wie Broccoli mit roten Tomaten und goldfarbigen Maiskölbchen oder Staudensellerie mit Karotten, Rettich und Cao Gu (Wulstlingpilzen). Hier sind der Phantasie keine Grenzen gesetzt.

Mais mit Pinienkernen

Aus Sichuan · Gelingt leicht **Song Zi Yu Mi**

Zutaten für 2 Portionen:
¹/₂ grüne Paprikaschote
2 frische rote Chilischoten
2 EL neutrales Pflanzenöl
100 g Pinienkerne
400 g junger Gemüsemais
(aus der Dose) · Salz
75 ml Gemüsebrühe (selbstgemacht
oder instant)
1 TL Speisestärke

Zubereitungszeit: 20 Min.

Pro Portion: 2700 kJ/640 kcal

1 Paprikaschote putzen, waschen und in etwa 1 cm große Stücke schneiden. Chilischoten von den Stielen und Kernen befreien, waschen und ebenfalls in etwa 1 cm große Stücke schneiden. Vorsicht, danach nicht mit den Händen an die Augen kommen!

2 In einen Wok oder eine Pfanne 1 EL Öl gießen. Pinienkerne darin bei schwacher Hitze unter Rühren anbraten, bis sie leicht goldbraun sind. Herausnehmen und beiseite stellen.

3 Das restliche Öl in den Wok geben. Chilistücke darin bei mittlerer Hitze unter Rühren kurz anbraten, dann Paprikastücke und abgetropften Mais hineingeben. Ebenfalls unter Rühren etwa 1 Min. garen. Dann die Pinienkerne dazugeben. Mit Salz würzen und die Gemüsebrühe angießen.

4 Kurz aufkochen lassen. Die Speisestärke mit 1 EL Wasser anrühren, unterziehen und das Gericht servieren.

Tip! Das Gericht nach Belieben mit »Chiliblüten« garnieren.

Gemüse, Tofu und Eier **193**

Scharfer Auberginensalat

Aus Guangdong · Sommergericht Ma La Ban Qie Zi

Zutaten für 4 Portionen:
2 mittelgroße Auberginen
(etwa 400 g)
Salz
1 Scheibe Ingwer, etwa 1 cm dick
2 Knoblauchzehen
1/2 Bund Schnittlauch
2 EL helle Sojasauce
2 TL Zucker
1 EL Sesamöl
1 EL scharfe Bohnenpaste

Zubereitungszeit: 25 Min.

Pro Portion: 250 kJ/60 kcal

1 Auberginen waschen, Stielansätze entfernen. Auberginen trockentupfen und in etwa 5 cm lange, 1 cm breite und 1/2 cm dicke Streifen schneiden.

2 In einem Topf 1/2 l Wasser mit 1 Prise Salz zum Kochen bringen. Auberginenstreifen darin zugedeckt bei starker Hitze etwa 1 Min. kochen. Herausnehmen und abtropfen lassen.

3 Im Wok 1 l Wasser aufkochen. Auberginen in eine hitzebeständige Schüssel geben, in einen Bambusdämpfer stellen, zudecken, auf den Wok setzen und zugedeckt bei starker Hitze etwa 10 Min. dämpfen.

4 Inzwischen Ingwer schälen und fein hacken. Knoblauch häuten, durch die Knoblauchpresse drücken. Schnittlauch waschen, trockenschütteln und fein hacken. Sojasauce mit Zucker und Sesamöl verrühren.

5 Die Schüssel aus dem Bambusdämpfer nehmen. Ingwer, Knoblauch, Schnittlauch und scharfe Bohnenpaste auf die Auberginen geben. Sauce darüber gießen. Alles gut durchmischen und servieren.

Info: Scharfe Bohnenpaste wird aus gemahlenen Sojabohnen, scharfen Chilischoten, Zucker und Salz hergestellt.

Auberginen nach Hakka-Art

Aus Guangdong · Deftig Ke Jia Qie Zi

Zutaten für 4 Portionen:
2 Knoblauchzehen
1 scharfe rote Peperoni
2 mittelgroße Auberginen
(etwa 400 g)
5 EL neutrales Pflanzenöl
2 EL dunkle Sojasauce
1 Bund Basilikum
Salz
1 TL Sesamöl

Zubereitungszeit: 30 Min.

Pro Portion: 500 kJ/120 kcal

1 Knoblauch häuten und fein hacken. Peperoni waschen, von Kernen und Stielansatz befreien und fein schneiden. Vorsicht, danach mit den Händen nicht an die Augen kommen! Auberginen waschen, trockentupfen und in etwa 3 cm lange, 2 cm breite und 1 cm dicke Stücke schneiden.

2 Pflanzenöl im Wok bei starker Hitze in etwa 1 Min. heiß werden lassen. Auberginen hineingeben und unter Rühren bei starker Hitze etwa 2 Min. anbraten. Mit 75 ml Wasser ablöschen. Knoblauch, Peperoni und Sojasauce dazugeben und die Auberginen zugedeckt bei mittlerer Hitze etwa 4 Min. weiterdünsten.

3 Basilikum waschen, trockenschütteln, Blättchen abzupfen. Zu den Auberginen in den Wok geben. Das Ganze umrühren. Mit 1 Prise Salz abschmecken, mit Sesamöl beträufeln und servieren.

Info: Die Hakka, wörtlich »die Auswärtigen«, sind eine Volksgruppe in Südchina, deren Vorfahren im 3. Jahrhundert von Zentralchina in den Süden übersiedelten. In ihrer Sprache und ihren Lebensgewohnheiten sind bis heute noch Spuren aus der Zeit vor ihrer Übersiedlung erhalten.

Gefüllte Gurkenrollen

Aus Taiwan · Sommergericht — Xia Ji Kou Wei Juan

Zutaten für 4 Portionen:
200 g grüner Spargel
Salz
2 Eier
3 Tomaten
1 große Salatgurke
1 EL Senf
3 EL Mayonnaise
weißer Pfeffer, frisch gemahlen
50 g getrockneter, dunkelroter Seetang
1 kleiner Bund Koriander

Zubereitungszeit: 45 Min.

Pro Portion: 790 kJ/190 kcal

1 Spargel waschen. In einem Topf 1 1/2 l leicht gesalzenes Wasser bei mittlerer Hitze zum Kochen bringen. Spargel hineingeben und zugedeckt etwa 15 Min. kochen. Spargel herausnehmen, abtropfen lassen und quer in 1 1/2 cm dicke Stücke schneiden.

2 Eier bei mittlerer Hitze in etwa 10 Min. hart kochen, abschrecken, schälen und fein würfeln. Wasser aufkochen. 2 Tomaten damit überbrühen, anschließend kalt abschrecken. Häuten, Stielansätze entfernen und Tomaten fein würfeln.

3 Gurke waschen, schälen und quer in etwa 5 cm lange Stücke schneiden. Gurkenfleisch von den Stücken mit einem scharfen Küchenmesser relativ dünn bis zu den Kernen abschälen. Kerne wegwerfen, Gurkenfleisch zu etwa 5 cm breiten und 20 cm langen Bändern ausrollen. Leicht salzen und etwa 5 Min. ziehen lassen.

4 Inzwischen Senf mit Mayonnaise verrühren. Mit Salz und 1 Prise Pfeffer abschmecken. Spargel, Eier und Tomatenwürfel untermengen. Seetang in etwa 5 cm breite und 20 cm lange Blätter schneiden, jeweils auf die Gurkenbänder legen. Spargel, Eier und Tomaten darauf verteilen und einrollen.

5 Gurkenrollen auf einem Teller anrichten. Restliche Tomate und Koriander waschen, trockentupfen, Blättchen abzupfen. Tomate achteln, Stielansatz entfernen und Tomatenachtel rund um die Gurkenrollen verteilen. Mit Koriander garnieren und servieren.

Variante: Omelett mit Gemüsefüllung
(Ji Dan Su Cai Juan)
6 Donggu-Pilze etwa 20 Min. einweichen. Inzwischen 150 g Mungobohnensprossen kalt abspülen, abtropfen lassen. Eine kleine 1/2 Salatgurke (80 g) und 2 kleine Möhren (80 g) waschen, Möhre schälen. 3 Frühlingszwiebeln putzen und waschen. Donggu-Pilze gut ausdrücken, von den Stielen befreien. Pilze, Zwiebeln, Möhren und Gurke für die Füllung in sehr dünne Streifen schneiden, dann mit den Bohnensprossen mischen. Mit 2 TL Reiswein, je 1 Prise Salz und weißem Pfeffer würzen und in 4 Portionen teilen. 1 EL Speisestärke mit 2 EL Wasser anrühren und mit 6 frischen Eiern verquirlen. 4 EL dieser Mischung in eine Tasse geben. 1 EL Pflanzenöl in eine angewärmte Pfanne gießen. Aus jeweils 1/4 der Eimasse nacheinander in je 3–4 Min. vier goldbraune Omeletts braten. Auf jedes Omelett 1 Portion der Füllung geben, dabei rundum einen etwa 2 cm breiten Rand lassen. Die Ränder der jeweils gegenüberliegenden Seiten über die Füllung klappen, Enden mit der Eimasse aus der Tasse verschließen. Die gefüllten Omeletts in 200 ml Pflanzenöl bei starker Hitze etwa 2 Min. frittieren, dabei einmal behutsam wenden. Vorsicht, Spritzgefahr! Omeletts herausnehmen, abtropfen lassen, schräg jeweils in 4–5 Stücke schneiden und Chilisauce dazu servieren.

Paprika süß-sauer

Deftig · Geht schnell Tang Cu Qing Hong Jiao

Zutaten für 4 Portionen:
8 Paprikaschoten (etwa 600 g), rote und grüne gemischt
1 Frühlingszwiebel
1 Scheibe Ingwer, etwa 1 cm dick
2 EL neutrales Pflanzenöl
2 EL dunkle Sojasauce
3 EL Zucker
4 EL dunkler Reisessig
Salz

Zubereitungszeit: 30 Min.

Pro Portion: 430 kJ/100 kcal

1 Paprikaschoten halbieren, von Kernen, Trennwänden und Stielansätzen befreien. Dann die Paprikaschoten waschen und in etwa 5 cm lange und 2 cm breite Stücke schneiden. Frühlingszwiebel putzen, waschen und fein hacken. Ingwer schälen und fein hacken.

2 Wok oder eine Pfanne bei starker Hitze in etwa 1 Min. erwärmen. Öl angießen, Frühlingszwiebel und Ingwer darin unter Rühren kurz anbraten, Paprikastücke hineingeben und unter Rühren etwa 1 Min. braten, mit Sojasauce, Zucker und 3 EL Reisessig würzen.

3 Alles unter ständigem Rühren nochmals etwa 1 Min. braten. Den Pfanneninhalt mit 150 ml Wasser ablöschen. Zugedeckt alles etwa 10 Min. bei mittlerer Hitze kochen. Vor dem Servieren mit 1 Prise Salz abschmecken und den restlichen Reisessig dazugeben, alles gut durchrühren und sofort mit Reis servieren.

Getränk: Zu diesem Gericht paßt besonders gut ein kühles Pils.

Spargel mit Mu Er-Pilzen

Aus Fujian · Frühlingsgericht
Bai Bi Qing Yun

Zutaten für 4 Portionen:
10 g Mu Er-Pilze
300 g frischer Spargel
Salz
1 Stück Tofu (etwa 250 g)
¼ l neutrales Pflanzenöl
200 g Brokkoliröschen
1 EL Reiswein
100 ml Gemüsebrühe
(selbstgemacht oder instant)
1 TL Sesamöl

Zubereitungszeit: 45 Min.

Pro Portion: 860 kJ/200 kcal

1 Mu Er-Pilze in warmem Wasser etwa 20 Min. einweichen.

2 Spargel waschen, schälen und in etwa 4 cm lange Stücke schneiden. In einem Topf 1 l Wasser bei starker Hitze zum Kochen bringen. Leicht salzen und Spargelstücke darin etwa 15 Min. bei mittlerer Hitze kochen.

3 Inzwischen Tofu waschen, trockentupfen und in etwa 4 cm lange, 2 cm breite und 1 cm dicke Scheiben schneiden. Pflanzenöl im Wok bei starker Hitze in etwa 1 Min. heiß werden lassen. Tofu hineingeben und in etwa 3 Min. goldbraun fritieren. Herausnehmen und Fett abtropfen lassen.

4 Brokkoliröschen waschen und in einem Sieb abtropfen lassen. In einem Topf ½ l leicht gesalzenes Wasser bei starker Hitze zum Kochen bringen. Brokkoliröschen darin zugedeckt etwa 2 Min. sprudelnd kochen lassen. Dann herausnehmen und abtropfen lassen.

5 Spargel aus dem Topf nehmen und abtropfen lassen. Mu Er-Pilze aus dem Einweichwasser nehmen, gründlich waschen, abtropfen lassen und in etwa ½ cm breite Streifen schneiden.

6 Öl bis auf einen dünnen Film aus dem Wok gießen. Den Ölfilm bei mittlerer Hitze erneut heiß werden lassen. Spargelstücke, Mu Er-Pilze, Tofu und Brokkoliröschen hineingeben. Unter Rühren etwa 1 Min. braten. Reiswein und Gemüsebrühe angießen. Alles unter Rühren aufkochen. Mit Salz abschmecken, mit Sesamöl beträufeln und servieren.

Wulstlinge in Austernsauce

Aus Guangdong · Geht schnell

Hao You Cao Gu

Zutaten für 4 Portionen:
200 g Brokkoliröschen
500 g Wulstlingpilze (aus der Dose)
Salz
2 EL neutrales Pflanzenöl
100 ml Gemüsebrühe (selbstgemacht oder instant)
1 EL Austernsauce
1 TL Zucker
1 EL Speisestärke
1 TL Sesamöl

Zubereitungszeit: 30 Min.

Pro Portion: 210 kJ/50 kcal

1 Brokkoli waschen und abtropfen lassen. Wulstlingpilze aus der Dose nehmen, abtropfen lassen und dann halbieren. In einem Topf ½ l Wasser mit 1 Prise Salz und 1 EL Pflanzenöl bei mittlerer Hitze zum Kochen bringen. Brokkoliröschen hineingeben und etwa 2 Min. kochen. Dann herausnehmen und abtropfen lassen.

2 Die Flüssigkeit im Topf bei mittlerer Hitze erneut zum Kochen bringen. Wulstlingpilze in den Topf geben. Etwa 1 Min. sprudelnd kochen, herausnehmen und abtropfen lassen.

3 Restliches Pflanzenöl im Wok bei mittlerer Hitze heiß werden lassen. Wulstlingpilze hineingeben und sofort mit 100 ml Gemüsebrühe ablöschen. Mit Austernsauce und Zucker würzen. Erneut bei starker Hitze zum Kochen bringen. Eventuell mit Salz abschmecken.

4 Speisestärke mit 2 EL Wasser anrühren. Unter ständigem Rühren langsam in den Wok geben und die Sauce damit binden. Wulstlingpilze herausnehmen und in eine Schale geben. Rundherum Brokkoliröschen verteilen. Die Sauce daraufgeben, mit dem Sesamöl beträufeln und servieren.

Tip! Falls Sie keine Wulstlingpilze bekommen, können Sie auch 50 g getrocknete Donggu-Pilze nehmen, die Sie vorher etwa 20 Min. in warmem Wasser eingeweicht haben.

Donggu-Pilze mit Bambus

Aus Fujian · Wintergericht

Er Dong Bai Xue

Zutaten für 4 Portionen:
50 g getrocknete Donggu-Pilze
450–500 g Winter-Bambussprossen (in Stücken aus der Dose)
1 mittelgroße Möhre
200 g Zuckerschoten
4 EL neutrales Pflanzenöl
1 EL Reiswein
100 ml Gemüsebrühe (selbstgemacht oder instant)
2 gestrichene EL Speisestärke
Salz
1 TL Sesamöl

Zubereitungszeit: 30 Min.

Pro Portion: 730 kJ/170 kcal

1 Donggu-Pilze etwa 15 Min. in warmem Wasser einweichen. Winter-Bambussprossen aus der Dose nehmen, abtropfen lassen. Dann in etwa 4 cm lange, 2 cm breite und ½ cm dicke Scheiben schneiden. Möhre waschen, schälen und schräg in ½ cm dicke Scheiben schneiden. Zuckerschoten waschen und abtropfen lassen.

2 Donggu-Pilze aus dem Einweichwasser nehmen, abtropfen lassen und von den Stielen befreien. In einem Topf 1 l Wasser bei starker Hitze zum Kochen bringen. Möhrenscheiben, Zuckerschoten und Bambussprossenscheiben getrennt voneinander im kochenden Wasser jeweils etwa 1 Min. sprudelnd kochen lassen. Dann herausnehmen, abtropfen lassen.

3 Pflanzenöl im Wok bei starker Hitze heiß werden lassen. Donggu-Pilze, Bambussprossen und Möhrenscheiben hineingeben. Bei starker Hitze unter Rühren etwa 1 Min. braten. Mit Reiswein und Gemüsebrühe ablöschen. Zuckerschoten dazugeben und das Ganze etwa 1 Min. weiterkochen.

4 Speisestärke mit 4 EL Wasser anrühren und unter ständigem Rühren in den Wok geben. Alles mit 1 Prise Salz abschmecken. Erneut aufkochen lassen. Dann mit Sesamöl beträufeln und servieren.

Mischgemüse

Su Cai Rou Hu

Aus Taiwan · Gelingt leicht

Zutaten für 3–4 Portionen:
20 g getrocknete Donggu-Pilze
75 g »Fu Zhu« (Sojamilchhaut)
10 g getrocknete Lilienblüten
150 g Mungobohnensprossen
½ grüne Paprikaschote
20 g Ingwer · 3 Zweige Koriander
3 EL neutrales Pflanzenöl
1 ½ EL helle Sojasauce · Salz
weißer Pfeffer, frisch gemahlen
1 EL Speisestärke
½ TL Sesamöl
zum Garnieren: 1 Stück Möhre,
Rettichkugeln

Zubereitungszeit: 40 Min.

Bei 4 Portionen pro Portion:
440 kJ/100 kcal

1 Donggu-Pilze, »Fu Zhu« (vorher in etwa 5 cm lange Stücke brechen) und Lilienblüten getrennt voneinander in warmem Wasser je etwa 20 Min. einweichen.

2 Inzwischen Mungobohnensprossen kalt abspülen und eventuell die grünen Hülsen entfernen. Paprika von Kernen, Trennwänden und Stielansatz befreien, Paprika waschen und in dünne Streifen schneiden. Ingwer schälen, zuerst in dünne Scheiben und dann in feine Streifen schneiden. Koriander waschen, trockentupfen, Blättchen abzupfen.

3 Donggu-Pilze, »Fu Zhu« und Lilienblüten aus dem Wasser nehmen, Pilze und Lilienblüten gut ausdrücken. Pilze von den Stielen befreien und in feine Streifen schneiden. »Fu Zhu« längs in dünne Streifen schneiden. Lilienblüten eventuell vom harten Stiel befreien.

4 Wok bei starker Hitze in etwa 1 Min. erwärmen. Pflanzenöl angießen, Donggu-Pilze, »Fu Zhu«, Lilienblüten, Mungobohnensprossen und Paprikastreifen hineingeben. Unter Rühren kurz anbraten, dann Sojasauce, je 1 Prise Salz und Pfeffer dazugeben, alles mit 75 ml Wasser ablöschen.

5 Alles zugedeckt bei starker Hitze zum Kochen bringen, Speisestärke mit 2 EL Wasser anrühren, untermischen. Mischgemüse vor dem Servieren mit Sesamöl beträufeln und mit Ingwer sowie Koriander, Möhren und Rettich garnieren.

Info: »Fu Zhu« ist die getrocknete Haut der Sojamilch, die in Stangenform in fast jedem Asienladen erhältlich ist.

Tofu mit Eifüllung

Aus Taiwan · Gelingt leicht
Dong Jiang Niang Dou Fu

Zutaten für 4 Portionen:
2 Stücke Tofu (etwa 500 g)
4 frische Eier · Salz
weißer Pfeffer, frisch gemahlen
4 EL Mayonnaise
3 EL neutrales Pflanzenöl
2 Stangen Sellerie
½ rote Paprikaschote
1 Scheibe Ingwer, etwa 1 cm dick
1 EL helle Sojasauce
150 ml Gemüsebrühe (selbstgemacht oder instant)
1 TL Speisestärke
zum Garnieren: Lauchstreifen

Zubereitungszeit: 40 Min.

Pro Portion: 1500 kJ/360 kcal

1 Backofen auf 250° vorheizen. Tofu kalt abspülen, trockentupfen und in insgesamt 4 Stücke schneiden. Mit einem Eßlöffel jeweils die Mitte so groß aushöhlen, daß ein Ei hineinpaßt.

2 Jeweils 1 Ei in die ausgehöhlte Mitte schlagen. Leicht salzen und pfeffern. Auf jedes Ei 1 EL Mayonnaise setzen.

3 Eine feuerfeste Form mit 1 EL Öl einfetten. Tofustücke hineinsetzen und im Backofen (Mitte; Umluft 220°) etwa 10 Min. backen.

4 Inzwischen Sellerie putzen, waschen und in Würfel von etwa 1 cm Kantenlänge schneiden. Paprika von Kernen, Trennwänden und Stielansatz befreien, Paprika waschen und wie den Sellerie würfeln. Ingwer schälen, fein hacken.

5 Öl im Wok bei mittlerer Hitze in etwa 1 Min. heiß werden lassen. Ingwer darin unter Rühren etwa ½ Min. anbraten. Sellerie und Paprika dazugeben, mit Sojasauce, 1 Prise Salz und Pfeffer würzen. Alles gut durchrühren. Gemüsebrühe hinzufügen und bei starker Hitze zum Kochen bringen. Speisestärke mit 2 TL Wasser anrühren, untermischen und die Sauce damit binden.

6 Tofu aus dem Backofen nehmen und auf einem Teller anrichten. Die Sauce darüber gießen und servieren. Mit den Lauchstreifen garnieren.

203

Tofu mit Bohnen

Deftig · Wintergericht

Dou Chi Chao Dou Fu

Zutaten für 4 Portionen:
2 Stücke Tofu (etwa 500 g)
1 Scheibe Ingwer, etwa 1 cm dick
1 Frühlingszwiebel
1/4 l neutrales Pflanzenöl
50 g fermentierte Bohnen
2 EL dunkle Sojasauce
100 ml Gemüsebrühe (selbst-
gemacht oder instant) · Salz
1 Prise Zucker · 1 EL Sesamöl
zum Garnieren: 1 Stück grüne
Paprika · 1 Stück Möhre

Zubereitungszeit: 30 Min.
Pro Portion: 1100 kJ/260 kcal

1 Tofu waschen, trockentupfen und in etwa 5 cm lange, 2 1/2 cm breite und 1 cm dicke Scheiben schneiden.

2 Ingwer schälen und fein hacken. Frühlingszwiebel putzen, waschen und ebenfalls fein hacken.

3 Pflanzenöl in den Wok geben und darin bei starker Hitze in etwa 1 Min. heiß werden lassen. Anschließend den Tofu ins Öl geben und in etwa 3 Min. goldbraun fritieren. Vorsicht, Spritzgefahr! Dann den Tofu herausnehmen und das Fett abtropfen lassen.

4 Öl bis auf einen dünnen Film aus dem Wok gießen. Bei mittlerer Hitze das restliche Öl im Wok erneut heiß werden lassen. Fermentierte Bohnen, Ingwer und Frühlingszwiebel hineingeben und unter Rühren etwa 1 Min. braten. Sojasauce dazugeben und durchrühren.

5 Gemüsebrühe, je 1 Prise Salz und Zucker hinzufügen. Tofu untermischen. Das Ganze etwa 2 Min. weiterkochen. Dann bei starker Hitze die Sauce etwa 2 Min. einkochen. Vor dem Servieren mit Sesamöl beträufeln. Mit zu Blättern geschnitzter Paprika und zu Kugeln geschnittener Möhre garnieren.

Tofu mit Bambussprossen

Aus Taiwan · Gelingt leicht

Hong Shao Dou Fu

Zutaten für 3 – 4 Portionen:
2 Stücke Tofu (etwa 500 g)
1/2 l neutrales Pflanzenöl zum
Fritieren
100 g Bambussprossen
(in Stücken aus der Dose)
50 g eingelegte Gurke chinesischer
Art (aus der Dose)
75 g frischer Spinat
2 EL dunkle Sojasauce
150 ml Gemüsebrühe
(selbstgemacht oder instant)
1 EL Speisestärke
1/2 TL Sesamöl

Zubereitungszeit: 35 Min.

Bei 4 Portionen pro Portion:
1500 kJ/360 kcal

1 Tofu waschen, trockentupfen und in etwa 3 cm breite, 6 cm lange und 1 1/2 cm dicke Stücke schneiden.

2 In einem Wok oder einem Topf Öl bei starker Hitze heiß werden lassen. Wenn an einem ins Öl getauchten Holzstäbchen Bläschen aufsteigen, ist es heiß genug. Die Tofustücke ins Öl geben und in etwa 3 Min. goldbraun fritieren. Dann aus dem Öl fischen und Fett abtropfen lassen.

3 Wasser aufkochen, Bambussprossen darin etwa 1 Min. sprudelnd kochen lassen, herausnehmen abtropfen lassen. Dann in etwa 2 1/2 cm breite, 5 cm lange und 1/2 cm dünne Stücke schneiden. Gurke kalt abspülen und kleinschneiden. Spinat putzen und gründlich waschen.

4 Pflanzenöl bis auf einen dünnen Film aus dem Wok gießen. Fritierte Tofustücke, Bambussprossen, eingelegte Gurke und Spinat hineingeben, mit Sojasoße würzen. Alles gut durchrühren und mit Gemüsebrühe ablöschen. Zugedeckt bei starker Hitze etwa 5 Min. kochen. Speisestärke mit 2 EL Wasser anrühren, untermischen. Das Gericht vor dem Servieren mit Sesamöl beträufeln.

Info: Eingelegte Gurke chinesischer Art, auf Chinesisch »Hua Gua« oder »Jiang Gua«, ist in Sojasauce und anderen Gewürzen eingelegt und als Konserve in fast jedem Asienladen erhältlich. Den Spinat können Sie – falls erhältlich – durch frischen Pak-Choi-Kohl ersetzen.

Gefüllte Tofu-Kästchen

Aus Shandong · Braucht etwas Zeit

Dou Fu Xiang Zi

Zutaten für 4 Portionen:
500 g Tofu
1 Frühlingszwiebel
1 dünne Scheibe Ingwer
10 g getrocknete Lilienblüten
20 g Donggu-Pilze
100 g Bambussprossen in Stücken (aus der Dose)
200 g Chinakohlblätter
1 Ei
Salz
3 EL dunkle Sojasauce
2 EL Reiswein
weißer Pfeffer, frisch gemahlen
1 l neutrales Pflanzenöl zum Fritieren
+ 1 EL neutrales Pflanzenöl
¼ l Gemüsebrühe (selbstgemacht oder instant)
nach Belieben: ein paar Tropfen Sesamöl

Zubereitungszeit: 45 Min.

Pro Portion: 1500 kJ/360 kcal

1 Tofu waschen, in 8 gleich große Stücke schneiden und dann trockentupfen. Frühlingszwiebel putzen, waschen und fein hacken. Ingwer schälen und fein hacken.

2 Lilienblüten und Donggu-Pilze getrennt voneinander je etwa 10 Min. in warmem Wasser einweichen. Bambussprossen in einem Topf in kochendem Wasser etwa 1 Min. sprudelnd kochen, abgießen, abtropfen und abkühlen lassen. Dann zuerst längs in dünne Scheiben, dann längs in Streifen und zum Schluß quer in ganz kleine Würfel schneiden. Chinakohlblätter waschen, trockentupfen, längs in dünne Streifen, dann quer in kleine Würfel schneiden.

3 Donggu-Pilze und Lilienblüten abgießen, gründlich waschen, abtropfen lassen. Die Lilienblüten von harten Stielen befreien. Pilze und Lilienblüten kleinschneiden. Für die Füllung Pilze, Lilienblüten, Bambussprossen und Chinakohl in einer Schüssel mit dem Ei mischen, mit je 1 Msp. Frühlingszwiebel und Ingwer, 1 Prise Salz, 1 EL Sojasauce, 1 EL Reiswein und 1 Prise Pfeffer würzen und gut verrühren.

4 Öl in einem Wok bei mittlerer Hitze heiß werden lassen. Tofu darin etwa 7 Min. fritieren, bis beide Seiten goldgelb sind. Vorsicht, Spritzgefahr! Dann mit einem Schaumlöffel herausnehmen, das Fett abtropfen und den Tofu abkühlen lassen. Das Öl aus dem Wok abgießen.

5 An einer Seite den Tofu mit einem kleinen Messer etwas aufschlitzen. Die Füllung in 8 Portionen teilen, dann mit einem Teelöffel je eine Portion in ein Tofu-Kästchen hineinfüllen. Eventuell Tofu aus dem Innenraum herausschneiden. Durch das Fritieren ist der Tofu innen schon ein wenig ausgehöhlt, daher ist das Füllen recht einfach.

6 Im Wok 1 EL Öl bei mittlerer Hitze heiß werden lassen, die restliche Frühlingszwiebel und den Ingwer kurz anbraten, den gefüllten Tofu und die Gemüsebrühe dazugeben, mit Salz, der restlichen Sojasauce und dem übrigen Reiswein würzen und etwa 15 Min. offen kochen. Vor dem Servieren nach Belieben mit Sesamöl beträufeln.

Info: Durch das Fritieren entstehen im Tofu viele kleine Löcher, die bei der weiteren Zubereitung viel Flüssigkeit in sich aufnehmen. Deshalb schmeckt er besonders saftig. In ganz China werden auf dem Markt fertige Tofu-Kästchen in verschiedenen Formen angeboten, u.a. auch kugelförmige und dreieckige. In Deutschland können Sie diese leider nur in wenigen Asien-Läden kaufen.

Tip! Falls Sie nicht alles von der Füllung unterbringen, können Sie den Rest so mitkochen und dazuservieren.

Eier mit Gurke und Pilzen

Sommergericht · Gelingt leicht

Huang Gu Mu Er Chao Dan

Zutaten für 2–3 Portionen:
5 mittelgroße getrocknete Mu Er-Pilze
10 g getrocknete Lilienblüten
1 kleine Salatgurke (etwa 250 g)
4 Eier
Salz
5 EL neutrales Pflanzenöl
100 ml Gemüsebrühe (selbstgemacht oder instant)

Zubereitungszeit: 20 Min.

Bei 3 Portionen pro Portion:
1100 kJ/260 kcal

1 Mu Er-Pilze und Lilienblüten getrennt voneinander in warmem Wasser etwa 10 Min. einweichen, dann abgießen und anschließend gründlich waschen. Die Pilze in Streifen schneiden, die Lilienblüten von harten Stielen befreien und in Stücke schneiden. Die Gurke schälen, längs halbieren und in dünne Scheiben schneiden.

2 Die Eier in einer Schüssel aufschlagen und mit etwas Salz verquirlen. 4 EL Öl in einer Pfanne oder im Wok bei mittlerer Hitze erwärmen. Die Eier hineingeben und stocken lassen, dann grob zerteilen und so lange weiterbraten, bis die Masse goldgelb, aber nicht trocken ist. Eierstücke aus der Pfanne oder dem Wok nehmen.

3 Das restliche Öl bei mittlerer Hitze erwärmen. Gurke, Mu Er-Pilze und Lilienblüten darin 1–2 Min. unter Rühren anbraten. Etwas Salz und die Gemüsebrühe untermischen. Eier wieder unterrühren und alles kurz aufkochen.

Variante: Statt Gurke und Mu Er-Pilzen können Sie auch Tomaten nehmen. Dazu werden die Tomaten kurz mit kochendem Wasser überbrüht, gehäutet und in Scheiben geschnitten, dann wie oben kurz angebraten und mit Brühe und Eiern vermischt.

Lilienblüten

Lilienblüten sind in der vegetarischen Küche sehr beliebt.

Lilienblüten werden nach ihrer länglichen Form und gelben Farbe auch »Goldene Nadeln« (Jin Zhen Cai) genannt. Die Blüten der »Gelben Taglilie« werden gedämpft und luftgetrocknet. In China sind auf dem Markt auch frische Lilienblüten erhältlich, von denen man aber nicht zuviel auf einmal essen sollte. Allerdings schmecken die getrockneten intensiver als die frischen. Wegen ihres schönen Duftes werden die getrockneten Lilienblüten besonders gern in der vegetarischen Küche verwendet. Sie lassen sich sehr gut mit anderen Zutaten wie z.B. Tofu, Chinakohl oder auch Fleisch kombinieren. Kleingehackt werden die Lilienblüten zusammen mit anderem Gemüse als Füllung für Teigtäschchen (Bao Zi) verwendet. Vor der Zubereitung muß man die getrockneten Lilienblüten etwa 10 Min. in warmem Wasser einweichen und dann von den harten Stielen befreien. Bei der Zubereitung darf man sie nicht zu lange kochen, sonst zerfallen sie.

Geschmorte Auberginen

Sehr mild · Gelingt leicht

Su Shao Qiezi

Zutaten für 4 Portionen:
1 kg mittelgroße Auberginen
2 Frühlingszwiebeln
2 Knoblauchzehen
1 etwa walnußgroßes Stück Ingwer (25 g)
1 Zweig Koriander
1 l neutrales Pflanzenöl zum Fritieren
2 TL Zucker
3 EL dunkle Sojasauce
1 EL Reiswein
Salz
¼ l Gemüsebrühe (selbstgemacht oder instant)

Zubereitungszeit: 40 Min.

Pro Portion: 1300 kJ/310 kcal

1 Die Auberginen waschen, trockentupfen und längs in Scheiben von etwa 1 ½ cm Dicke, dann quer in etwa 5 cm lange Stücke schneiden. Frühlingszwiebeln waschen und putzen, Knoblauch und Ingwer schälen. Diese drei Zutaten fein hacken. Koriander waschen, trockenschütteln und kleinschneiden.

2 Öl zum Fritieren in einem Wok stark erhitzen, bis an einem ins Öl getauchten Holzstäbchen kleine Bläschen aufsteigen. Die Auberginen darin etwa 3 Min. fritieren, Vorsicht, Spritzgefahr! Mit einem Schaumlöffel herausnehmen und das Fett abtropfen lassen. Öl bis auf einen dünnen Film (etwa 3 EL) aus dem Wok gießen.

3 Das Öl im Wok bei schwacher Hitze erwärmen. Zucker darin unter Rühren braun werden lassen, dann Frühlingszwiebeln, Ingwer und Knoblauch dazugeben, etwa 1 Min. anbraten. Die Auberginenstücke darüber in den Wok legen. Sojasauce, Reiswein, Salz und Brühe in einer Schale verrühren und über die Auberginen gießen, den Wok kurz schwenken. Zugedeckt bei schwacher Hitze etwa 3 Min. dünsten, bis nur noch ganz wenig Sauce im Wok ist. Vor dem Servieren mit Koriander bestreuen.

Silbermorcheln mit Gemüse

Sehr mild · Gelingt leicht Yin Er Su Hui

Zutaten für 4 Portionen:
10 g Silbermorcheln
20 g Donggu-Pilze
100 g kleine Champignons
100 g Möhren
100 g Broccoli
400 ml Gemüsebrühe
(selbstgemacht oder instant)
Salz
1 TL Zucker
1 EL Stärke
1 TL Sesamöl

Zubereitungszeit: 40 Min.
(+1 Std. Einweichen)

Pro Portion: 220 kJ/52 kcal

1 Die Silbermorcheln in warmem Wasser etwa 1 Std. einweichen, dann abgießen, von den Wurzeln befreien und in 2–3 cm große Stücke schneiden. Die Donggu-Pilze in warmem Wasser etwa 10 Min. einweichen, waschen und so groß wie die Champignons schneiden. Champignons putzen und waschen. Möhren schälen, Broccoli waschen, Röschen und Möhren in Größe der Champignons schneiden.

2 Die Silbermorcheln in einem Topf in $1/2$ l Wasser zugedeckt bei schwacher Hitze etwa 15 Min. köcheln, herausnehmen und beiseite stellen. Donggu-Pilze, Champignons, Möhren und Broccoliröschen nacheinander im selben Wasser bei mittlerer Hitze je 1–1 $1/2$ Min. sprudelnd kochen. Dabei im Laufe des Kochvorgangs $1/4$ l Wasser mehr dazugießen. Das Gemüse jeweils herausnehmen, in je eine Schüssel geben und kaltes Wasser darüber gießen, damit es knackig bleibt.

3 Silbermorcheln in der Mitte auf einem Teller anrichten. Donggu-Pilze, Champignons, Möhren und Broccoliröschen aus dem Wasser nehmen, abtropfen lassen und jeweils die Hälfte der selben Zutat um die Morcheln herum einander gegenüber anrichten.

4 Gemüsebrühe in einem Topf zum Kochen bringen, mit Salz und Zucker würzen. Stärke mit 2 EL Wasser anrühren, in die Brühe rühren, nochmals aufkochen lassen und über die Gemüseplatte gießen. Zum Schluß mit Sesamöl beträufeln.

Info: Dieses Gericht schmeckt für den europäischen Geschmack sehr mild. Innerhalb einer großen Speisenfolge sollte aber wegen der Harmonie des Geschmacks immer auch ein solches weniger würzig schmeckendes Essen serviert werden.

Scharfe Kartoffelstreifen

Deftig · Gelingt leicht

Su Chao La Tu Dou Si

Zutaten für 2 Portionen:
300 g Speisekartoffeln, festkochend
je 1 Stück grüne und rote
Paprikaschote (je etwa 25 g)
1 Knoblauchzehe
4 EL neutrales Pflanzenöl
2 getrocknete mittelscharfe Chili-
schoten
10 Sichuan-Pfefferkörner
1 ½ EL helle Sojasauce
5 EL heller Reisessig

Zubereitungszeit: 45 Min.

Pro Portion: 1100 kJ/260 kcal

1 Kartoffeln schälen und in sehr dünne Scheiben schneiden. Dafür an einer Seite ein Stück abschneiden, damit die Kartoffel gut auf dem Schneidebrett steht. Die Scheiben dann in streichholzdicke Streifen schneiden. Je dünner die Kartoffeln geschnitten sind, desto knackiger schmecken sie später.

2 Die Kartoffeln zweimal abspülen und dann mit kaltem Wasser bedecken, um die Stärke zu entfernen. Die Paprikastücke waschen, eventuell Stiel und Kerne entfernen und ebenfalls in dünne Streifen schneiden. Knoblauch schälen und fein hacken. Kartoffeln abgießen und abtropfen lassen.

3 Öl in einer Pfanne oder im Wok bei mittlerer Hitze heiß werden lassen. Knoblauch, Chilischoten und Sichuan-Pfefferkörner darin unter Rühren braten, bis sie würzig duften. Dann das Öl abseihen, auffangen und zurückgießen.

4 Kartoffeln und Paprikastreifen ins Öl geben, mit Sojasauce würzen und bei starker Hitze unter schnellem Rühren etwa 3 Min. schmoren, bis sie gar sind. Die Temperatur auf schwächste Hitze reduzieren. Essig dazugeben und schnell verrühren, eventuell mit 1 Prise Salz nachwürzen.

Getränk: Dazu paßt ein kühles Pils am besten.

Tip! Anstelle des Paprikas kann man auch Frühlingszwiebeln nehmen.

Gebratener Stangensellerie

Frühlingsgericht · Gelingt leicht

Dong Gu Chao Qin Cai

Zutaten für 2 Portionen:
20 g getrocknete Donggu-Pilze
250 g zarter Stangensellerie
3 EL neutrales Pflanzenöl
5 Sichuan-Pfefferkörner
Salz
100 ml Gemüsebrühe
(selbstgemacht oder instant)

Zubereitungszeit: 20 Min.

Pro Portion: 570 kJ/140 kcal

1 Donggu-Pilze in warmem Wasser etwa 10 Min. einweichen. Inzwischen Sellerie waschen, trockentupfen und schräg in etwa 5 cm lange Stücke, dann längs in dünne Streifen schneiden. Pilze aus dem Wasser nehmen, waschen, von den Stielen befreien und in dünne Streifen schneiden.

2 In einem kleinen Topf 1 EL Öl bei schwacher Hitze erwärmen, Sichuan-Pfefferkörner darin unter Rühren etwa 1 Min. anbraten, dann das Öl abseihen, auffangen und beiseite stellen.

3 Im Wok oder in einer Pfanne 2 EL Öl bei mittlerer Hitze heiß werden lassen. Sellerie und Pilze darin unter Rühren kurz anbraten, mit Salz würzen und die Brühe angießen. Zugedeckt bei mittlerer Hitze etwa 3 Min. kochen. Nicht zu lange kochen, sonst ist der Sellerie nicht knackig. Vor dem Servieren mit dem Sichuan-Pfeffer-Öl beträufeln.

Getränk: Dazu können Sie grünen Tee servieren.

212 *Gemüse, Tofu und Eier*

Bohnensprossen mit Essig

Cu Peng Lü Dou Ya

Sommergericht · Geht schnell

Zutaten für 2 Portionen:
250 g Mungobohnensprossen
1 Frühlingszwiebel
1 dünne Scheibe Ingwer
2 EL neutrales Pflanzenöl
Salz
1 TL helle Sojasauce
1 EL Reiswein
1 TL heller Reisessig

Zubereitungszeit: 15 Min.

Pro Portion: 580 kJ/120 kcal

1 Die Mungobohnensprossen waschen und abtropfen lassen. Die Frühlingszwiebel putzen, waschen und zuerst quer in etwa 5 cm lange Stücke, dann längs in dünne Streifen schneiden. Den Ingwer schälen und in dünne Streifen schneiden.

2 Öl im Wok stark erhitzen. Frühlingszwiebel und Ingwer darin kurz anbraten, Mungobohnensprossen dazugeben und mit Salz, Sojasauce, Reiswein und Essig würzen, unter schnellem Rühren etwa 1 Min. braten. Herausnehmen und servieren.

Variante: Sie können zu den Mungobohnensprossen noch 1 grüne Paprikaschote nehmen. Dazu die Paprikaschote von Stiel und Kernen befreien, waschen und in etwa 4 cm lange und dünne Streifen schneiden. Die Paprikastreifen werden zusammen mit den Sprossen gebraten (siehe Foto).

Tip! Dieses Gericht eignet sich besonders gut als Diätgericht, denn es ist kalorienarm und leicht verdaulich. Damit die Sprossen knackig bleiben, muß die Zubereitung sehr schnell gehen. Beim Kauf sollten Sie darauf achten, daß die Sprossen schön weiß sind und nicht zu lange Wurzeln haben.

Sprossen sind reicher an Vitaminen als später die erwachsene Pflanze.

Bohnensprossen

Bohnen, vor allem Sojabohnen, sind in der chinesischen Küche sehr beliebt. Da Bohnen selbst oft schwer verdaulich sind, werden sie meist zu den verschiedensten Produkten weiterverarbeitet. Auch die Verwendung von Bohnensprossen entspringt dem Erfindungsgeist der chinesischen Küche. Die Bohnensprossen enthalten reichlich Protein und Vitamine. Es gibt grundsätzlich zwei Sorten von Bohnensprossen: Mungobohnensprossen (Lü Dou Ya) und Sojabohnensprossen (Huang Dou Ya). Am häufigsten werden Mungobohnensprossen verwendet, die in Deutschland oft fälschlicherweise auch als Sojabohnensprossen bezeichnet werden. Sie sind fein und können sowohl als Salat oder kurz gebraten als Gemüse gegessen werden, während die Sojabohnensprossen größer sind und nur gebraten gegessen werden. Besonders an heißen Sommertagen sind die Mungobohnensprossen als Salat sehr beliebt. Man kann Mungobohnensprossen auch zusammen mit anderen Zutaten als Füllung für Frühlingsrollen verwenden oder als Zutat für gebratene Nudeln.

Tofu mit Lauch

Aus Shandong · Gelingt leicht **Da Cong Chao Dou Fu**

Zutaten für 2 Portionen:
250 g Tofu · 1/2 Stange Lauch
3 EL neutrales Pflanzenöl
Salz · 1 EL dunkle Sojasauce
1 EL Reiswein
150 ml Gemüsebrühe (instant)
1 TL Speisestärke
1 TL Sesamöl

Zubereitungszeit: 30 Min.
Pro Portion: 1100 kJ/260 kcal

1 Tofu waschen, in etwa 5 cm lange, 3 cm breite und 2 cm dicke Stücke schneiden. Lauch putzen, waschen und leicht schräg in etwa 4 cm lange, 2 cm breite Stücke schneiden.

2 Öl in einem Wok angießen, Tofustücke nebeneinander in den Wok geben und bei mittlerer Hitze in 5–6 Min. auf beiden Seiten goldgelb braten. Tofustücke herausnehmen.

3 Lauch in das Restöl geben und bei schwacher Hitze kurz anbraten, Tofu dazugeben, mit Salz, Sojasauce und Reiswein würzen und die Brühe angießen. Bei mittlerer Hitze etwa 2 Min. kochen. Stärke mit 3 TL Wasser anrühren, untermischen und gut verrühren, bis die Tofu-Lauch-Mischung leicht gebunden ist. Vor dem Servieren mit Sesamöl beträufeln.

Süßsaure Gurken

Sommergericht · Geht schnell **Tang Cu Huang Gua**

Zutaten für 4 Portionen:
500 g Salatgurken
Salz
2 EL Zucker
2 TL dunkler Reisessig
1 TL Sesamöl

Zubereitungszeit: 20 Min.
Pro Portion: 210 kJ/50 kcal

1 Gurken waschen, längs halbieren. Die Kerne ausschaben und die Gurken quer in etwa 5 cm lange Stücke, dann längs in dünne Scheiben schneiden. Die Scheiben mit Salz bestreuen und etwa 10 Min. Wasser ziehen lassen, dann die Flüssigkeit abtupfen.

2 Zucker, Essig und Sesamöl über die Gurken geben, gut verrühren und auf einem Teller anrichten.

Tip! Wenn Sie gerne scharf essen, können Sie auch noch 1 TL Chiliöl dazugeben. Wenn Sie es süßer mögen – in China werden für dieses Rezept 100 g Zucker verwendet.

Bohnen mit Knoblauch

Sommergericht · Geht schnell **Qing Chao Dou Jiao**

Zutaten für 2 Portionen:
300 g grüne Stangenbohnen
3 Knoblauchzehen
2–3 EL neutrales Pflanzenöl
Salz · 1 TL Reiswein
150 ml Gemüsebrühe (instant)

Zubereitungszeit: 20 Min.
Pro Portion: 510 kJ/120 kcal

1 Bohnen putzen und waschen, schräg in dünne Streifen schneiden. Knoblauch schälen, zuerst in dünne Scheiben, dann in Streifen schneiden.

2 Öl im Wok oder in einer Pfanne bei mittlerer Hitze heiß werden lassen. Knoblauch darin kurz anbraten, Bohnen unter Rühren kurz mitbraten, dann mit Salz und Reiswein würzen, die Brühe angießen. Zugedeckt etwa 3 Min. schmoren, dann servieren.

Info: Weil die Bohnen in dünne Streifen geschnitten sind, müssen sie nicht lange braten. So bleiben die Vitamine gut erhalten und die Bohnen knackig.

Tofu-Eintopf

Wintergericht · Braucht etwas Zeit

Sha Guo Dong Dou Fu

Zutaten für 3–4 Portionen:
250 g Tofu
5 Mu Er-Pilze
1 Frühlingszwiebel
1 dünne Scheibe Ingwer
25 g Bambussprossen in Stücken
(aus der Dose)
100 g Broccoli
100 g Egerlinge
2 EL neutrales Pflanzenöl
400 ml Gemüsebrühe
(selbstgemacht oder instant)
Salz
1 TL Reiswein
weißer Pfeffer, frisch gemahlen

Zubereitungszeit: 30 Min.
(+ 2 Std. Einfrieren
+ 1 Std. Auftauen lassen)

Bei 4 Portionen pro Portion:
540 kJ/130 kcal

1 Den Tofu im Gefrierfach etwa 2 Std. einfrieren, dann auftauen lassen und in etwa 2 ½ cm große Würfel schneiden. ¾ l Wasser in einem Topf zum Kochen bringen, die Tofustücke darin etwa 1 Min. sprudelnd kochen. Mit einem Schaumlöffel herausheben, in einem Sieb abtropfen lassen.

2 Mu Er-Pilze in warmem Wasser etwa 10 Min. einweichen. Inzwischen Frühlingszwiebel putzen, waschen und fein hacken. Ingwer schälen und fein hacken. Wasser in einem Topf zum Kochen bringen. Bambussprossen darin etwa 1 Min. sprudelnd kochen, abgießen, abtropfen und abkühlen lassen. Dann in etwa 1 ½ cm große Würfel schneiden. Broccoli waschen, Röschen in etwa 3 cm große Stücke schneiden. Die Egerlinge putzen, waschen und kleinschneiden. Die eingeweichen Mu Er-Pilze abgießen und gründlich waschen.

3 In einem Wok 1 EL Öl bei mittlerer Hitze heiß werden lassen. Frühlingszwiebel und Ingwer darin kurz anbraten, Tofu, Bambussprossen, Mu Er-Pilze, Egerlinge und die Brühe dazugeben, mit Salz, Reiswein und 1 Prise Pfeffer würzen und zum Kochen bringen. Das Ganze dann in einen Tonkochtopf (oder in einen Topf, der zum Servieren geeignet ist) umfüllen und zugedeckt bei schwacher Hitze etwa 15 Min. köcheln.

4 Inzwischen das restliche Öl in einer Pfanne bei mittlerer Hitze erwärmen, Broccoliröschen darin unter Rühren etwa 2 Min. braten, salzen und pfeffern, zu den anderen Zutaten im Topf geben und servieren.

Info: Durch das Einfrieren entstehen im Tofu viele kleine Löcher, die bei der Zubereitung viel Geschmack in sich aufnehmen.

Tofu mit Pinienkernen

Aus Peking · Geht schnell

Song Zi Dou Fu

Zutaten für 2 Portionen:
250 g Tofu · 1 Zweig Koriander
2 EL neutrales Pflanzenöl
50 g Pinienkerne
150 ml Gemüsebrühe (selbst-
gemacht oder instant) · Salz
1 EL Reiswein
weißer Pfeffer, frisch gemahlen
1 TL Speisestärke

Zubereitungszeit: 20 Min.

Pro Portion: 1500 kJ/360 kcal

1 Tofu waschen und in etwa 2 ½ cm große Würfel schneiden. In einem Topf ¾ l Wasser zum Kochen bringen, die Tofustücke darin etwa 1 Min. sprudelnd kochen, herausheben und abtropfen lassen. Koriander waschen, trockenschütteln und kleinschneiden.

2 Öl in einem Wok bei schwacher Hitze erwärmen, Pinienkerne darin etwa 2 Min. unter Rühren rösten, bis sie braun werden.

3 Tofustücke zu den Pinienkernen in den Wok geben, Brühe angießen, Reiswein, Salz und 1 Prise Pfeffer dazugeben und alles bei mittlerer Hitze etwa 1 Min. kochen. Dann die Speisestärke mit 2 TL Wasser anrühren, untermischen und gut verrühren. Vor dem Servieren mit dem vorbereiteten Koriander bestreuen.

218 *Gemüse, Tofu und Eier*

TEIGWAREN UND REIS

Chinesische Nudeln gelten als die ältesten der Welt, sollen ohnehin eine chinesische Erfindung sein, die von Marco Polo über die Seidenstraße nach Italien gebracht worden ist.
Nudeln dürfen in China bei keinem Geburtstagsessen fehlen, denn sie symbolisieren langes Leben. Aus diesem Grund sollen sie auch nicht kleingeschnitten werden, denn das hieße, das Leben zu verkürzen. Nudeln gibt es mittlerweile auch in China maschinell hergestellt, aber die meisten Chinesen essen sie lieber hausgemacht und nehmen sich, wann immer es geht, die Zeit, sie selbst zu machen.
Vor allem im alltäglichen Leben Nordchinas spielen Teigwaren eine große Rolle. Die einfachste Form ist Mantou (Dampfbrot aus Weizenmehl), das sowohl pur als Beilage wie auch als Imbiß oder Hauptgericht gegessen wird. Mantou gibt es mit den verschiedensten Füllungen – salzig oder süß, mit Fleisch oder vegetarisch, groß oder klein geformt.
Hauptnahrungsmittel ist in vielen Gebieten Chinas bis heute Reis; ob als sättigende Beilage oder als eigenständiges Gericht wie gebratener Reis mit Eiern, Gemüse oder anderen schmackhaften Zutaten – Reis ist vielseitig und läßt sich mit fast allem kombinieren.

Teigtaschen gibt es in China mit den verschiedensten süßen oder salzigen Füllungen.

Teigwaren und Reis 221

Nudeln mit Pack choi

Aus Kanton · Braucht etwas Zeit

Niu Rou Chao Mian

*Zutaten für 1 Servierteller
(2 Portionen):
150 g Rinderfilet
1 TL trockene Speisestärke
30 g frische Tongku-Pilze (Shiitake)
30 g Bambussprossen
(eventuell weglassen)
1–2 Frühlingszwiebeln
2 dünne Scheiben Ingwerwurzel
150 g Pack choi, ersatzweise Spinat
250 g mitteldicke chinesische Nudeln
6 EL Pflanzenöl · 1 TL Reiswein
3 EL helle Sojasauce
5 EL Fleischbrühe oder Wasser · Salz
weißer Pfeffer, frisch gemahlen*

Zubereitungszeit: 40 Min.

Pro Portion: 3500 kJ/ 830 kcal

1 Rindfleisch waschen und trockentupfen. Dann in dünne Scheiben oder Streifen schneiden und mit Stärke mischen. Pilze putzen und in Scheiben schneiden. Bambus auch in Scheiben schneiden. Frühlingszwiebel putzen und in dünne Scheiben schneiden. Ingwer schälen und hacken. Pack choi oder Spinat waschen, putzen und in etwa 2 cm große Stücke schneiden.

2 In einem Topf reichlich Wasser zum Kochen bringen. Nudeln hineingeben und nicht ganz gar kochen (Die chinesischen Nudeln haben eine viel kürzere Garzeit als die italienischen. Sie müssen ab und zu eine Nudel probieren, und wenn Sie für Ihren Geschmack noch etwas zu viel Biß hat, herausnehmen). Abschrecken und gut abtropfen lassen. Mit 1 EL Öl mischen, damit die Nudeln nicht zusammenkleben.

3 In einer Pfanne oder im Wok 2 EL Öl erhitzen. Rindfleisch und Ingwer hineingeben und unter Rühren bei starker Hitze kurz braten. Reiswein und 1 EL Sojasauce dazugeben. Das Fleisch herausnehmen.

4 Restliches Öl erhitzen. Frühlingszwiebel, Bambus, Tongku-Pilze und Gemüse dazugeben und unter Rühren 1–2 Min. braten, bis das Gemüse bißfest ist.

5 Nudeln dazugeben und mit der Brühe bzw. Wasser, 2 EL Sojasauce, Salz und Pfeffer würzen. Fleisch wieder untermischen und nochmals erwärmen.

Ein guter Nudelmacher kann die Nudeln kilometerlang ziehen.

Nudelsorten

Ein Großteil der chinesischen Nudeln wird aus Weizenmehl, Wasser und Salz – mit oder ohne Eier – hergestellt. Daneben gibt es auch Nudeln aus Reismehl und Sojamehl. Eine Besonderheit der chinesischen Küche sind Glasnudeln, die aus gemahlenen Mungobohnen hergestellt werden. Diese Sorten bekommen Sie problemlos in Asien-Läden und großen Supermärkten. Am beliebtesten sind in China frische Nudeln, die je nach Gegend verschieden geformt sind. Bezüglich der Form können Sie zwischen unterschiedlichen Längen und Breiten wählen, beliebt sind auch »Nestnudeln«, dünn wie feine Spaghetti und zu Nestern gedreht. Dünne Nudeln verwendet man meist für Nudelsuppe. Für Gerichte mit gebratenen Nudeln eignen sich breite Nudeln, ähnlich den italienischen Bandnudeln, am besten, da sie ihre Form beim Braten nicht verlieren. Aber auch Reisnudeln – in der gleichen Breite – können Sie gut verwenden.

Glasnudeln mit Hackfleisch

Raffiniert · Gelingt leicht Ma Yi Shang Shu

Zutaten für 1 Servierteller
(2 Portionen):
100 g gehacktes Schweinefleisch
1 EL Reiswein · 1 Stange Lauch
3 dünne Scheiben Ingwerwurzel
2–3 Knoblauchzehen
400 ml Pflanzenöl zum Fritieren
75 g Glasnudeln
1 EL scharfe Bohnenpaste
2 EL helle Sojasauce

Zubereitungszeit: 30 Min.

Pro Portion: 2500 kJ/ 600 kcal

1 Hackfleisch mit der Hälfte des Reisweins mischen. Lauch putzen, waschen und erst in etwa 4 cm lange Stücke, dann längs in Streifen schneiden. Ingwer und Knoblauch schälen und fein hacken.

2 Öl in einem Topf oder Wok stark erhitzen. Trockene Glasnudeln etwas auseinanderreißen, in 3 Portionen hineingeben und jede Portion 1–2 Min. fritieren, bis die Nudeln aufgehen und nicht mehr durchsichtig sind. Dann die Glasnudeln vorsichtig herausnehmen.

3 Aus dem Topf oder Wok 2 EL Öl nehmen und in einer Pfanne erhitzen. Hackfleisch darin unter Rühren bei starker Hitze braten, bis es krümelig ist. Bohnenpaste, Lauch, Ingwer und Knoblauch dazugeben und etwa 2 Min. weiterrühren.

4 Restlichen Reiswein und Sojasauce dazugeben. ¼ l Wasser angießen. Glasnudeln hinzufügen und unter Rühren bei starker Hitze etwa 2 Min. kochen, bis die Flüssigkeit verdampft ist.

Nudeln mit Fleischwürfeln

Aus Nordchina · Raffiniert Zha Jiang Mian

Zutaten für 1 Servierteller
(3 Portionen):
1 EL getrocknete Garnelen
4–5 getrocknete Tongku-Pilze
100 g roher magerer Schweinebauch
ohne Schwarte und Knorpel
30 g Bambussprossen
2 dünne Scheiben Ingwerwurzel
1 Frühlingszwiebel
1 Stück Gurke (etwa 10 cm lang)
2 EL Pflanzenöl
100 g »süße« Bohnenpaste
(wird nur im Vergleich zur scharfen
süß genannt)
1 TL Zucker · 1 TL Reiswein
250 g breite chinesische Nudeln
1 EL Sesamöl

Zubereitungszeit: 40 Min.

Pro Portion: 2300 kJ/ 550 kcal

1 Garnelen und Tongku-Pilze getrennt in heißem Wasser etwa 20 Min. einweichen. Inzwischen Schweinebauch und Bambus sehr klein würfeln. Ingwer schälen, Frühlingszwiebel putzen und beides fein hacken. Gurke gründlich waschen und möglichst schräg in Scheiben, dann in Streifen schneiden.

2 Garnelen und Tongku-Pilze aus dem Wasser nehmen, waschen und klein schneiden.

3 In einem Topf Wasser zum Kochen bringen. Nudeln ins kochende Wasser geben und etwa 10 Min. garen.

4 Inzwischen Pflanzenöl in einer Pfanne oder einem Wok erhitzen. Ingwer und Frühlingszwiebel darin unter Rühren anbraten. Fleisch, Bambussprossen, Garnelen und Pilze dazugeben und unter Rühren etwa 1 Min. anbraten. Bohnenpaste dazugeben und die Mischung aufkochen lassen. Dann die Hitze verringern. Zucker und Reiswein unter die Sauce rühren und etwa 2 Min. unter Rühren kochen lassen. Wenn die Sauce zu dick wird, etwas Wasser untermischen.

5 Nudeln abtropfen lassen und in den Servierteller füllen. Gurkenstreifen darüber geben, mit Sauce bedecken und mit Sesamöl beträufeln.

Tip! Von der Sauce können Sie auch gleich eine größere Menge zubereiten, denn sie hält sich gut verschlossen im Kühlschrank mindestens 1 Woche.

Teigwaren und Reis **225**

Kalte Nudeln mit 4 Saucen

Si Wei Liang Mian

Aus Sichuan · Gut vorzubereiten

Zutaten für 1 Servierteller (3 Portionen):
Für die Nudeln:
150 g Sojasprossen · 4 rohe Garnelen
4 weiße Spargelstangen
(evtl. weglassen)
300 g dünne chinesische Nudeln
3 EL Sesamöl
etwa 10 dünne Gurkenscheiben

Für die 1. Sauce:
1 walnußgroßes Stück Ingwerwurzel
3 EL brauner Essig
2 EL dunkle Sojasauce · 1 EL Sesamöl

Für die 2. Sauce:
3 Knoblauchzehen
2 EL Sesampaste (aus dem Naturkostladen; ersatzweise Erdnußpaste)
Salz · 1 EL Zucker · 1 EL helle Sojasauce
1 TL brauner Essig
1 TL scharfe Bohnenpaste

Für die 3. Sauce:
1 Frühlingszwiebel · 1 TL Sichuan-Pfeffer, frisch gemahlen · 1 EL Sesamöl
2 EL helle Sojasauce · evtl. etwas Chiliöl

Für die 4. Sauce:
1 EL scharfer Senf
2 EL dunkle Sojasauce
2 EL brauner Essig · 1 EL Sesamöl

Zubereitungszeit: 40 Min.

Pro Portion:
2500 kJ/ 600 kcal

1 In einem Topf Wasser zum Kochen bringen. Sojasprossen waschen, putzen und etwa 2 Min. im kochenden Wasser blanchieren. Garnelen putzen, vom Darm befreien und etwa 1 Min. blanchieren. Dann in dünne Scheiben schneiden. Spargel schälen, schräg in dünne Scheiben schneiden und etwa 2 Min. blanchieren (sprudelnd kochen).

2 In einem anderen Topf Wasser zum Kochen bringen. Nudeln in kochendem Wasser bißfest garen. (Sie müssen ab und zu eine Nudel probieren, da die Kochzeiten sehr unterschiedlich sind). Dann abtropfen lassen, mit Sesamöl mischen, damit sie nicht zusammenkleben und abkühlen lassen.

3 Nudeln auf den Teller geben und Gurkenscheiben, Sojasprossen, Garnelen und Spargel daneben anrichten oder getrennt in Schüsseln füllen.

4 Für die erste Sauce Ingwer schälen, fein hacken und mit Essig, Sojasauce und Sesamöl verrühren. Für die zweite Sauce Knoblauch schälen, fein hacken und mit Sesampaste oder Erdnußpaste, Salz, Zucker, Sojasauce, Essig, Bohnenpaste und 1 EL Wasser mischen. Für die dritte Sauce Frühlingszwiebel putzen und fein hacken, mit Sichuan-Pfeffer, Sesamöl, Sojasauce und evtl. Chiliöl mischen. Für die vierte Sauce Senf, Sojasauce, Essig und Sesamöl mischen. Die Saucen getrennt in Schälchen füllen. Zum Essen die Nudeln und die anderen Zutaten nach Belieben mit den Sauce mischen.

Sojasauce

Sojasauce ist schon seit langer Zeit die wichtigste Würze in der chinesischen Küche. Sie wird durch Fermentieren einer Mischung aus Sojabohnen, Salz, geröstetem Weizen und Hefe gewonnen. Bei den chinesischen Sorten werden vor allem helle und dunkle Sojasauce unterschieden. Die sogenannte helle, die in der Flasche fast genauso aussieht wie die dunkle, ist salziger und wird daher in geringeren Mengen verwendet. Die Gerichte bekommen durch sie weniger Farbe – daher der Name »Helle Sojasauce«. Bei Gerichten, deren Farbe möglichst bewahrt werden soll, wie beispielsweise Speisen mit Spinat, Pilzen o. ä. wird eher die hellere Sauce verwendet. Die dunkle Sojasauce hat dagegen einen intensiveren Geschmack und gibt vor allem Fleischgerichten eine appetitlich braune Färbung. Es gibt noch eine dunklere Sauce mit Pilzen, »Mushroom Soysauce«. Sie enthält Auszüge von Champignons, ist besonders aromatisch, aber auch sehr intensiv. Grundsätzlich können Sie sie wie andere Sojasaucen verwenden, nur etwas sparsamer.

Sojasprossen und -bohnen sind Basis vieler Sojaprodukte.

Chinesische Pfannkuchen

Cong You Bing

Aus Nordchina · Braucht etwas Zeit

Zutaten für 3 Pfannkuchen:
500 g Mehl + Mehl zum Ausrollen
50 g Frühlingszwiebel,
geputzt gewogen
1½ TL Salz
7 EL Pflanzenöl
(oder etwa 60 g Schweineschmalz)

Zubereitungszeit: 40 Min.

Pro Pfannkuchen: 3400 kJ/ 810 kcal

1 Mehl in eine Schüssel geben und mit etwa ¼ l heißem Wasser mischen. Den Teig so lange kneten, bis er sehr gut bindet. Er soll geschmeidig sein, darf aber nicht an den Fingern kleben. Ist er zu weich, etwa 30 Min. trocknen lassen, ist er zu hart, etwa 30 Minuten in ein feuchtes Tuch wickeln.

2 Frühlingszwiebel putzen, waschen, und in dünne Scheiben schneiden.

3 Teig in 3 gleich große Stücke teilen. Eine Portion auf wenig Mehl möglichst rund etwa 2 mm dick ausrollen. ½ TL Salz darauf verreiben. 2 EL Öl darauf streichen und mit einem Drittel Frühlingszwiebeln belegen.

4 Die Teigplatte zusammenrollen. Die Enden etwas zudrücken, damit das Öl nicht ausfließt. Die Rolle nach innen rollen, so daß eine Schnecke entsteht.

5 Diese Schnecke auf Mehl noch einmal zu einer Dicke von etwa 0,7 cm ausrollen. Die anderen zwei Teigstücke genauso formen.

6 Eine Pfanne bei schwacher bis mittlerer Hitze erwärmen und mit etwas Öl ausstreichen. Einen Pfannkuchen hineingeben und pro Seite etwa 5 Min. zugedeckt garen, bis er leicht gebräunt ist. Die anderen beiden Pfannkuchen ebenso garen.

7 Die Pfannkuchen vor dem Essen etwas von außen nach innen zusammendrücken, damit die Schichten wieder auseinander gehen. Zum Servieren in acht Stücke schneiden oder von Hand auseinanderziehen.

Variante: Statt Frühlingszwiebel können Sie auch gemahlenen Sichuan-Pfeffer, statt einfachem Öl auch Sesamöl nehmen. Eine ganz persönliche Variante: Currypulver mit Salz und Öl auf den Teig streichen.

Tip! Falls von den Pfannkuchen etwas übrig bleibt, schneiden Sie sie in Streifen und mischen sie unter gebratenes Gemüse und Fleisch, ähnlich wie gebratene Nudeln.

228 Teigwaren und Reis

Lotosblätter-Pfannkuchen
He Ye Bing

Aus Peking · Gut vorzubereiten

Zutaten für etwa 20 Stück:
500 g Mehl + Mehl zum Ausrollen
4 EL Pflanzenöl

Zubereitungszeit: 30 Min.

Pro Stück: 450 kJ/ 110 kcal

1 Mehl in eine Schüssel geben und mit etwa 200 ml heißem Wasser so lange verkneten, bis der Teig gut bindet.

2 Aus dem Teig eine Rolle formen und diese in etwa 40 gleich große Stücke schneiden. Die Rolle dabei nach jedem Schnitt etwas drehen, damit die Stücke schön rund bleiben.

3 Teigstücke auf eine Arbeitsplatte mit wenig Mehl geben. Mit der Hand darauf auseinanderdrücken, bis sie rund sind. Die Oberfläche mit Öl bepinseln. Ein zweites Stück darauf drücken. Dann mit der Teigrolle vorsichtig zu einer runden Platte von etwa 15 cm Durchmesser ausrollen. Auf diese Weise alle Pfannkuchen formen.

4 Eine Pfanne bei schwacher bis mittlerer Hitze erwärmen und mit etwas Öl auspinseln. Nacheinander alle Pfannkuchen darin pro Seite bei mittlerer Hitze 1–2 Min. braten, bis sie leicht gebräunt sind.

5 Beim Essen die beiden Schichten wieder auseinanderziehen und die innere Seite nach oben auf den Teller legen. Beim Peking-Ente-Essen diese Seite füllen.

Tip! Wenn von den Lotosblätter-Pfannkuchen etwas übrig bleibt, können Sie die Pfannkuchen in Streifen schneiden und mit gebratenem Gemüse oder Fleisch mischen.

Gebratene Wan Tan

Aus Kanton · Braucht etwas Zeit **Jian Hun Tun**

*Zutaten für etwa 40 Stück
(Als Hauptgericht für 4 Portionen):
250 g Schweinefilet
100 g rohe Garnelen
3–4 Frühlingszwiebeln
3 dünne Scheiben Ingwerwurzel
1 Ei
5 EL Pflanzenöl
2 EL Sesamöl
2 EL helle Sojasauce
Salz
etwa 40 Blätter tiefgefrorener
Wan-Tan-Teig*

Zubereitungszeit: 1¼ Std.

Pro Portion: 3000 kJ/ 710 kcal

1 Fleisch abwaschen und trockentupfen. Garnelen von Kopf, Schale und Darm befreien und beides fein hacken. Frühlingszwiebeln putzen und waschen, Ingwer schälen und beides fein schneiden.

2 Ei verquirlen. 1 EL Pflanzenöl in einer Pfanne erhitzen. Ei darin verteilen und bei mittlerer Hitze einen dünnen Pfannkuchen daraus braten. Dann fein zerkleinern und wieder herausnehmen.

3 Für die Füllung Fleisch in eine Schüssel geben und mit Garnelen, Frühlingszwiebeln, Ingwer, Eistückchen, Sesamöl, Sojasauce und Salz mischen.

4 Teigblätter auf der Arbeitsfläche ausbreiten. Ränder mit etwas kaltem Wasser bestreichen. In die Mitte jeweils ein etwa kastaniengroßes Stück Füllung geben.

5 Das Teigstück diagonal zusammenklappen. Die Ränder andrücken. Die beiden spitzen Enden auf einer Seite der Teigtasche zusammendrücken.

6 Restliches Pflanzenöl in einem Wok oder einer Pfanne erhitzen. Die Teigtaschen darin portionsweise bei mittlerer Hitze zugedeckt in etwa 2 Min. braun braten. Dann wenden und offen in 2 Min. fertig braten. Die Hitze erhöhen. 2 EL Wasser über den Teigtaschen verteilen und bei aufgelegtem Deckel verdampfen lassen. Die Teigtaschen in einer Schüssel servieren.

Tip! Die Wan Tan schmecken pur oder mit Essig, Sojasauce und Chiliöl. Gut paßt auch süß-saure Sauce dazu.

Chinesische Ravioli

Aus Nordchina · Etwas schwieriger

Jiaozi

Zutaten für etwa 50 Stück (3–4 Portionen):
500 g Mehl + Mehl zum Ausrollen
250 g Rinder- oder Schweinefilet
250 g chinesischer Schnittlauch oder Chinakohl
Salz
2 dünne Scheiben Ingwerwurzel
1 Frühlingszwiebel
1 EL helle Sojasauce
1 EL Reiswein
Zum Dippen pro Person:
1 TL Sesamöl
2 EL milder brauner Reisessig

Zubereitungszeit: 1½ Std. (+ 1 Std. Ruhen)

Bei 4 Portionen pro Portion: 2300 kJ/ 550 kcal

1 Mehl mit etwa ¼ l lauwarmem Wasser zu einem glatten Teig verkneten. In ein feuchtes Tuch wickeln und 1 Std. ruhen lassen.

2 Inzwischen Fleisch waschen, trockentupfen und sehr fein hacken. Schnittlauch oder Chinakohl waschen, putzen und ebenfalls hacken. Chinakohl mit etwas Salz mischen und etwa 10 Min. ziehen lassen. Dann in ein Tuch wickeln und gut ausdrücken. Ingwer schälen und fein hacken. Frühlingszwiebel waschen, putzen und ebenfalls fein hacken.

3 Fleisch in eine Schüssel geben und mit Schnittlauch oder Chinakohl, Ingwer, Frühlingszwiebel, Salz, Sojasauce, Reiswein und 2–3 EL kaltem Wasser verrühren.

4 Teig portionsweise auf wenig Mehl zu Rollen von etwa 2 ½ cm Durchmesser formen. Die Rollen in insgesamt etwa 50 Stücke teilen.

5 Teigstücke mit einem kleinen Rollholz rund ausrollen. Dazu immer wieder etwas drehen.

6 Auf jedes Teigstück 1 TL Füllung geben. Die Stücke zu Halbmonden zusammenlegen, die Ränder andrücken.

7 In einem großen Topf Wasser zum Kochen bringen, Ravioli hineingeben und Wasser wieder aufkochen lassen. 1 Tasse kaltes Wasser zugießen und erneut zum Kochen bringen. Nach dem dritten Aufkochen sind die Ravioli fertig. Beim Essen in Öl-Essig-Mischung tauchen.

Variante: Zu diesem Gericht schmekken auch gehäutete Tomaten gut. Das Fruchtfleisch würfeln, mit etwas Salz mischen, kurz ziehen, dann gut abtropfen lassen. Erst zum Schluß unter die Füllung mischen.
Rindfleisch schmeckt am besten zusammen mit chinesischem Schnittlauch. Schweinefleisch harmoniert besser mit Chinakohl. Wenn Sie sich für Schweinefleisch entscheiden, können Sie auch Spinat unter die Füllung mischen, und einige gehackte Garnelen geben dann ein besonders feines Aroma.

Tip! Machen Sie es doch einmal wie chinesische Familien: Bereiten Sie den Teig und die Füllung vor und stellen die Teigtaschen mit den Gästen zusammen fertig, während Sie sich gemütlich unterhalten.

Teigtaschen mit Bohnen

Don Jiao Su Bao Zi

Vegetarisch · Gut vorzubereiten

**Zutaten für etwa 40 Stück
(als Hauptgericht für 4–6 Portionen):
500 g Mehl
20 g Hefe (½ Würfel)
25 g mittelgroße getrocknete
Mu-Err-Pilze
400 g grüne Bohnen
50 g frische Tongku-Pilze (Shiitake),
ersatzweise Austernpilze
50 g Bambussprossen
3 EL Pflanzenöl
2 EL helle Sojasauce
Salz
3 EL Sesamöl
außerdem: Bambusdämpfer,
ersatzweise Dunsteinsatz**

Zubereitungszeit: 1½ Std.

**Bei 6 Portionen pro Portion:
2600 kJ/ 620 kcal**

1 Mehl in eine Schüssel geben. Hefe in ¼ l lauwarmem Wasser auflösen und dazugeben. Teig gründlich verkneten und unter einem leicht angefeuchteten Tuch etwa 30 Min. an einem warmen Ort gehen lassen.

2 Inzwischen Mu-Err-Pilze in heißem Wasser etwa 10 Min. einweichen, dann abtropfen lassen. Bohnen putzen, waschen und in sehr feine Scheiben schneiden. Tongku- oder Austernpilze putzen. Bambus und Pilze fein zerkleinern.

3 Pflanzenöl in einer Pfanne oder im Wok erhitzen. Bohnen darin unter Rühren bei starker Hitze etwa 1 Min. anbraten. Beide Pilzsorten und die Bambussprossen dazugeben und unter Rühren alles 4–5 Minuten braten. Dann das Gemüse mit Sojasauce und Salz abschmecken und abkühlen lassen. Erst dann das Sesamöl untermischen.

4 Teig noch einmal gut durchkneten. Dann zu einer Rolle formen und anschließend in etwa 40 Stücke teilen.

5 Die Teigstücke in runde Stücke von etwa 10 cm Durchmesser rollen. Die Mitte soll dünner als der Rand sein.

6 Je etwa 1 EL Füllung in der Mitte verteilen und mit dem Löffel etwas zusammendrücken. Den Teig an einem Ende nach oben ziehen. Den Teig nun in Falten um die Füllung zusammenlegen. Dabei den Teig immer wieder etwas nach oben ziehen, damit er gleichmäßig dick wird. Zum Schluß das obere Ende etwas zusammendrehen.

7 In einen Topf Wasser geben und zum Kochen bringen. Bambusdämpfer mit einem feuchten Tuch auskleiden und in den Topf stellen. Die Teigtaschen mit mindestens 2 cm Entfernung voneinander hineingeben und portionsweise bei starker Hitze über dem heißen Dampf zugedeckt etwa 6 Min. dämpfen. (Sie können auch eine Bißprobe machen. Aber bitte den Deckel schnell wieder auflegen). Ansonsten im Dunsteinsatz dämpfen.

Variante: Ein bekanntes Gericht aus Shanghai geht folgendermaßen: Die Teigtaschen werden in Öl gebraten und anschließend mit Sesam bestreut. Auch für übriggebliebene Teigtaschen ist das eine gute Lösung.
Als Füllung können Sie anstelle der Bohnen übrigens auch Fleisch oder Fleisch mit Gemüse nehmen.

Teigwaren und Reis

Frühlingsrollen
Zha Chun Juan

Braucht etwas Zeit

Zutaten für 16 Stück (als Imbiß für 4 Portionen):
25 g Glasnudeln
4 getrocknete Tongku-Pilze
250 g Sojasprossen · 50 g Blattspinat
50 g chinesischer Schnittlauch
(ersatzweise Schnittlauch oder Frühlingszwiebeln)
200 g Schweinefilet
3 EL Pflanzenöl
+ 500 g Pflanzenöl zum Fritieren
Salz · 1 TL Speisestärke,
mit 3 EL Wasser angerührt
1 EL Sesamöl
16 tiefgefrorene Teigstücke für Frühlingsrollen (21 x 21 cm Größe)
Zum Verkleben: 1½ EL Speisestärke, mit 4–5 TL Wasser angerührt

Zubereitungszeit: 1¼ Std.

Pro Portion: 2800 kJ/ 670 kcal

1 Glasnudeln und Pilze getrennt in heißem Wasser etwa 10 Min. quellen lassen. Inzwischen Sojasprossen, Spinat und Schnittlauch oder Frühlingszwiebeln waschen, putzen und fein schneiden. Schweinefilet waschen, trockentupfen und in Streifen schneiden.

2 Pilze dann von den Stielen befreien und in Streifen schneiden. Glasnudeln mit einer Küchenschere zerkleinern.

3 In einer Pfanne oder im Wok 3 EL Öl erhitzen. Fleisch darin bei starker Hitze unter Rühren etwa 2 Min. braten, bis es sich gleichmäßig hell gefärbt hat. Gemüse, Pilze, Glasnudeln dazugeben, salzen und etwa 3 Min. mitbraten. Speisestärke untermischen und die Pfanne vom Herd ziehen. Sesamöl untermischen.

4 Teigstücke einzeln auf der Arbeitsfläche auslegen. Auf die untere Hälfte eine Portion Füllung geben und in der Form einer Wurst zusammendrücken. Den Teig darüber klappen und einmal rollen. Die Ränder nach innen schlagen und die Rolle fast ganz aufrollen. Das restliche Teigstück mit der dick angerührten Speisestärke bepinseln und die Frühlingsrolle fertigrollen. Auf diese Weise alle 16 Rollen zubereiten.

5 Öl in einem hohen Topf erhitzen. Es ist heiß genug, wenn an einem hölzernen Stäbchen, das man ins heiße Fett taucht, kleine Bläschen aufsteigen. Frühlingsrollen in 2–3 Portionen im heißen Fett jeweils etwa 2 Min. fritieren. Herausnehmen und auf Küchenpapier abtropfen lassen.

Info: Frühlingsrollen kennt man seit der nördlichen Song-Dynastie (960–1127). Sie wurden ursprünglich, nicht wie viele denken am Frühlingsfest (Neujahr), sondern am ersten Tag des Frühlings gegessen.
In der Form erinnern sie an Seidenraupen die im Frühjahr schlüpfen. Traditionell hielt die Kaiserin als Schutzgöttin des Seidenbaus an einem für günstig befundenen Tag eine Zeremonie ab, nach der man Frühlingsrollen servierte. Die Raupen sollten sich gut entwickeln, damit im Herbst viel Seide produziert werden konnte, die seit ältester Zeit eines der wichtigsten chinesischen Handelsgüter ist.

Tip! Zu den Frühlingsrollen schmeckt Sojasauce oder auch eine süß-saure Sauce (fertig gekauft).
In der Packung sind immer 40–50 Teigstücke. Sie können aber die benötigten Blätter vorsichtig abziehen und den Rest gleich wieder einfrieren. Oder den Rest des Teiges in Viertel oder Achtel schneiden und fritieren. Dann gut abtropfen lassen, mit etwas Zucker bestreuen und als Nachspeise servieren.
Als Füllung schmeckt auch süße rote Bohnenpaste aus der Dose (Bing Tang Tian Dou Sha), typisch für Nachspeisen oder als Imbiß in Shanghai.

Reis auf chinesische Art

Da Mi Fan

Gelingt leicht

*Zutaten für 4 Portionen:
400 g Spezialreis aus dem Asien-Laden, notfalls Langkornreis*

Zubereitungszeit: 20 Min.

Pro Portion: 1500 kJ/ 360 kcal

1 Reis in ein Sieb geben und kurz mit kaltem Wasser abspülen.

2 Reis in einen Topf geben. So viel Wasser angießen, daß es etwa 1 cm über dem Reis steht. Dann bei starker Hitze ohne Deckel zum Kochen bringen.

3 Auf den Rand des Topfes zwei hitzebeständige Stäbchen legen. Den Deckel auflegen und den Reis bei mittlerer bis schwacher Hitze garen, bis die Flüssigkeit verdampft ist. Das dauert je nach Topfgröße 5–10 Min.

4 Den Reis dann ganz zugedeckt (die Stäbchen wegnehmen) bei schwächster Hitze noch einmal etwa 10 Min. ausquellen lassen.

Tip! Chinesen finden, daß Reis immer besser schmeckt, je länger er ausquillt. Während der ganzen Garzeit sollten Sie den Reis übrigens nicht durchrühren. So bildet sich am Topfboden auch eine Kruste, die sehr gut schmeckt, wenn man sie am nächsten Tag fritiert. Gesalzener Reis, wie Europäer ihn kochen, paßt nicht zu chinesischem Essen. Er soll auch etwas weicher sein, als man ihn in Europa liebt.

Reis

Seit Tausenden von Jahren wächst Reis in Asien. In China wird er bereits seit etwa 7000 Jahren in größeren Mengen angebaut. Zum Wachsen braucht Reis viel Wärme und vor allem Feuchtigkeit. Die Setzlinge werden deshalb in den regenreichen Perioden in den Feldern eingepflanzt, die während der ganzen Wachstumszeit immer ausreichend feucht sein müssen.

Die Felder werden meistens schon vor dem Einpflanzen der Setzlinge bewässert, um genügend Feuchtigkeit zu speichern, und mit einem Schutzwall umgeben, damit die Erde richtig unter Wasser stehen kann. Reis kann ein- bis dreimal pro Jahr geerntet werden. Am besten schmeckt der Reis, der am längsten gereift ist.

Es gibt drei biologische Sorten Reis, und zwar Langkorn, Rundkorn und Mittelkorn. Daneben gibt es noch den Klebreis, der einen höheren Kleberanteil hat als anderer Reis und in der chinesischen Küche für Aufläufe, Füllungen, Puddings und zum Backen verwendet wird.

Bevor die Reissetzlinge ins Feld kommen, muß die Erde gelockert werden.

Reis mit Ei und Schinken

Aus Südchina · Gelingt leicht   Huo Tui Dan Chao Fan

Zutaten für 1 Servierteller
(2 Portionen):
1 Frühlingszwiebel
50 g roh geräucherter Schinken,
oder luftgetrockneter
(2 dicke Scheiben)
oder chinesische Wurst Xiang Chang
3–4 Eier (je nach Größe)
Salz
5–6 EL Pflanzenöl
300 g gegarter Reis vom Vortag

Zubereitungszeit: 25 Min.

Pro Portion: 4600 kJ/ 1100 kcal

1 Frühlingszwiebel putzen und fein schneiden. Schinken würfeln. Eier verquirlen und mit Salz abschmecken.

2 In einer Pfanne oder im Wok 2 EL Öl erhitzen. Eiermasse hineingeben und bei mittlerer Hitze stocken lassen. Dann zerteilen und etwa 1 Min. weitergaren, bis die Stücke goldgelb, aber nicht trocken sind (wie bei europäischem Rührei). Anschließend die Masse herausnehmen.

3 Restliches Öl in der Pfanne oder im Wok erhitzen. Frühlingszwiebel und Schinken darin unter Rühren bei starker Hitze anbraten. Reis dazugeben und mit den Kochstäbchen oder einem Löffel auseinanderlösen, bis er nicht mehr klebrig ist. Reis salzen und einige Minuten unter Rühren braten.

4 Eier wieder untermischen, dann das Gericht in einer Glasschüssel anrichten und servieren.

Variante: Dieses Gericht ist ein Grundrezept, das Sie vielfältig abwandeln können. Sehr beliebt ist gebratener Reis mit 8 Kostbarkeiten, das sind Garnelen, Schinken, Pilze, Bambus, Gurken, Möhren, Erbsen und rote Zwiebeln.

Reiskrusten mit Austernpilzen

Aus Nordchina · Geht schnell   Mo Gu Guo Ba

Zutaten für 1 Servierteller
(2 Portionen):
5 mittelgroße getrocknete
Mu-Err-Pilze
100 g rohe Garnelen
150 g Austernpilze
1 Frühlingszwiebel
300 ml Pflanzenöl zum Fritieren
150 g getrocknete Reiskrusten
1 TL Reiswein · Salz
150 ml Hühnerbrühe oder Wasser
1 TL Speisestärke,
mit 2 EL Wasser angerührt

Zubereitungszeit: 25 Min.

Pro Portion: 2400 kJ/ 570 kcal

1 Mu-Err-Pilze etwa 10 Min. in warmem Wasser einweichen. Inzwischen Garnelen von Kopf, Schale und Darm befreien, putzen und würfeln. Austernpilze putzen und in Stücke reißen.

2 Mu-Err-Pilze kalt abspülen, vom Stiel befreien und eventuell auseinanderreißen. Austernpilze etwa 1 Min. in kochendem Wasser blanchieren. Dann gründlich trockentupfen. Frühlingszwiebel putzen und in Scheiben schneiden.

3 Öl in einer Pfanne oder im Wok erhitzen. Reiskrusten darin etwa 2 Min. fritieren, bis sie etwas aufgegangen und leicht gebräunt sind. Abtropfen lassen und eventuell etwas auseinanderbrechen.

4 Öl bis auf etwa 2 EL ausgießen. Garnelen unter Rühren kurz im verbliebenem Öl bei starker Hitze braten. Beide Pilzsorten dazugeben und ebenfalls kurz braten. Reiswein, Salz und Brühe oder Wasser dazugeben und zum Kochen bringen. Speisestärke dazugeben und alles noch einmal aufkochen.

5 Pilze in eine Schüssel geben und mit der Frühlingszwiebel bestreuen. Reiskrusten getrennt dazu servieren oder in die Schüssel geben.

Nudeln mit Rindfleisch

Aus Sichuan · Braucht etwas Zeit Sichuan Niu Rou Mian

Zutaten für 4 Portionen:
800 g mageres Rindfleisch
3 Frühlingszwiebeln
1 Scheibe Ingwer, etwa 2 cm dick
2 Knoblauchzehen
4 Tomaten (etwa 400 g)
4 EL neutrales Pflanzenöl
1 EL brauner Kandiszucker
1 EL Zucker
3 El dunkle Sojasauce
Salz
3 EL Reiswein
500 g chinesische (Eier-)Nudeln

Zubereitungszeit: 1¼ Std.

Pro Portion: 3400 kJ/810 kcal

1 Das Rindfleisch waschen und in einem Topf mit Wasser bedeckt zum Kochen bringen, dann die Temperatur herunterschalten und das Fleisch bei schwacher Hitze etwa 40 Min. köcheln lassen. Zwischendurch 2–3mal abschäumen. Inzwischen Frühlingszwiebeln putzen, waschen und in etwa 10 cm lange Stücke schneiden. Ingwer schälen, Knoblauch häuten, beides in dünne Scheiben schneiden. Tomaten mit kochendheißem Wasser überbrühen, häuten und in etwa 3 cm große Stücke schneiden, dabei von den Stielansätzen befreien.

2 In einem Topf 1 EL Öl bei schwacher Hitze heiß werden lassen. Kandiszucker und Zucker darin unter Rühren auflösen. Mit 1–2 EL von der Rinderbrühe vermischen. Zuckerlösung abgießen, beiseite stellen. Fleisch aus der Brühe nehmen, abkühlen lassen, in etwa 5 cm lange und 2 cm breite Stücke schneiden. 400 ml von der Rinderbrühe beiseite stellen.

3 In einem Wok 3 EL Öl bei mittlerer Hitze heiß werden lassen. Ingwer, Frühlingszwiebeln und Knoblauch unter Rühren kurz anbraten, Tomaten dazugeben und unter Rühren braten, bis das Öl leicht rötlich wird. Rindfleisch hineingeben, mit Sojasauce, Salz, Reiswein und der Zuckermischung würzen. Dann mit den 400 ml Brühe ablöschen. Aufkochen lassen, die Temperatur zurückschalten und alles zugedeckt bei mittlerer Hitze etwa 20 Min. garen. Dann Frühlingszwiebeln und Ingwer entfernen. In einem Topf 1½ l Wasser zum Kochen bringen, Nudeln darin etwa 2–3 Min. offen kochen. Herausnehmen, abtropfen lassen und auf 4 Schalen verteilen. Das Rindfleisch mit der Sauce darübergeben und servieren.

Kalte Nudeln mit Huhn

Sommergericht · Gelingt leicht

Ji Si Liang Mian

Zutaten für 2 Portionen:
150 g chinesische (Eier-)Nudeln
1 EL Sesamöl
200 g Hühnerbrust, ohne Haut und Knochen
1 EL Reiswein · Salz
150 g Mungobohnensprossen
150 g Salatgurke
1 Bund Schnittlauch
1 Scheibe Ingwer, etwa 1 cm dick
1 Knoblauchzehe
1 EL Sesampaste, mit 1 EL Wasser verrührt
½ TL Chiliöl
1 EL helle Sojasauce
1 TL heller Reisessig
1 TL Zucker
1 Prise Sichuan-Pfeffer, frisch gemahlen

Zubereitungszeit: 30 Min.
Pro Portion: 2200 kJ/520 kcal

1 In einem Topf 1½ l Wasser zum Kochen bringen. Nudeln hineingeben und etwa 2–3 Min. kochen, herausnehmen, mit kaltem Wasser abspülen und mit dem Sesamöl mischen, damit sie nicht zusammenkleben.

2 Hühnerbrust waschen und in einem Topf mit Wasser bedeckt zum Kochen bringen, 1 EL Reiswein und 1 Prise Salz dazugeben. Zugedeckt bei schwacher Hitze etwa 8 Min. köcheln lassen.

3 Mungobohnensprossen von den Wurzeln und Hülsen befreien, waschen und abtropfen lassen. Gurke waschen und in dünne Scheiben schneiden. Schnittlauch waschen, fein hacken. Ingwer schälen, Knoblauch häuten. Beides fein hacken.

4 Schnittlauch, Ingwer, Knoblauch, verrührte Sesampaste, Chiliöl, Sojasauce, Essig, Zucker und Sichuan-Pfeffer in einer Schüssel zu einer Sauce mischen.

5 Hühnerfleisch aus der Brühe nehmen, trockentupfen und so lange mit einem Fleischklopfer klopfen, bis die Fleischfasern sich lockern. Dann in längliche, feine Streifen zupfen. Mungobohnensprossen auf 2 Teller verteilen, dann darauf die Nudeln, die Gurke und die Hühnerstreifen anrichten. Die Sauce darüber verteilen und servieren.

Nudeln in Fischsauce

Wintergericht · Gelingt leicht

Song Sao Mian

Zutaten für 4 Portionen:
250 g Fischfilet (z.B. Rotbarsch)
2 EL Reiswein · 1 Eiweiß
1 TL Speisestärke · Salz
100 g Wasserkastanien
(aus der Dose)
1 Frühlingszwiebel
1 Scheibe Ingwer (etwa 1 cm)
4 EL neutrales Pflanzenöl
30 g scharfe Bohnenpaste
1 EL dunkle Sojasauce
250 ml Hühnerbrühe
(selbstgemacht oder instant)
400 g chinesische (Eier-)Nudeln
nach Belieben: Schnittlauch und
Möhren zum Garnieren

Zubereitungszeit: 45 Min.
Pro Portion: 2200 kJ/520 kcal

1 Fischfilet kalt abspülen, trockentupfen und in etwa 1 cm große Würfel schneiden, dann mit 1 EL Reiswein, dem Eiweiß, der Speisestärke und 1 Prise Salz mischen. Wasserkastanien ebenfalls in etwa 1 cm große Würfel schneiden. Frühlingszwiebel putzen und waschen. Ingwer schälen. Beides fein hacken.

2 In einem Wok oder in einer Pfanne 3 EL Öl bei mittlerer Hitze heiß werden lassen. Fischwürfel samt Marinade hineingeben, unter Rühren etwa 1 Min. braten und mit 1 EL Reiswein würzen. Wasserkastanien dazugeben und etwa 1 Min. mitbraten. Dann beides herausnehmen.

3 Restliches Öl in den Wok oder die Pfanne geben. Frühlingszwiebel und Ingwer darin unter Rühren kurz anbraten, Bohnenpaste und Sojasauce dazugeben und die Brühe dazugießen. Aufkochen lassen, dann Fischwürfel und Kastanien hineingeben, durchrühren und zugedeckt bei mittlerer Hitze etwa 1 Min. kochen, dann beiseite stellen.

4 In einem Topf etwa 1 ½ l Wasser zum Kochen bringen. Nudeln hineingeben und darin etwa 2–3 Min. offen kochen, zwischendurch 2–3mal umrühren. Herausnehmen, abtropfen lassen und in einem Topf mit der Fischsauce mischen. In 4 Schalen verteilen und servieren. Nach Belieben mit Schnittlauch und Möhren garnieren.

Wasserkastanien

Die Wasserkastanien, auf chinesisch »Bi Ji« oder auch »Ma Ti«, sind Früchte einer Wasserpflanze, die ursprünglich aus Indien nach China gekommen ist und einer Seerose ähnelt. Wasserkastanien erhalten sehr viel Stärke und haben einen besonders erfrischenden Geschmack und eine knackige Konsistenz. In China werden die frischen Wasserkastanien, die Anfang Winter geerntet werden, als Obst gegessen oder als Gemüse zubereitet. Als Gemüse sind die Wasserkastanien recht vielseitig. Man kann sie zusammen mit verschiedenen anderen Zutaten kurz in heißem Öl braten oder schmoren. Außerdem werden sie feingehackt als Zutat für Füllungen verwendet. In der chinesischen Medizin gelten sie ihrer Temperaturausstrahlung nach als »kalt«, d.h., sie sind gut gegen »innere Hitze«. In Europa gibt es sie in Dosen und auch als Mehl.

Wasserkastanien kann man in Europa nur in der Dose kaufen.

244 Teigwaren und Reis

Nudeln mit kalter Sauce

Geht schnell · Gelingt leicht

Dan Dan Mian

Zutaten für 4 Portionen:
80 g Zha Cai (aus der Dose)
2 Frühlingszwiebeln
2 Knoblauchzehen
2 EL Sesampaste
2 EL helle Sojasauce
Salz
½ TL Zucker
2 TL dunkler Reisessig
1 Prise Sichuan-Pfeffer, frisch gemahlen
1 TL Chiliöl
1 EL Schweineschmalz
500 g chinesische (Eier-)Nudeln

Zubereitungszeit: 25 Min.

Pro Portion: 2100 kJ/500 kcal

1 Zha Cai waschen und fein hacken. Frühlingszwiebeln putzen und waschen. Knoblauch häuten. Beides fein hacken.

2 Sesampaste mit 1 EL warmem Wasser in einer Schüssel verrühren, Sojasauce, Salz, Zucker, Essig, Sichuan-Pfeffer, Chiliöl und Schweineschmalz dazugeben und gründlich durchrühren.

3 In einem Topf 1½ l Wasser zum Kochen bringen. Nudeln hineingeben und etwa 2–3 Min. offen kochen, dazwischen umrühren. Nudeln herausnehmen, abtropfen lassen und auf die Schalen verteilen. Dann die Sauce darüber gießen. Zum Schluß das feingehackte Zha Cai, Frühlingszwiebeln und Knoblauch darüber verteilen und servieren.

Info: Dieses Nudelgericht ist in Sichuan ein sehr beliebter Snack. Es wurde früher auf der Straße auf der Tragstange, chinesisch »Dan«, verkauft, daher wurden sie »Dan Dan Mian« genannt, auf deutsch »Tragstangen-Nudeln«.

Tip! Wenn Sie kein Schweineschmalz bekommen können oder es nicht mögen, können Sie es durch Sesamöl ersetzen. Die Sauce hier paßt auch sehr gut zu Glasnudeln. Dazu die Glasnudeln zuerst 10 Min. in warmem Wasser einweichen und dann etwa 1–2 Min. offen kochen.

Heferöllchen

Cong You Hua Juan

Aus Hunan · Gelingt leicht

Zutaten für 16 Stück:
400 g Weizenmehl
1 Päckchen Trockenhefe
6 Frühlingszwiebeln
Mehl für die Arbeitsfläche
2 EL neutrales Pflanzenöl
Salz

Zubereitungszeit: 1 Std.
(+ 50 Min. Gehen lassen)

Pro Stück: 410 kJ/98 kcal

1 Mehl in eine Schüssel geben. Hefe in gut 200 ml lauwarmem Wasser auflösen und dazugeben. Teig gründlich kneten, bis er glatt und elastisch ist und nicht mehr an den Fingern klebt. Teig mit einem feuchten Tuch bedecken, an einem warmen Ort etwa 50 Min. gehen lassen.

2 Frühlingszwiebeln putzen, waschen und fein hacken. Teig noch einmal durchkneten. Dann die Hälfte auf einer mit Mehl bestäubten Arbeitsfläche zu einer etwa 32 cm langen und 20 cm breiten Teigplatte ausrollen.

3 Die Teigplatte mit der Hälfte des Öls bestreichen, dann mit der Hälfte der Frühlingszwiebeln und 1 Prise Salz gleichmäßig bestreuen. Quer aufrollen, so daß eine 32 cm lange Rolle entsteht. Die Teigrolle in etwa 4 cm lange Stücke schneiden. Jedes Stück etwas in die Länge ziehen und mit der Hand hin- und herrollen, so daß es runde Röllchen werden. Mit der anderen Teighälfte genauso verfahren.

4 In einen Wok 3–4 cm hoch Wasser gießen und zum Kochen bringen. Einen Bambusdämpfer mit einem feuchten Tuch auskleiden. Die Heferöllchen mit mindestens 2 cm Abstand voneinander hineinlegen. Den Dämpfer schließen und auf den Wok setzen. Die Heferöllchen portionsweise etwa 15 Min. bei starker Hitze über dem heißen Dampf garen. Sofort servieren.

Scharfe Teigtäschchen

Aus Sichuan · Braucht etwas Zeit
Hong You Chao Shou

Zutaten für 2 Portionen:
150 g Won Ton-Teig (tiefgekühlt, etwa 24 Teigscheiben)
1 Scheibe Ingwer, etwa 2 cm dick
½ Bund Schnittlauch
1 Knoblauchzehe
200 g Schweinehackfleisch
Salz
1 Prise weißer Pfeffer, frisch gemahlen
1 EL Reiswein
2 TL Sesamöl
1 Ei
1 TL dunkle Sojasauce
1 TL dunkler Reisessig
1 TL Sichuan-Pfeffer, frisch gemahlen
1 TL Chiliöl
nach Belieben: chinesischer Schnittlauch mit Blüten zum Garnieren

Zubereitungszeit: 40 Min.

Pro Portion: 2000 kJ/480 kcal

1 Won Ton-Teig rechtzeitig auftauen lassen, Ingwer schälen und ganz fein hacken. Schnittlauch abbrausen, Knoblauch häuten. Beides fein hacken.

2 In einer Schüssel Hackfleisch mit Ingwer, Salz, Pfeffer, Reiswein, Sesamöl und Ei gut durchrühren, dann in 24 Portionen teilen.

3 Die Won Ton-Teigscheiben vorsichtig voneinander lösen. Je eine Portion Füllung auf die Mitte einer Teigscheibe legen, die Teigränder mit Wasser anfeuchten und diagonal zweimal zusammenklappen.

4 Suppenschälchen bereit stellen. In jedes Schälchen ½ TL Sojasauce und Essig, die Hälfte vom Schnittlauch und Knoblauch sowie ½ TL Sichuan-Pfeffer geben.

5 In einem Topf 1 ½ l Wasser zum Kochen bringen. Die gefüllten Won Ton hineingeben. Bei starker Hitze offen kochen, bis die Won Ton aufsteigen. Dann 1 Teetasse kaltes Wasser hinzufügen und weitere 2 Min. bei mittlerer Hitze kochen. Mit einem Schaumlöffel je 12 Won Ton auf die Schälchen verteilen, mit Chiliöl beträufeln, nach Belieben mit Schnittlauchhalmen samt Blüten garnieren und servieren.

Variante: Sie können die gefüllten Won Ton auch im heißen Öl fritieren und zusammen mit der Sauce als Vorspeise servieren. Vegetarier können für die Füllung Chinakohl, in Wasser eingeweichte Donggu-Pilze (Stiele nicht verwenden) und Lilienblüten nehmen. Alles kleinhacken und mit Salz, weißem Pfeffer und Sesamöl würzen.

Info: In der Regel ist Won Ton-Teig in jedem Asien-Laden erhältlich. Falls Sie den fertigen Won Ton-Teig dennoch nicht bekommen können, nehmen Sie 200 g Mehl, 1 Ei und 50 ml Wasser, was Sie zu einem geschmeidigen Teig verkneten, etwa 30 Min. ruhen lassen, ausrollen und in 24 quadratische, dünne Teigscheiben teilen.

Teigtäschchen mit Fleisch

Aus Hunan · Gelingt leicht

Sheng Jian Ji Rou Bao

Zutaten für 20 Teigtäschchen:
400 g Weizenmehl
1 Päckchen Trockenhefe
125 g Hühnerbrust, ohne Haut
und Knochen
100 g rohe geschälte Shrimps
1 Frühlingszwiebel
1 Scheibe Ingwer, etwa 2 cm dick
150 g Schweinehackfleisch
1 EL dunkle Sojasauce
Salz · 1 Ei · 1 EL Reiswein
1 TL Austernsauce (s. Glossar)
weißer Pfeffer, frisch gemahlen
6 EL neutrales Pflanzenöl
1 TL dunkler Reisessig
+ 2 EL pro Person zum Dippen
Mehl für die Arbeitsfläche

Zubereitungszeit: 1 Std.
(+ 1 Std. Gehen lassen)

Pro Stück:
520 kJ/120 kcal

1 Mehl in eine Schüssel geben. Hefe in gut 200 ml lauwarmem Wasser auflösen, dazugeben. Teig gründlich kneten, bis er elastisch ist und nicht mehr an den Fingern klebt. Mit einem feuchten Tuch bedecken und an einem warmen Ort etwa 1 Std. gehen lassen.

2 Hühnerbrust und Shrimps fein hacken. Frühlingszwiebel putzen, waschen, Ingwer schälen. Beides fein hacken. Huhn, Shrimps, Schweinehack, Frühlingszwiebel, Ingwer, Sojasauce, ½ TL Salz, Ei, Reiswein, Austernsauce und 1 Prise Pfeffer in einer Schüssel vermischen und etwa 30 Min. zugedeckt in den Kühlschrank stellen.

3 Teig noch mal kurz kneten, dann auf einem bemehlten Küchenbrett zu einer Rolle von 4 cm Durchmesser formen, in 20 gleich große Stücke schneiden und jeweils zu einer Teigscheibe von etwa 8 cm Durchmesser ausrollen, die Mitte soll etwas dicker als der Rand sein.

4 Die Füllung in 20 Portionen teilen und auf die Teigscheiben verteilen. Den Teigrand nach oben ziehen und über der Füllung etwas zusammendrehen.

5 In zwei Pfannen je 3 EL Öl bei mittlerer Hitze heiß werden lassen. Die Täschchen eng nebeneinander hineingeben und etwa 2 Min. anbraten. Je ⅛ l kaltes Wasser mit ½ TL Essig mischen, angießen, die Pfannen schnell zudecken.

6 Nach 5–7 Min., wenn kein Wasser mehr in der Pfanne ist, die Täschchen bei schwächster Hitze noch etwa 3 Min. ziehen lassen. Dann mit der goldbraunen Seite nach oben auf eine Platte geben und servieren. Beim Essen dippt man sie kurz in Essig.

Teigtäschchen mit Rettich

Herbstgericht · Gelingt leicht Luo Bo Si Bing

Zutaten für 16 Stück:
400 g Weizenmehl
+ 50 g für die Arbeitsfläche
1 Ei · 600 g Rettich
Salz · 2 Frühlingszwiebeln
1 TL Zucker · 1 EL Sesamöl
½ TL weißer Pfeffer
Für den Dip:
4 EL helle Sojasauce
1½ EL dunkler Reisessig
1 TL Sesamöl
1 TL Chilisauce
Zum Backen:
100 ml neutrales Pflanzenöl

Zubereitungszeit: 50 Min.
(+ 25 Min. Ruhen lassen)

Pro Stück: 580 kJ/140 kcal

1 Für den Teig das Mehl zuerst mit 180 ml lauwarmem Wasser vermischen, das Ei dazugeben und alles zu einem elastischen und glatten Teig verkneten. Teig mit einem feuchten Tuch bedecken und an einem warmen Ort etwa 15 Min. ruhen lassen.

2 Rettich waschen, nach Belieben schälen. Rettich raspeln, mit ½ TL Salz mischen und etwa 10 Min. Wasser ziehen lassen. Danach die Flüssigkeit ausdrücken. Frühlingszwiebeln putzen, waschen und fein hacken.

3 Rettich mit Frühlingszwiebeln, Zukker, Sesamöl, Pfeffer und 1 Prise Salz vermischen und gut durchrühren. Für den Dip die Sojasauce in einer Eßschale mit Essig, Sesamöl und Chilisauce vermischen.

4 Teig noch einmal kneten, dann auf einer gut bemehten Arbeitsfläche zu einer Rolle von etwa 4 cm Durchmesser formen. Die Teigrolle in 16 gleich große Stücke schneiden und jeweils zu einer Teigscheibe von etwa 10 cm Durchmesser ausrollen.

5 Je 1 Portion Rettich auf eine Scheibe geben, den Teigrand hochziehen und die Ränder in der Mitte zusammendrücken.

6 Öl in einer Pfanne bei mittlerer Hitze heiß werden lassen. Die gefüllten Täschchen vorsichtig hineingeben, dann bei schwacher Hitze etwa 7 Min. garen, einmal wenden und weitere 7 Min. garen. Zusammen mit dem Dip servieren.

Gebratene Reisnudeln

Aus Taiwan · Gelingt leicht **Chao Mi Fen**

Zutaten für 4 Portionen:
400 g Reisnudeln
20 g getrocknete Donggu-Pilze
150 g mageres Schweinefleisch
1 TL Speisestärke
1 EL Reiswein · Salz
weißer Pfeffer, frisch gemahlen
250 g Mungobohnensprossen
½ grüne Paprikaschote
4 EL neutrales Pflanzenöl
3 EL dunkle Sojasauce · 1 TL Sesamöl
zum Garnieren: 1 Stück Lauch,
1 Scheibe Möhre

Zubereitungszeit: 45 Min.

Pro Portion: 1800 kJ/430 kcal

1 Reisnudeln in lauwarmem Wasser etwa 30 Min. einweichen. Donggu-Pilze in warmem Wasser etwa 20 Min. einweichen.

2 Inzwischen Schweinefleisch kalt abspülen, trockentupfen und in etwa 5 cm lange und ½ cm breite Streifen schneiden. In einer Schale Speisestärke, Reiswein, je 1 Prise Salz und Pfeffer vermischen, Fleisch untermengen.

3 Mungobohnensprossen in einem Sieb kalt abspülen und abtropfen lassen. Paprikaschote von Kernen, Trennwänden und Stielansatz befreien, waschen und in etwa 5 cm lange, dünne Streifen schneiden. Pilze aus dem Einweichwasser nehmen, von den Stielen befreien und in dünne Streifen schneiden. Reisnudeln aus dem Wasser nehmen, abtropfen lassen.

4 In einem Wok 2 EL Pflanzenöl bei starker Hitze in etwa 1 Min. erwärmen. Schweinefleisch darin unter Rühren etwa 2 Min. braten, Donggu-Pilze, Mungobohnensprossen und Paprikastreifen dazugeben, mit je 1 Prise Salz und Pfeffer abschmecken. Unter Rühren etwa 1 Min. braten, dann herausnehmen.

5 Restliches Pflanzenöl in den Wok gießen, Reisnudeln dazugeben. Mit Sojasauce würzen. Bei mittlerer Hitze und unter Rühren 5–6 Min. braten. Dann Fleisch und Gemüse untermengen. Alles mit Sesamöl beträufeln. Mit Lauch und Möhre garnieren.

Variante: Statt Schweinefleisch können Sie auch geschälte (Nordsee-) Krabben nehmen. Vegetarier können auf Fleisch oder Krabben als Zutaten auch ganz verzichten.

Gebratener Reis

Geht schnell · Gelingt leicht Huo Tui Dan Chao Fan

Zutaten für 4 Portionen:
250 g Langkornreis
100 g gekochter Schinken, ohne Schwarte
1–2 Möhren (etwa 50 g)
2 frische Eier · Salz
4 EL neutrales Pflanzenöl
50 g Erbsen (tiefgekühlt)
weißer Pfeffer, frisch gemahlen
zum Garnieren: Gurkenscheiben, 1 Stück Möhre

Zubereitungszeit: 40 Min.
Pro Portion: 1600 kJ/380 kcal

1 Den Reis mit der doppelten Menge Wasser zum Kochen bringen und zugedeckt bei schwacher Hitze etwa 20 Min. quellen, dann abkühlen lassen.

2 Schinken in Würfel von etwa 1 cm Kantenlänge schneiden. Möhren schälen, waschen und wie den Schinken würfeln.

3 Eier in einer Schüssel verquirlen und mit 1 Prise Salz würzen. Einen Wok oder eine Pfanne bei starker Hitze in etwa 1 Min. erwärmen. 2 EL Öl angießen und Eiermasse darin unter Rühren 1–2 Min. braten, Eiermasse dabei mit dem Kochlöffel zerkleinern.

4 Schinken, Möhren und Erbsen dazugeben. Unter Rühren etwa 1 Min. braten. Reis dazugeben, mit $1/2$ TL Salz und 1 Prise Pfeffer würzen und unter Rühren etwa 2 Min. braten. Anschließend sofort servieren. Gurkenscheiben und Möhrenstück dekorativ schnitzen und das Gericht z.B. mit einer »Gurken-Möhren-Blume« garnieren.

Tip! Probieren Sie dieses milde Gericht einmal mit Duftreis, der ein sehr schönes Aroma hat und in fast jedem Asienladen erhältlich ist. Er wird genauso wie der Langkornreis zubereitet.

Vierfarbige Teigtäschchen

Si Fang Jiao

Braucht etwas Zeit · Festlich

Zutaten für 24 Stück:
Für den Teig:
480 g Weizenmehl
1 EL Schweineschmalz
Mehl für die Arbeitsfläche
Für die Füllung:
50 g ausschließlich fettes Schweinefleisch (z.B. vom Schweinebauch)
100 g Bambussprossen (in Stücken aus der Dose)
360 g rohe geschälte Garnelen
1 Stück Ingwer, etwa 2 cm dick
1 kleiner Bund Schnittlauch
2 EL Reiswein
1 EL Speisestärke
1 TL Zucker
1 TL Sesamöl
Salz
weißer Pfeffer, frisch gemahlen
2 Eier
2 EL neutrales Pflanzenöl
1–2 Möhren (etwa 50 g)

Zubereitungszeit: 1 1/2 Std.

Pro Stück: 450 kJ/110 kcal

1 Das Weizenmehl zuerst mit 180 ml heißem Wasser, dann mit 40 ml kaltem Wasser und dem Schweineschmalz vermischen. Anschließend zu einem elastischen und glatten Teig verkneten. Mit einem feuchten Tuch bedecken und bis zur Weiterverarbeitung ruhen lassen.

2 Fettes Schweinefleisch mit Wasser bedeckt bei mittlerer Hitze etwa 10 Min. kochen, herausnehmen und in Würfel von etwa 1/2 cm Kantenlänge schneiden. Bambussprossen in kochendem Wasser etwa 1 Min. sprudelnd kochen lassen, herausnehmen, abtropfen lassen und klein hacken.

3 Garnelen am Rücken entlang aufschlitzen und den schwarzen Darm mit einer Messerspitze entfernen. Garnelen kalt abspülen, trockentupfen und in Erbsengröße schneiden. Ingwer schälen und fein hacken. Schnittlauch waschen, trockenschütteln und fein hacken.

4 Die Garnelen mit Reiswein, Speisestärke, Zucker, Sesamöl, 3/4 TL Salz, 1/4 TL weißem Pfeffer, Schweinefleisch, Bambussprossen, Ingwer und der Hälfte des Schnittlauchs vermengen und gut durchrühren. Dann die Füllung in 24 Portionen teilen.

5 Eier trennen. Eiweiß und Eigelbe getrennt voneinander verquirlen, mit je 1 Prise Salz würzen. 1 EL Pflanzenöl in einer Pfanne bei mittlerer Hitze erwärmen, Eiweiß darin unter Rühren etwa 1 Min. braten, dabei mit dem Kochlöffel zerkleinern. Herausnehmen und mit dem Eigelb genauso verfahren. Möhren schälen, waschen und fein hacken.

6 Teig noch einmal kneten, dann auf einer gut bemehlten Arbeitsfläche zu einer Rolle von etwa 4 cm Durchmesser formen. Die Teigrolle in 24 möglichst gleich große Stücke schneiden. Die Stücke jeweils zu einer Teigscheibe von etwa 10 cm Durchmesser ausrollen.

7 Je 1 Portion Füllung auf eine Scheibe geben und die Teigränder hochziehen und so zusammenfügen, daß ein viereckiges Täschchen entsteht. Mit dem Zeigefinger, da wo die Teigränder aufeinandertreffen, vier Öffnungen schaffen. Zwischenräume gut andrücken. Öffnungen der Teigtäschchen zur Garnierung mit Eiweiß, Eigelb, Möhre und Schnittlauch füllen. Dabei jeweils in die erste Öffnung Eiweiß, die zweite Eigelb, die dritte Möhre und die vierte Schnittlauch geben.

8 Einen größeren Bambusdämpfer mit einem feuchten Tuch auskleiden, die Teigtäschchen vorsichtig darauf legen und auf einen mit 3 cm Wasser gefüllten Wok oder Topf setzen. Zugedeckt bei starker Hitze etwa 7 Min. dämpfen und servieren.

Tip! Wenn Sie keinen größeren Bambusdämpfer haben, können Sie die Teigtäschchen auch auf 2–3 kleinere Bambusdämpfer verteilen und diese übereinander stapeln.

Rettichkuchen

Aus Guangdong · Gelingt leicht
Luo Bo Gao

Zutaten für 4 Portionen, für 1 hitzebeständige Form von etwa 5 cm Höhe, 12 cm Breite und 18 cm Länge:
1 mittelgroßer Rettich (etwa 750 g)
1 Zwiebel
2 chinesische Würstchen (La Chang), ersatzweise 100 g Schinkenspeck
150 g getrocknete Krabben (Xia Mi)
3 EL neutrales Pflanzenöl
Salz
weißer Pfeffer, frisch gemahlen
500 g Reismehl (Zhan Mi Fen)

Zubereitungszeit: 45 Min.

Pro Portion: 3100 kJ/740 kcal

1 Rettich schälen, waschen und raspeln, in einen Topf geben und mit 75 ml Wasser bei mittlerer Hitze etwa 5 Min. zugedeckt dünsten, bis die Rettichraspeln glasig und weich werden.

2 Zwiebel schälen und fein hacken. Chinesische Würstchen fein würfeln. Getrocknete Krabben ebenfalls fein hacken. 2 EL Öl in einem Wok bei mittlerer Hitze heiß werden lassen. Zwiebel hineingeben und bei mittlerer Hitze etwa 1 Min. dünsten. Würstchen und getrocknete Krabben hinzufügen und weitere 3 Min. braten. Mit Salz und Pfeffer abschmecken.

3 Reismehl mit 170 ml Wasser gut vermengen und zu den Rettichraspeln geben. Zwiebel, Würstchen und Krabben hinzufügen. Das Ganze gut durchmischen und bei schwacher Hitze unter ständigem Rühren etwa 4–5 Min. köcheln lassen. Mit Salz und Pfeffer abschmecken.

4 In einem Wok ½ l Wasser erhitzen. Den noch halbflüssigen Teig in die Form füllen, in einen Bambusdämpfer setzen, Dämpfer zudecken, auf den Wok setzen und zugedeckt bei mittlerer Hitze etwa 20 Min. dämpfen. Herausnehmen und abkühlen lassen.

5 Vor dem Servieren den Rettichkuchen in etwa 7 cm lange, 5 cm breite und 1 ½ cm dicke Scheiben schneiden und mit 1 EL Öl in einem Wok bei schwacher Hitze in etwa 2 Min. braun braten.

Reismehl und Reisnudeln

Reismehl ist die Basis für frische und getrocknete Reisnudeln.

In Südchina ist Reis das Hauptnahrungsmittel. Um Abwechslung auf dem Speisezettel zu bekommen, werden die Reiskörner auch zu Reismehl und Reisnudeln verarbeitet. Es gibt verschiedene Sorten von Reismehl. Meistens wird das Reismehl aus Klebreis gewonnen, wobei es grundsätzlich zwei Herstellungsmethoden gibt. Bei der einen wird Klebreis zuerst in Wasser eingeweicht und zusammen mit dem Wasser gemahlen. Die so gewonnene Masse wird dann getrocknet. Diese ist besonders fein und wird in erster Linie für Süßspeisen wie gefüllte Klößchen verwendet. Bei der anderen Methode wird der Reis ohne Einweichen gemahlen, was ein nicht so feines Produkt ergibt. Traditionell wird der Reis noch mit einer Steinmühle gemahlen. Der Trend geht jedoch dahin, daß immer mehr industriell gefertigtes Reismehl gekauft wird. Aus Reismehl und Wasser werden Reisnudeln hergestellt.

Die verschiedenen Sorten von Reisnudeln werden gern mit anderen Zutaten wie Gemüse oder Fleisch zusammen gebraten. Vor der Zubereitung muß man die Reisnudeln in kaltem oder lauwarmem Wasser einweichen. Reismehl und Reisnudeln sind in hiesigen Asienläden erhältlich.

Klebreis in Schilfblättern

Zong Zi

Braucht etwas Zeit

Zutaten für 10 Stück:
450 g Klebreis (Nuo Mi)
50 g chinesische rote Bohnen (Chi Dou)
20–25 Schilfblätter, ersatzweise Bananenblätter
20–30 getrocknete Rotdatteln (Hong Zao)
nach Belieben: Puderzucker
außerdem: Küchengarn oder Bast

Zubereitungszeit: 1 ¼ Std. (+ 2 Std. Garen)

Pro Stück: 1000 kJ/240 kcal

1 Klebreis und rote Bohnen in einem Sieb kalt abspülen, dann zusammen mit frischem Wasser bedeckt etwa 20 Min. einweichen. Schilfblätter in warmem Wasser etwa 15 Min. einweichen. Datteln kalt abspülen und von den Kernen befreien.

2 Je nach Größe der Schilfblätter 2 bis 3 Schilfblätter leicht überlappend nebeneinander legen. Die Blätter in Tütenform zusammenrollen.

3 Jeweils etwa 50 g der Reis-Bohnen-Mischung sowie 2–3 Datteln hineingeben und etwas festdrücken. Die obere Hälfte der Blätter nach innen falten, so daß die Füllung ganz bedeckt ist, anschließend mit Küchengarn oder Bast zu Päckchen zusammenbinden.

4 In einen Topf geben, mit Wasser bedecken und bei starker Hitze aufkochen, dann bei mittlerer Hitze etwa 2 Std. garen. Eventuell Wasser nachgießen.

5 Die Päckchen aus dem Wasser nehmen, abtropfen und abkühlen lassen. Nach Belieben zusammen mit Puderzukker servieren. Das Gericht wird mit Eßstäbchen gegessen, wobei man sich die Füllung aus den Blättern herausholt. Die Blätter werden nicht mitgegessen.

Variante: Dieses Gericht ist in China auch mit Fleisch sehr beliebt. Für diese pikante Füllung 350 g mageren Schweinebauch (ohne Schwarte und Knochen) kalt abspülen, trockentupfen und in 10 Stücke schneiden. Die Fleischstücke dann mit 1 EL Sojasauce mischen und etwa 15 Min. darin marinieren lassen. Inzwischen 500 g Klebreis mit 2 EL dunkler Sojasauce mischen und 10 Min. ziehen lassen. Reis und Fleisch wie im Rezept angegeben in die eingeweichten Schilfblätter wickeln und wie angegeben garen.

Info: Zong Zi werden in der Regel jedes Jahr am 5. Mai (nach dem chinesischen Kalender) zum Andenken an den Dichter Qu Yuan zubereitet, der Ende des 4. Jahrhunderts v. Chr. lebte. Dieser Dichter hatte auch ein Ministeramt inne und ertränkte sich aus Verzweiflung über den korrupten Staat. In Erinnerung an ihn werfen die Chinesen seit seinem Tod Zong Zi in den Fluß, um Qu Yuans Körper vor dem Hunger der Fische zu schützen und senden Boote aus, um ihn aufzufinden (Ursprung des Drachenboot-Festes).

Teigwaren und Reis

Teigtaschen mit Rinderhack

Niu Rou Xian Bing

Gelingt leicht · Braucht etwas Zeit

Zutaten für 10 Stück:
Für den Teig:
400 g Weizenmehl
1 frisches Ei
Mehl für die Arbeitsfläche
Für die Füllung:
2 Frühlingszwiebeln
250 g Rinderhackfleisch
1 TL Zucker
1 EL Sesamöl
1 EL Reiswein
Salz
weißer Pfeffer, frisch gemahlen
Für den Dip:
4 EL helle Sojasauce
1 ½ EL dunkler Reisessig
1 TL Sesamöl
nach Belieben: 1 TL Chilisauce
zum Braten:
3 EL neutrales Pflanzenöl

Zubereitungszeit: 1 Std.

Pro Stück: 990 kJ/240 kcal

1 Das Mehl zuerst mit 180 ml heißem Wasser vermischen, etwas abkühlen lassen, das Ei dazugeben und dann zu einem elastischen und glatten Teig verkneten. Teig mit einem feuchten Tuch abdecken und etwa 20 Min. ruhen lassen.

2 Frühlingszwiebeln putzen, waschen und fein hacken. Rinderhack mit Frühlingszwiebeln, Zucker, Sesamöl, 2 EL Wasser, Reiswein, je ½ TL Salz und Pfeffer vermischen und gut durchrühren. Dann in 10 Portionen teilen.

3 Die Sojasauce für den Dip in einer Eßschale mit Essig, Sesamöl und nach Belieben Chilisauce vermischen. Teig noch einmal durchkneten, dann auf einer gut bemehlten Arbeitsfläche zu einer Rolle von etwa 4 cm Durchmesser formen. Die Teigrolle in 10 möglichst gleich große Stücke schneiden und jeweils zu einer Teigscheibe von etwa 8 cm Durchmesser ausrollen.

4 Je 1 Portion Füllung auf eine Scheibe geben, den Teigrand hochziehen und über der Füllung zusammendrehen. Die Ränder zusammendrücken, Teigtaschen leicht flachdrücken.

5 Eine Pfanne bei mittlerer Hitze in etwa 1 Min. erwärmen. Pflanzenöl angießen. Die gefüllten Taschen vorsichtig hineingeben, dann bei schwacher Hitze etwa 8 Min. offen braten, einmal wenden und weitere 7 Min. braten. Teigtaschen mit der zusammengedrehten Seite nach unten mit dem Dip servieren.

Tip! Garnieren Sie das Gericht mit Lauch und einer mit Lebensmittelfarbe gelb gefärbten »Rettich-Rose«.

Nudeln mit Lauch

Aus Guangdong · Geht schnell **Cong Jiang Lao Mian**

Zutaten für 4 Portionen:
1 großes Stück Ingwer,
etwa 5 cm dick
500 g Lauch
1 ½ l Hühnerbrühe
(selbstgemacht oder instant)
400 g chinesische Eiernudeln
2 EL Austernsauce
1 TL Sesamöl

Pro Portion: 1600 kJ/380 kcal

Zubereitungszeit: 20 Min.

1 Ingwer schälen und in etwa 5 cm lange, sehr dünne Streifen schneiden. Lauch putzen, waschen und ebenfalls in etwa 5 cm lange, sehr dünne Streifen schneiden.

2 Hühnerbrühe in einem Topf zum Kochen bringen, die Nudeln hineingeben und bei mittlerer Hitze 7–8 Min. kochen, zwischendurch immer wieder umrühren. Dann herausnehmen, abtropfen lassen und auf vier Teller verteilen.

3 Ingwer- und Lauchstreifen in einen Schaumlöffel geben und etwa 1 Min. in der Hühnerbrühe garen, dann auf die Nudeln verteilen.

4 Vor dem Servieren mit Austernsauce und Sesamöl beträufeln.

Getränk: Probieren Sie dazu einmal ein kühles chinesisches Bier, z.B. ein Tsingtao-Bier. Es ist in vielen Asienläden erhältlich.

Info: In China gibt man auf die abgekochten Nudeln noch 1 TL Schweineschmalz. Wir haben hier aber darauf verzichtet, weil es für den europäischen Geschmack zu fett ist. Aber Sie können dies durchaus einmal probieren.

261

Teigtäschchen mit Garnelen

Aus Guangdong · Etwas schwieriger Xia Jiao

Zutaten für 30 Stück:
Für den Teig:
360 g Weizenmehl (Cheng Mian)
1 EL Schweineschmalz
Mehl für die Arbeitsfläche
Für die Füllung:
50 g ausschließlich fettes Schweine-
fleisch (z.B. vom Schweinebauch)
75 g Bambussprossen
(in Stücken aus der Dose)
200 g rohe geschälte Garnelen
1 EL Reiswein
1 TL Speisestärke
1 TL Zucker
1 TL Sesamöl
Salz
weißer Pfeffer, frisch gemahlen

Zubereitungszeit: 1 Std.

Pro Stück: 260 kJ/62 kcal

1 Das Mehl mit 120 ml heißem Wasser und 1 EL Schweineschmalz verkneten, bis ein elastischer und glatter Teig entsteht. Teig mit einem feuchten Tuch abdecken und bis zur Weiterverarbeitung ruhen lassen.

2 Fettes Schweinefleisch bei mittlerer Hitze etwa 10 Min. mit Wasser bedeckt kochen. Dann herausnehmen und in Würfel von etwa 1/2 cm Kantenlänge schneiden. Bambussprossen in kochendem Wasser 1 Min. sprudelnd kochen lassen, herausnehmen, abtropfen lassen und kleinhacken.

3 Garnelen am Rücken entlang aufschlitzen und den Darm mit einer Messerspitze entfernen. Garnelen kalt abspülen, trockentupfen und in Erbsengröße schneiden. Die Garnelen mit Reiswein, Speisestärke, Zucker, Sesamöl, 1/2 TL Salz, Pfeffer, Schweinefleisch und Bambussprossen vermengen und gut durchrühren. Anschließend die Füllung in 30 Portionen teilen.

4 Teig noch einmal durchkneten, dann auf einer gut bemehlten Arbeitsfläche zu einer Rolle von etwa 2 cm Durchmesser formen. Die Teigrolle in 30 möglichst gleich große Stücke schneiden. Die Stücke jeweils zu einer Teigscheibe von etwa 6 cm Durchmesser ausrollen.

5 Je 1 Portion Füllung auf eine Scheibe geben und die Teigscheibe zu Halbmonden zusammenfalten. Die Ränder gut andrücken.

6 Einen Bambusdämpfer mit einem feuchtem Tuch auskleiden. Die Teigtäschchen darauf legen, zudecken und auf einen mit 3 cm Wasser gefüllten Wok oder Topf setzen. Zugedeckt bei starker Hitze 5–6 Min. dämpfen und anschließend servieren.

Variante: Teigtäschchen mit Krabben
Sie können die Teigtäschchen auch mit (Nordsee-) Krabben füllen und statt zu dämpfen fritieren. Für die Füllung 150 g rohe geschälte (Nordsee-) Krabben fein hacken. 1 Scheibe Ingwer (etwa 1 cm dick) schälen und ebenfalls fein hacken. Dann die gehackten Krabben mit Ingwer, 150 g Schweinehackfleisch, 1 1/2 TL Salz, 1 Prise weißem Pfeffer, 1 EL Reiswein und 1 frischem Eiweiß vermischen. Teigtäschchen wie im Rezept angegeben zubereiten und mit der Masse füllen. In einem Wok oder Topf 1/2 l neutrales Pflanzenöl erhitzen. Wenn an einem ins Öl getauchten Holzstäbchen Bläschen aufsteigen, ist es heiß genug. Die Teigtäschchen Stück für Stück ins Öl geben und bei starker Hitze goldbraun fritieren. Herausnehmen, Fett abtropfen lassen, Teigtäschchen servieren.

Info: Das Weizenmehl (Cheng Mian) ist ein spezielles Mehl ohne Mehlkleister. Es ist in vielen Asienläden erhältlich.

Tip! Versuchen Sie als Dip zu diesen Teigtäschchen Hoisin-Sauce, die aus gesalzenen Sojabohnen, Zucker, Wasser, Essig, Sesamsamen, Weizenmehl und einigen anderen Gewürzen besteht.

Teigtaschen mit Füllung

Guo Tie

Aus Peking · Etwas schwieriger

*Zutaten für 2 Portionen,
für etwa 30 Stück:
250 g Mehl
1 Frühlingszwiebel
1 dünne Scheibe Ingwer
150 g Schweinehackfleisch
Salz
1 EL helle Sojasauce
1 TL Reiswein
Mehl zum Ausrollen
6 EL neutrales Pflanzenöl
1 TL dunkler Reisessig
Zum Dippen:
1 EL Sesamöl pro Person*

**Zubereitungszeit: 1 Std.
(+ 1 Std. Ruhen)**

Pro Stück: 230 kJ/55 kcal

1 Das Mehl in eine Schüssel geben. Nach und nach mit etwa 100 ml warmem Wasser zu einem glatten Teig verkneten. In ein feuchtes Tuch wickeln und etwa 1 Std. ruhen lassen.

2 Inzwischen die Frühlingszwiebel waschen, putzen und fein hacken. Den Ingwer schälen und ebenfalls fein hacken.

3 Das Schweinehackfleisch mit Frühlingszwiebel, Ingwer, Salz, Sojasauce, Reiswein und 2 EL kaltem Wasser in einer Schüssel verrühren.

4 Den Teig auf wenig Mehl zu einer Rolle von etwa 2 ½ cm Durchmesser formen. Die Rolle in insgesamt etwa 30 Stücke teilen. Teigstücke mit einem kleinen Handroller (oder zur Not auch mit einem normalen Handroller) in runde Stücke von etwa 7 cm Durchmesser ausrollen. Die Mitte sollte etwas dicker als der Rand sein.

5 Auf jedes Teigstück 1 TL von der Hackfleischfüllung geben, Fladen zu Halbmonden zusammenlegen und die Ränder mit den Fingerkuppen andrücken.

6 In einer Pfanne Öl bei mittlerer Hitze heiß werden lassen. Die gefüllten Teigtaschen eng nebeneinander in die Pfanne legen und etwa 2 Min. anbraten. Dann etwa ⅛ l kaltes Wasser mit Essig mischen, angießen und die Pfanne schnell zudecken (durch den Essig wird der Boden der Teigtaschen knuspriger). Nach 5–7 Min., wenn kein Wasser mehr in der Pfanne ist, können die Teigtaschen serviert werden. Man dippt sie beim Essen kurz in Sesamöl.

Variante: In die Füllung kann man auch noch fein gehackten Chinakohl oder fein gehackten chinesischen Schnittlauch geben.

Tip! Sie können den Teig auch auf bemehlter Arbeitsfläche ausrollen und mit einem Glas von 7 cm Durchmesser Kreise von ebensolcher Größe ausstechen. Dann in einem Zug die Füllung verteilen und alle Teigstücke nacheinander zusammendrücken. Das geht schneller, ist aber nicht typisch.

Gebratene San-Xian-Nudeln

Braucht etwas Zeit San Xian Chao Mian

Zutaten für 2 Portionen:
20 g getrocknete Donggu-Pilze
100 g rohe ungeschälte Tiefseegarnelen
100 g Hühnerbrust, ohne Haut und Knochen
1 Eiweiß
1 TL Speisestärke · Salz
50 g Bambussprossen in Stücken (aus der Dose)
200 g mitteldicke chinesische Nudeln
2 ½ EL helle Sojasauce
4 EL neutrales Pflanzenöl zum Braten
1 EL Reiswein
weißer Pfeffer, frisch gemahlen
nach Belieben: 1 TL Sesamöl

Zubereitungszeit: 40 Min.

Pro Portion: 2800 kJ/670 kcal

1 Donggu-Pilze in warmem Wasser etwa 10 Min. einweichen. Von den Garnelen den Kopf abschneiden, Garnelen aus der Schale lösen, am Rücken entlang aufschlitzen und mit einer Messerspitze den schwarzen Darm entfernen (siehe Schritt 1, S. 110). Die Garnelen waschen und längs halbieren. Das Hühnerfleisch waschen, trockentupfen und in etwa 4 cm lange, 1 cm breite, dünne Streifen schneiden.

2 Garnelen und Hühnerfleisch getrennt mit je ½ Eiweiß, ½ TL Stärke und 1 Prise Salz verrühren. In einem Topf Wasser zum Kochen bringen. Bambussprossen darin etwa 1 Min. sprudelnd kochen, mit einem Schaumlöffel herausnehmen, abtropfen und abkühlen lassen, dann in dünne Streifen schneiden. Die Pilze aus dem Wasser nehmen, waschen und in Streifen schneiden. Backofen auf 75° vorheizen.

3 In einem Topf reichlich Wasser zum Kochen bringen, Nudeln hineingeben und 3–5 Min. kochen. In ein Sieb abgießen, abschrecken, abtropfen lassen und in einer Schüssel mit 1 Prise Salz und 1 EL Sojasauce vermischen.

4 Einen Wok oder eine Pfanne bei mittlerer Hitze erwärmen. 2 EL Öl hineingeben und in etwa 3 Min. heiß werden lassen. Die Nudeln hineingeben und gleichmäßig verteilen. Mit 1 EL

Sojasauce würzen und gut verrühren. Den Wok leicht schwenken, damit sich das Öl gleichmäßig verteilt. Die Nudeln 2–3 Min. braten, dann wenden und weitere 3 Min. braten, dabei mit Eßstäbchen ab und zu leicht rühren. Wenn die Nudeln leicht gelbbraun sind, herausnehmen und auf zwei Teller verteilen und im Ofen (Umluft 50°) warm stellen.

5 In den Wok 1 EL Öl geben und bei mittlerer Hitze heiß werden lassen. Die Garnelen darin unter Rühren etwa 2 Min. braten, dann herausnehmen.

Wieder 1 EL Öl in den Wok geben, heiß werden lassen. Das Hühnerfleisch ebenfalls unter Rühren etwa 2 Min. braten.

6 Dann die Pilze, Bambussprossen und Garnelen dazugeben, mit Salz, $1/2$ EL Sojasauce und 1 Prise Pfeffer würzen. Alles unter Rühren etwa 1–2 Min. schmoren, währenddessen 100 ml Wasser dazugeben. Dann alles auf die Nudeln verteilen. Vor dem Servieren nach Belieben mit Sesamöl beträufeln.

Variante: Falls Sie Vegetarier sind, ersetzen Sie die Garnelen und die Hühnerbrust durch 4 Eier. Dazu Eier aufschlagen und mit etwas Salz verquirlen. 4 EL neutrales Pflanzenöl im Wok bei mittlerer Hitze erwärmen. Eier hineingeben, stocken lassen und klein zerteilen. Danach zusammen mit Donggu-Pilzen und Bambussprossen kurz braten.

Tip! Sie können statt der chinesischen Nudeln auch Spaghetti nehmen, die Sie etwa 7 Min. kochen.

Gefüllte Teigtäschchen

Braucht etwas Zeit   Shao Mai

Zutaten für 20 Stück:
200 g Mehl
1 Frühlingszwiebel
200 g Schweinehackfleisch
1 Eiweiß
1 EL Reiswein
Salz
1/2 TL Zucker
20 tiefgefrorene Erbsen

Zubereitungszeit: 45 Min.
(+ 20 Min. Ruhen)

Pro Stück: 230 kJ/55 kcal

1 Mehl in einer Schüssel mit etwa 100 ml kaltem Wasser verrühren und zu einem glatten Teig verkneten. Den Teig mit einem feuchten Tuch abdecken und etwa 20 Min. ruhen lassen. Inzwischen Frühlingszwiebel putzen, waschen und fein hacken. Das Hackfleisch mit Frühlingszwiebel, Eiweiß, Reiswein, Salz und Zucker gut vermischen und in 20 Portionen teilen.

2 Den Teig noch einmal durchkneten, dann zu einer Rolle von etwa 2 cm Durchmesser formen und in 20 gleich große Stücke schneiden. Jedes Teigstück nochmals durchkneten und zu einer runden Scheibe von etwa 6 cm Durchmesser ausrollen.

3 In einer Hand 1 Teigscheibe flach halten, 1 Portion Fleischfüllung darauf setzen und mit dem Teig so umhüllen, daß das Täschchen nach oben offen bleibt und wie ein Säckchen aussieht. Auf die Öffnung eines jeden Täschchens eine Erbse setzen.

4 Einen Bambusdämpfer mit einem feuchten Tuch auskleiden. Die Täschchen darauf in einem Abstand von etwa 1 cm setzen, den Dämpfer schließen. In einem Wok oder einem Topf, deren Größe für den Bambusdämpfer geeignet ist, ausreichend Wasser bei starker Hitze zum Kochen bringen. Die Täschchen über dem heißen Wasserdampf etwa 10 Min. dämpfen.

Nudeln mit Fleischsauce

Aus Peking · Geht schnell   Zha Jiang Mian

Zutaten für 2 Portionen:
20 g getrocknete Donggu-Pilze
40 g Bambussprossen in Stücken
(aus der Dose)
1 etwa haselnußgroßes
Stück Ingwer (10 g)
1 Stange Lauch (etwa 150 g)
200 g breite chinesische Nudeln
2 EL neutrales Pflanzenöl
125 g Schweinehackfleisch
100 g helle Bohnenpaste
1 TL Reiswein
50 ml Fleischbrühe
(selbstgemacht oder instant)
1 TL Sesamöl

Zubereitungszeit: 30 Min.
Pro Portion: 1900 kJ/450 kcal

1 Donggu-Pilze in warmem Wasser etwa 10 Min. einweichen. Inzwischen Wasser aufkochen, Bambussprossen darin etwa 1 Min. sprudelnd kochen, herausnehmen, abtropfen und abkühlen lassen, dann sehr klein (kleiner als Erbsen) würfeln. Ingwer schälen, Lauch putzen, waschen und beides fein hacken. Pilze aus dem Wasser nehmen und in kleine Würfel schneiden.

2 In einem Topf Wasser zum Kochen bringen. Die Nudeln ins kochende Wasser geben und etwa 10 Min. kochen. Inzwischen das Öl in einer Pfanne oder einem Wok bei mittlerer Hitze heiß werden lassen. Ingwer und Lauch darin unter Rühren anbraten. Hackfleisch,

Bambussprossen und Pilze dazugeben und unter Rühren etwa 1 Min. anbraten. Die Bohnenpaste dazugeben und die Mischung kurz zum Kochen bringen. Den Reiswein untermischen und weiter etwa 1 Min. unter Rühren kochen lassen. Wenn das Fleisch sich langsam in der Sauce löst, die Brühe dazugeben und gut verrühren.

3 Die Nudeln abgießen, abtropfen lassen und in einen tiefen Teller füllen, mit Fleischsauce bedecken und mit Sesamöl beträufeln.

Variante: Vegetarier können statt Fleisch auch etwa 200 g sehr klein gewürfelte Auberginen nehmen.

KÖSTLICHE SUPPEN

Suppen dürfen bei einem guten chinesischen Essen auf gar keinen Fall fehlen. Sie gehören sowohl zum einfachen Familienmahl als auch zum Festschmaus. Im Gegensatz zu den Tischsitten in Europa wird die Suppe aber nicht vor dem Hauptgang serviert und dient auch nicht als Appetitanreger.

Meist wird sie nach den Reisgerichten gegessen, sozusagen als Abschluß und Ausklang eines Menüs. Im Familienkreis wird oft eine größere Menge zubereitet, die dann während des Essens und zwischen den einzelnen Gängen getrunken wird. Manchmal gibt es beim alltäglichen Essen die Suppe auch zusammen mit einem anderen Gericht.

Bei mehrgängigen Festessen wird die Suppe öfters zum Schluß »getrunken« – wie man in China passenderweise sagt – und die Einlage kann man anschließend mit Stäbchen essen. Es gibt sehr unterschiedliche Suppen in China – die Palette reicht von einer einfachen Brühe bis hin zur dicken, eintopfartigen Suppe.

Gegessen wird die Suppe normalerweise mit Porzellanlöffeln aus Suppenschälchen, die etwas kleiner sind als die Eßschälchen. Logischerweise essen die Chinesen eher wenig Suppe – nach all den vorangegangenen Köstlichkeiten. Daher reichen die folgenden Rezepte für eine Servierschüssel für vier Personen. Wenn Sie allerdings die Suppe nicht als wohlschmeckenden Abschluß des Essens betrachten, sondern Ihren Gästen zum Sattwerden servieren, können Sie die Zutaten ruhig verdoppeln.

Frischer Koriander ist eine beliebte Würze in der chinesischen Küche.

Köstliche Suppen 271

Sauer-scharfe Suppe

Aus Peking · Raffiniert Suan La Tang

Zutaten für 4 Portionen:
50 g Schweinefilet
5 getrocknete Mu-Err-Pilze
50 g junger Tofu
(ersatzweise anderer Tofu)
30 g Spinat
30 g Bambussprossen
1 Stück Lauch (etwa 3 cm lang)
nach Belieben:
2–3 Zweige frischer Koriander
1½ EL Sesamöl
8 weiße Pfefferkörner
2 EL helle Sojasauce
1 EL Speisestärke, mit 3–4 EL
Wasser verrührt
2 Eier · 2 EL brauner Essig
1 EL Sichuan-Pfeffer-Öl

Zubereitungszeit: 35 Min.

Pro Portion: 680 kJ/ 160 kcal

1 Schweinefilet mit gut ½ l Wasser zum Kochen bringen, dann etwa 15 Min. bei schwacher Hitze darin ziehen lassen.

2 Mu-Err-Pilze in warmem Wasser etwa 10 Min. einweichen. Inzwischen Tofu in 3 cm lange, 1 cm breite Streifen schneiden. Spinat waschen und in 3 cm große Stücke schneiden. Bambus in streichholzdicke Streifen schneiden. Lauch putzen und in feine Scheiben schneiden. Koriander waschen und mit dem Stiel in 1 cm lange Stücke schneiden. Mu-Err-Pilze aus dem Wasser nehmen und in Streifen schneiden.

3 Inzwischen Wasser in einem anderen Topf zum Kochen bringen. Spinat, Mu-Err-Pilze, Tofu und Bambus in kochendem Wasser etwa 1 Min.

blanchieren. Fleisch aus dem Topf nehmen und in dünne Scheiben schneiden. Brühe aufheben.

4 Sesamöl in einem Topf erhitzen. Pfeffer kurz darin anbraten, dann wieder herausnehmen. Lauch ebenfalls kurz darin anbraten. Brühe angießen und zum Kochen bringen. Fleisch und die blanchierten Zutaten dazugeben.

5 Suppe mit Sojasauce abschmecken. Stärke einrühren und noch einmal aufkochen lassen. Eier in einer Schüssel verquirlen. In einem dünnen Strahl unter Rühren in die Suppe mischen.

6 Suppe mit Essig mischen. Mit Koriander bestreuen und mit Sichuan-Pfeffer-Öl beträufeln.

Rettichsuppe mit Garnelen

Wintergericht · Geht schnell Luo Bo Hai Mi Tang

Zutaten für 4 Portionen:
20 g getrocknete Garnelen oder
100 g rohe Garnelen
100 g weißer Rettich
1 Frühlingszwiebel
2 EL Schweineschmalz
½ l Fleischbrühe (selbstgekocht)
oder Wasser
1 TL Reiswein
1 Zweig frischer Koriander,
ersatzweise Schnittlauch
Salz

Zubereitungszeit: 30 Min.

Pro Portion: 360 kJ/ 86 kcal

1 Getrocknete Garnelen in heißem Wasser 10 Min. einweichen. Inzwischen Rettich schälen, der Länge nach halbieren und in dünne Scheiben schneiden.

2 Getrocknete Garnelen waschen. Frische Garnelen von Kopf, Schale und dem dunklen, fadenförmigen Darm befreien. Frühlingszwiebel putzen und in feine Scheiben schneiden.

3 Topf oder Wok erhitzen. 1 EL Schweineschmalz hineingeben. Frühlingszwiebel darin kurz anbraten. Fleischbrühe oder Wasser und Reiswein dazugeben und erhitzen.

4 Rettich und eingeweichte Garnelen dazugeben. Die Rettichsuppe etwa 5 Min. bei mittlerer Hitze kochen. Wenn Sie frische Garnelen nehmen, 1 Min. vor Schluß zur heißen Suppe geben. Inzwischen Koriander waschen und die Blättchen abzupfen.

5 Schaum von der Suppe abschöpfen. Die Rettichsuppe mit Salz abschmecken und 1 EL Schweineschmalz untermischen. Mit Koriander garniert servieren.

Info: Rettichsuppe gilt in China als Ginseng-Tee für arme Leute, denn sie stärkt die Abwehrkräfte.

Köstliche Suppen 273

Bunter Feuertopf

Aus Ostchina · Festlich Shi Jin Huo Guo

Zutaten für 4–6 Portionen:
100 g rohe Hühnerbrust
300 g Schweine- oder Rinderfilet
200 g rohe Garnelen
100 g roher geräucherter Schinken
300 g zarte Chinakohlblätter
300 g Spinat
20 g Ingwerwurzel
1 dünne Stange Lauch
500 g Glasnudeln
50 g Bambussprossen
100 g frische Tongku-Pilze (Shiitake)
150 g beliebiges Fischfilet
150 g Tofu
2–2 ½ l Hühnerbrühe
(selbst gekocht)
Salz · 200 g Fischklößchen
Sojasauce · Chiliöl · Sesamöl

Zubereitungszeit: 1 Std.

Bei 6 Portionen pro Portion:
4100 kJ/ 980 kcal

1 Hühnerbrust und Filet in Folie wickeln und 30–60 Min. ins Gefrierfach legen. So läßt es sich leichter in dünnere Scheiben schneiden.

2 Inzwischen Garnelen von Kopf, Schale und dem dunklen Darm befreien. Schinken in dünne Streifen schneiden. Chinakohl und Spinat waschen. Ingwer schälen, Lauch waschen und beides fein hacken.

3 Glasnudeln etwa 10 Min. in heißem Wasser einweichen. Bambussprossen der Länge nach in dünne Scheiben schneiden. Pilze je nach Größe ganz lassen oder halbieren. Fischfilet unter kaltem Wasser abspülen, trockentupfen und würfeln. Tofu ebenfalls in Würfel schneiden.

4 Glasnudeln abtropfen lassen und mit der Küchenschere etwas kleinschneiden. Fleisch und Hühnerbrust aus dem Gefrierfach nehmen und in ganz dünne Scheiben schneiden.

5 Hühnerbrühe erhitzen, dann in den angeheizten Feuertopf füllen. Mit Salz abschmecken. Alle Zutaten auf verschiedenen Tellern auf dem Tisch arrangieren. Den Feuertopf in die Mitte stellen.

6 Bambus, Schinken und Fischklößchen in die Brühe geben und garen, bis die Brühe wieder kocht. Diese Zutaten zuerst essen, dann die restlichen Zutaten außer Lauch und Ingwer nacheinander kurz in der heißen Brühe garen und mit den zum Feuertopf gehörenden Siebchen herausfischen.

7 Dazu Salz und Pfeffer, Sojasauce, Chiliöl, Sesamöl und gehackten Ingwer und Lauch servieren. Zum Schluß die Suppe trinken.

Tip! Falls Sie keinen Feuertopf haben, können Sie auch einen Fondue-Topf verwenden.

Feuertopf

Die ersten Feuertöpfe gab es bereits in der Song-Dynastie (960–1279), seine Blütezeit erlebte der Topf aber in der Mitte der Qing-Dynastie (1644–1911). Aus den Aufzeichnungen eines Palastkochs des Qing-Kaisers Qianlong (1736–1795) erfährt man, daß sein Kaiser Feuertopf besonders liebte. Anläßlich eines Feuertopf-Festes berichtet er von 530 Tischen mit ebensovielen Feuertöpfen. Bis heute ist der Feuertopf so populär, daß er sowohl bei großen Banketts als auch beim festlichen Mahl zu Hause immer wieder gerne serviert wird. Der Feuertopf ist im Winter und im Sommer beliebt, im Sommer stellen ihn die Chinesen gerne im Freien auf. In China gibt es noch immer überwiegend den traditionellen Topf, der mit Holzkohle beheizt wird. Diesen Topf sollten Sie allerdings eher im Freien verwenden. Es gibt bei uns inzwischen eine große Auswahl an Feuertöpfen, die mit Brennpaste oder Strom erhitzt werden. Das Schöne am Feuertopf ist, daß alle gesellig beisammen sitzen und jeder selbst entscheidet, was und wieviel er essen möchte. Die Zutaten werden vorher kleingeschnitten, so daß die Garzeit nur wenige Minuten beträgt und alles schön knackig und aromatisch bleibt. Jeder kann nun die ausgewählten Zutaten mit Hilfe von Fonduegabeln, chinesischen Stäbchen oder den Metallsieben, die zum Feuertopf gehören, in der köchelnden Brühe selbst zubereiten.

Das junge Paar genießt das Essen aus dem Feuertopf in Tian Jin.

Nudelsuppe mit fünf Farben

Wu Se Tang Mian

Raffiniert · Braucht etwas Zeit

Zutaten für 4 Portionen:
100 g rohe Garnelen
1 entbeinte Hühnerbrust
(etwa 100 g)
Salz
weißer Pfeffer, frisch gemahlen
1 TL Reiswein
1 Handvoll Spinat
1 Frühlingszwiebel
150 g frische Tongku-Pilze (Shiitake)
30 g roher luftgetrockneter Schinken
(2 dünne Scheiben)
150 g Nestnudeln
gut ½ l Hühnerbrühe (selbst gekocht)

Zubereitungszeit: 40 Min.
(+ 30 Min. Ruhen)

Pro Portion: 950 kJ/ 230 kcal

1 Garnelen von Kopf, Schale und dem dunklen Darm befreien. Hühnerbrust und Garnelen mit Salz, Pfeffer und Reiswein auf einen hitzebeständigen Teller geben. 30 Min. marinieren.

2 In einen Topf eine umgedrehte Tasse stellen und etwa 3 cm hoch Wasser angießen. Den Teller mit Hühnerbrust und Garnelen darauf stellen und diese bei mittlerer Hitze etwa 15 Min. dämpfen. Abkühlen lassen. Garnelen halbieren, Hühnerfleisch in Streifen zupfen.

3 Spinat waschen und in 3 cm große Stücke schneiden. Frühlingszwiebel in feine Scheiben schneiden. Tongkupilze in Streifen schneiden. Schinken in etwa 2 cm große Quadrate schneiden.

4 In einem weiten Topf Wasser zum Kochen bringen. Pilze und Spinat etwa 1 Min. blanchieren. Abschrecken und abtropfen lassen. Salzen und pfeffern.

5 In einem anderen Topf reichlich Wasser zum Kochen bringen. Die Nudeln darin in etwa 4 Min. garen. Mit einem Schaumlöffel herausholen und in eine Suppenschüssel geben.

6 Hühnerbrühe zum Kochen bringen, salzen. Frühlingszwiebel, Hühnerfleisch, Garnelen, Spinat, Pilze und Schinken auf den Nudeln dekorativ nach Farben getrennt anordnen. Dann Hühnerbrühe auch in die Schüssel füllen.

Seetang-Knoblauch-Suppe

Dan Hua Zi Cai Tang

Geht schnell

Zutaten für 4 Portionen:
2–3 Knoblauchzehen
1 Frühlingszwiebel
1 Blatt gepreßter Seetang
(Nori oder Purpurtang)
2 Eier · Salz
2 EL Pflanzenöl
2 EL Sesamöl
½ l Hühnerbrühe (selbst gekocht)
oder Wasser

Zubereitungszeit: 25 Min.

Pro Portion: 810 kJ/ 190 kcal

1 Knoblauch schälen und in Scheiben schneiden. Frühlingszwiebel putzen und ebenfalls in feine Scheiben schneiden. Seetang mit der Hand in mundgerechte Stücke reißen. Eier verquirlen und salzen.

2 Pflanzenöl in einer Pfanne erhitzen. Eiermasse hineingeben und durch Schwenken wie einen Pfannkuchen verteilen. Bei schwacher Hitze 1–2 Min. braten, bis auch die Oberfläche goldbraun ist. Eierkuchen herausnehmen, etwas erkalten lassen und in etwa 2 cm große Rauten schneiden.

3 In einen Topf 1 EL Sesamöl erwärmen. Knoblauch dazugeben und kurz anbraten. Brühe oder Wasser angießen, salzen und zum Kochen bringen.

4 Eierrauten und Seetang in die Suppe geben. Beim Servieren 1 EL Sesamöl über die Suppe träufeln, Frühlingszwiebel darüber streuen.

Tip! Manche Menschen mögen den Fischgeruch von Seetang nicht so gerne. Er verschwindet, wenn Sie etwas braunen Essig und Sojasauce zugeben. Allerdings ist die Farbe der Suppe dann nicht mehr so attraktiv.

276 *Köstliche Suppen*

Fischklößchensuppe

Aus Ostchina Yu Yuan Bo Cai Tang

Zutaten für 4 Portionen:
50 g Bambussprossen
100 g Zucchini
50 g frische Tongku-Pilze (Shiitake)
2 dünne Scheiben Ingwerwurzel
1 Stück Lauch (etwa 3 cm lang)
1 TL Reiswein
300 g beliebiges Fischfilet
Salz
2 Eiweiß
1 EL trockene Speisestärke
1 EL Schweineschmalz, ersatzweise Pflanzenöl
½ l Hühnerbrühe (selbst gekocht)
weißer Pfeffer, frisch gemahlen

Zubereitungszeit: 35 Min.

Pro Portion: 1200 kJ/ 290 kcal

1 Bambus der Länge nach in dünne Scheiben schneiden. Zucchini putzen, waschen, der Länge nach halbieren und in dünne Scheiben schneiden. Pilze putzen und in Streifen schneiden.

2 Ingwer schälen, Lauch putzen, beides grob zerkleinern und mit Reiswein in eine stabile Schüssel geben. Mit einem Stößel oder einem stabilen Löffel so lange pressen, bis sich Saft bildet. Ingwer und Lauch dann herausholen.

3 Fischfilet kalt abspülen, trockentupfen, auf ein Brett geben und mit einem Hackmesser sehr fein hacken. Zu der Reisweinmischung geben und mit Salz würzen.

4 Zu der Mischung 2 EL Wasser tropfenweise unter Rühren (immer in einer Richtung) hinzugeben. So lange weiterrühren, bis die Masse zusammenhält. Eiweiß und Stärke verquirlen und untermengen.

5 Reichlich Wasser zum Kochen bringen. Aus der Fischmasse mit den Händen Klöße von etwa 2 cm Durchmesser formen und ins heiße Wasser geben. So lange garen, bis das Wasser wieder gründlich kocht. Die Klößchen mit einem Schaumlöffel herausholen.

6 Schweineschmalz oder Öl in einer Pfanne erhitzen. Bambus, Zucchini und Pilze hineingeben und bei starker Hitze 1–2 Min. braten. Herausholen und in eine Suppenschüssel geben.

7 Hühnerbrühe zum Kochen bringen und mit Salz abschmecken. Fischklößchen vorsichtig hineingeben. Suppe noch einmal zum Kochen bringen. Schaum abschöpfen und die Suppe in die Schüssel zum Gemüse gießen. Mit Pfeffer bestreut servieren.

Variante: Statt Fisch schmeckt gehacktes, mageres Schweinefleisch sehr gut. Es macht auch weniger Arbeit, weil man es nicht selbst hacken muß.

Tip! Fischklößchen gibt es im Asien-Laden auch tiefgefroren zu kaufen, wenn es einmal schnell gehen muß.

Tomaten-Eierblumen-Suppe

Aus Nordchina · Gelingt leicht
Fan Qie Dan Hua Tang

Zutaten für 4 Portionen:
2–3 Eiertomaten (je nach Größe)
2 Eier
Salz
1 Frühlingszwiebel
4 EL Pflanzenöl
weißer Pfeffer, frisch gemahlen

Zubereitungszeit: 30 Min.

Pro Portion: 770 kJ/ 180 kcal

1 Tomaten waschen, der Länge nach halbieren und in dünne Scheiben schneiden. Eier verquirlen und salzen. Frühlingszwiebel putzen und die weißen und die hellgrünen Stücke in feine Scheiben schneiden.

2 Öl in einem Topf erhitzen. Tomaten dazugeben und bei starker Hitze unter Rühren etwa 2 Min. braten, bis sie Saft bilden und leicht zerfallen.

3 Dann 400 ml Wasser dazugeben und zum Kochen bringen. Salzen. Die Eiermasse in einem dünnen Strahl unter kreisendem Rühren langsam einfließen und stocken lassen.

4 Die Suppe in eine Schüssel geben, mit Frühlingszwiebelscheiben und Pfeffer bestreuen.

Tip! Damit die Eierblumen besonders fein werden, können Sie beim Quirlen 1–2 EL kaltes Wasser dazugeben.

Suppe mit Milch und Kohl

Gelingt leicht · Geht schnell
Cai Ye Nai Tang

Zutaten für 4 Portionen:
50 g möglichst grüne Chinakohl-
blätter ohne Strunk,
geputzt gewogen
50 g roher geräucherter Schinken
(2 dicke Scheiben)
1 Frühlingszwiebel
1 EL Schweineschmalz
½ l Fleischbrühe (selbst gekocht)
oder Wasser
Salz · 100 ml Milch
nach Belieben:
1 EL Schnittlauchröllchen

Zubereitungszeit: 20 Min.

Pro Portion: 430 kJ/ 100 kcal

1 Chinakohlblätter waschen und mit der Hand in mundgerechte Stücke reißen. Schinken würfeln. Frühlingszwiebel waschen, die weißen und hellgrünen Teile in feine Scheiben schneiden.

2 Einen Topf oder Wok erhitzen. Das Schweineschmalz darin erwärmen. Frühlingszwiebel unter Rühren bei starker Hitze kurz anbraten. Schinken dazugeben und ebenfalls kurz braten.

3 Brühe oder Wasser angießen und zum Kochen bringen. Chinakohl dazugeben und etwa 1 Min. kochen, bis er sich kräftiger grün färbt. Salzen. Evtl. den Schaum abschöpfen.

4 Milch untermischen und die Suppe gleich servieren. Nach Belieben mit Schnittlauch garnieren.

Info: Die weit verbreitete Meinung, daß Chinesen keine Milch mögen, ist ein Irrtum. Nur Käse mögen sie nicht, da er in ihren Augen verdorbene Milch ist. Allerdings gibt es in China so wenig Milch, daß lange Zeit nur Kinder unter zwei Jahren sowie ältere und kranke Menschen Bezugsscheine dafür bekommen konnten. Jetzt kann man Milch in der Großstadt schon in vielen Läden kaufen.

Tip! Nachdem die Milch in der Suppe ist, darf sie nicht mehr kochen, sonst gerinnt die Milch und die Suppe sieht nicht mehr hübsch aus.

Hühnersuppe mit Spargel

Frühlingsgericht · Gelingt leicht **Lu Sun Ji Si Tang**

Zutaten für 2–3 Portionen:
300 g frischer weißer Spargel
120 g Hühnerbrust,
ohne Knochen und Haut
1 Eiweiß · Salz
1 TL Speisestärke
1 EL Reiswein
50 g junge Spinatblätter
50 g frische Champignons
¾ l Hühnerbrühe
(selbstgemacht oder instant)
1 Prise weißer Pfeffer,
frisch gemahlen
1 TL Hühnerschmalz (siehe Info,
ersatzweise 1 TL Sesamöl)

Zubereitungszeit: 40 Min.

Bei 3 Portionen pro Portion:
460 kJ/110 kcal

1 Spargel waschen, schälen und in etwa 5 cm lange Stücke schneiden. Dann in einem Topf mit Wasser bedeckt etwa 10 Min. offen bei mittlerer Hitze kochen. Abgießen, abtropfen lassen.

2 Hühnerbrust kalt abspülen, trockentupfen und in etwa 5 cm lange und ½ cm dünne Streifen schneiden. Mit Eiweiß, Salz, Speisestärke und Reiswein mischen, Fleisch damit vermengen. Spinat putzen, gründlich waschen und abtropfen lassen. Champignons putzen und in dünne Scheiben schneiden.

3 In einem Topf ½ l Wasser aufkochen. Hühnerstreifen darin garen, dabei mit Eßstäbchen die Streifen leicht rühren. Sobald sie nicht mehr zusammenkleben, herausnehmen und abtropfen lassen.

4 Hühnerbrühe zum Kochen bringen. Fleischstreifen, Spargel und Champignons hineingeben. Mit Salz abschmecken. Aufkochen lassen, Spinatblätter untermischen. Vor dem Servieren mit Pfeffer bestreuen und mit Hühnerschmalz beträufeln.

Info: Das Hühnerschmalz wird wie folgt zubereitet: Das Fett von einem Hähnchen abtrennen und in einer Pfanne bei schwacher Hitze braten oder nach dem Kochen des Huhns das Fett von der Brühe abschöpfen. Das Fett hält in einem Glas kühl aufbewahrt 2–3 Wochen.

Suppe mit Abalone

Aus Sichuan · Gelingt leicht

Dong Gu Bao Yu Tang

Zutaten für 2–3 Portionen:
8 Donggu-Pilze (etwa 50 g)
100 g Bambussprossen
(aus der Dose)
150 g Abalone (aus der Dose)
50 g frische Spinatblätter
¾ l Hühnerbrühe
(selbstgemacht oder instant)
1 EL Reiswein · Salz
1 Prise weißer Pfeffer,
frisch gemahlen
1 EL Sesamöl

Zubereitungszeit: 25 Min.

Bei 3 Portionen pro Portion:
430 kJ/100 kcal

1 Donggu-Pilze in warmem Wasser etwa 15 Min. einweichen. Dann herausnehmen, von den harten Stielen befreien und in dünne Streifen schneiden. Bambussprossen in kochendem Wasser etwa 1 Min. sprudelnd kochen, abgießen, abkühlen lassen und in etwa 4 cm lange, 3 cm breite und sehr dünne Scheiben schneiden.

2 Abalone abtropfen lassen und in dünne Scheiben schneiden. Spinat putzen und gründlich waschen.

3 Hühnerbrühe zum Kochen bringen. Donggu-Pilze, Bambussprossen und Abalone hineingeben, mit Reiswein, Salz und Pfeffer würzen. Zugedeckt bei schwacher Hitze etwa 1 Min. köcheln.

4 Spinat dazugeben und kurz aufkochen lassen. Mit Sesamöl beträufeln und servieren.

Info: Im Orginalrezept werden junge Blätter von Zuckererbsen verwendet. Da diese in Deutschland nicht erhältlich sind, haben wir sie durch Spinatblätter ersetzt.

Klößchensuppe

Aus Sichuan · Gelingt leicht
Chuan Wan Zi Tang

Zutaten für 4 Portionen:
75 g Glasnudeln
8 Mu Er-Pilze
½ Frühlingszwiebel
1 Scheibe Ingwer, etwa 1 cm dick
75 g frischer Spinat
2 Zweige Koriander
50 g Zha Cai (aus der Dose)
150 g Schweinehackfleisch
1 Eiweiß
1 EL Reiswein
1 TL Speisestärke
weißer Pfeffer, frisch gemahlen
Salz · 1 l Gemüsebrühe
(selbstgemacht oder instant)

Zubereitungszeit: 1 Std.

Pro Portion: 600 kJ/140 kcal

1 Glasnudeln und Mu Er-Pilze getrennt voneinander in warmem Wasser etwa 15 Min. einweichen. Dann herausnehmen, Glasnudeln in etwa 10 cm lange Stücke schneiden. Mu Er-Pilze gründlich waschen und kleinschneiden.

2 Frühlingszwiebel putzen und waschen. Ingwer schälen. Beides fein hacken. Spinat putzen, waschen und in etwa 8 cm lange Stücke schneiden. Koriander abbrausen, Blättchen fein hacken. Zha Cai waschen und in etwa 4 cm lange und ½ cm dünne Scheiben schneiden.

3 Das Hackfleisch mit Eiweiß, Reiswein, Speisestärke, Frühlingszwiebel, Ingwer, 1 Prise Pfeffer und Salz in einer Schüssel gründlich vermischen. Eventuell 1 EL Wasser dazugeben.

4 Gemüsebrühe in einem Topf zum Kochen bringen. Aus der Hackfleischmischung kleine Klößchen (etwa 3 cm Durchmesser) formen. Klößchen in die Brühe geben und bei schwacher Hitze darin so lange köcheln, bis sie an die Oberfläche aufsteigen. Eventuell abschäumen.

5 Glasnudeln, Mu Er-Pilze und Zha Cai dazugeben. Aufkochen lassen, dann Spinat untermischen. Vor dem Servieren mit Pfeffer und Koriander bestreuen.

Suppe mit Rippchen

Aus Sichuan · Gelingt leicht
Dou Ya Pai Gu Tang

Zutaten für 4 Portionen:
750 g Schweineschälrippchen
1 Frühlingszwiebel
30 g Ingwer
2 EL Reiswein
Salz
300 g Sojabohnensprossen
2 TL fein geschnittener Schnittlauch
1 Prise weißer Pfeffer,
frisch gemahlen

Zubereitungszeit: 1 Std.

Pro Portion: 1200 kJ/290 kcal

1 Schweinerippchen kalt abspülen. Mit einem scharfen Messer trennen. Frühlingszwiebel putzen, waschen und in etwa 10 cm lange Stücke schneiden. Ingwer schälen und in Scheiben schneiden. Rippchen in einem Topf mit 1 l Wasser zum Kochen bringen. Abschäumen, Frühlingszwiebel, Ingwer, Reiswein und Salz dazugeben. Dann die Hitze reduzieren und zugedeckt etwa 50 Min. bei schwacher Hitze köcheln lassen.

2 Sojabohnensprossen von den Wurzeln und Hülsen befreien, waschen und abtropfen lassen. Frühlingszwiebel und Ingwer aus der Brühe entfernen. Sojabohnensprossen zu den Rippchen geben. Zugedeckt etwa 5 Min. weitergaren. Vor dem Servieren mit Pfeffer bestreuen.

Info: Verwechseln Sie die Sojabohnensprossen (Huang Dou Ya) nicht mit den Mungobohnensprossen (Lü Dou Ya). Sojabohnensprossen gibt es in vielen Asienläden. Notfalls nehmen Sie Mungobohnensprossen. Deren Garzeit ist jedoch etwas kürzer.

Tip! Wenn Ihnen diese für Sichuan typische Suppe zu wenig Geschmack hat, kochen Sie 1 kleingehackte frische Chilischote mit und schmecken Sie die Suppe zum Schluß mit Sojasauce und Reisessig ab.

284 Köstliche Suppen

Hühnersuppe mit Ingwer

Aus Hunan · Gelingt leicht

Lao Jiang Zi Ji Tang

Zutaten für 4 Portionen:
6 Mu Er-Pilze (etwa 20 g)
1 Frühlingszwiebel
50 g Ingwer
400 g Hühnerbrust, mit Haut,
ohne Knochen
Salz
2 EL Reiswein

Zubereitungszeit: 30 Min.

Pro Portion: 700 kJ/170 kcal

1 Mu Er-Pilze in warmem Wasser etwa 15 Min. einweichen. Herausnehmen, gründlich waschen und kleinschneiden. Frühlingszwiebel putzen, waschen und in etwa 10 cm lange Stücke schneiden. Ingwer schälen und dann in Scheiben schneiden.

2 Hühnerbrust waschen, trockentupfen und in etwa 2 cm große Würfel schneiden. Dann in einem Topf in kochendem Wasser etwa 1/2 Min. garen, herausnehmen und abtropfen lassen.

3 In einem Topf 3/4 l Wasser zum Kochen bringen. Hühnerwürfel, Mu Er-Pilze, Frühlingszwiebel und Ingwer hineingeben, mit Salz und Reiswein würzen. Nach dem Aufkochen die Temperatur zurückschalten. Alles zugedeckt etwa 15 Min. bei schwacher Hitze köcheln lassen. Dann Frühlingszwiebel und Ingwer entfernen und die Suppe servieren.

Info: Weil die Hühnerbrust mit Haut an sich schon genug Fett besitzt, muß man kein Öl hinzufügen. Achten Sie darauf, daß die Suppe nur leicht köchelt, damit sie klar bleibt. Wenn Sie den Ingwer nicht zu scharf finden, können Sie ihn auch mitessen.

Suppe mit Rettich

Wintergericht · Gelingt leicht

Luo Bo Lian Guo Tang

Zutaten für 4 Portionen:
200 g Schweinebauch, ohne
Schwarte und Knorpel
1 Frühlingszwiebel
1 Scheibe Ingwer, etwa 1 cm dick
2 EL Reiswein
1/2 TL Salz
300 g Rettich
1 EL scharfe Bohnenpaste
1 EL helle Sojasauce
1 Prise Sichuan-Pfeffer, frisch
gemahlen
1 TL Zucker
2 TL feingeschnittener Schnittlauch
oder 16 Stengel chinesischer
Schnittlauch mit Blüten

Zubereitungszeit: 50 Min.

Pro Portion: 790 kJ/190 kcal

1 Schweinebauch kalt abspülen. Frühlingszwiebel putzen, waschen und in etwa 10 cm lange Stücke schneiden. Ingwer schälen und in dünne Scheiben schneiden.

2 Schweinebauch in einem Topf mit etwa 1 l Wasser zum Kochen bringen. Abschäumen, Frühlingszwiebel und Ingwer dazugeben, mit Reiswein und Salz würzen. Dann zugedeckt bei schwacher Hitze etwa 30 Min. köcheln lassen.

3 Rettich waschen, schälen und in etwa 1/2 cm dünne Stifte schneiden. Bohnenpaste, Sojasauce, Sichuan-Pfeffer und Zucker in einer Schüssel zu einer Sauce mischen.

4 Schweinebauch aus der Brühe nehmen, abkühlen lassen und in etwa 5 cm lange, 3 cm breite und 1/2 cm dünne Scheiben schneiden. Frühlingszwiebel und Ingwer aus der Brühe entfernen. Rettich und Schweinebauch in die Brühe geben. Zugedeckt bei mittlerer Hitze etwa 5 Min. kochen. Mit Schnittlauch bestreuen oder dekorativ mit je 4 Schnittlauchhalmen samt Blüten belegen und zusammen mit der vorbereiteten Sauce als Dip für das Fleisch servieren.

Info: Durch den Rettich wird die Suppe nicht so fett. Wenn Sie allerdings keinen Schweinebauch mögen, können Sie ihn durch Schweineschulter (ohne Schwarte und Knochen) ersetzen.

Köstliche Suppen **287**

Suppe mit Tofu-Bällchen

Aus Sichuan · Gelingt leicht Dou Fu Ji Wan Tang

Zutaten für 4 Portionen:
150 g zarter Tofu (Nen Dou Fu)
50 g Hühnerbrust,
ohne Knochen und Haut
1 Eiweiß
1 EL Speisestärke
1 EL Reiswein
Salz
weißer Pfeffer, frisch gemahlen
3 Tomaten (etwa 180 g)
½ l neutrales Pflanzenöl
+ 2 EL neutrales Pflanzenöl
¾ l Hühnerbrühe
(selbstgemacht oder instant)
2 TL feingehackter Schnittlauch

Zubereitungszeit: 40 Min.

Pro Portion: 860 kJ/200 kcal

1 Tofu und Hühnerbrust waschen und trockentupfen. Tofu und Hühnerbrust in kleine Würfel schneiden und im Blitzhacker fein pürieren. Tofu und Hühnerbrust mit dem Eiweiß, der Speisestärke, Reiswein, Salz und Pfeffer mischen.

2 Tomaten mit kochendheißem Wasser überbrühen, kalt abschrecken, häuten und in etwa 3 cm große Stücke schneiden, dabei Stielansätze entfernen.

3 Öl in einem Wok erhitzen. Es ist heiß genug, wenn an einem ins Öl getauchten Holzstäbchen Bläschen emporsteigen. Einen Teelöffel jeweils ins heiße Fett tauchen, etwas von der Tofu-Hühner-Masse abstechen und ins heiße Öl gleiten lassen. Die Bällchen portionsweise im Öl etwa 3 Min. fritieren. (Vorsicht, Spritzgefahr!) Bällchen herausnehmen und abtropfen lassen.

4 Das Öl aus dem Wok abgießen, den Wok säubern. 2 EL Öl in den Wok geben. Tomaten darin bei schwacher Hitze unter Rühren braten, bis das Öl rötlich wird. Brühe angießen und zum Kochen bringen. Bällchen hineingeben und mit Salz und Pfeffer würzen. Die Suppe etwa 1 Min. kochen lassen, dann in eine Schüssel geben. Vor dem Servieren mit Schnittlauch bestreuen.

Tip! Vegetarier können die Hühnerbrust durch feingehackte Wasserkastanien (aus der Dose) und die Hühnerbrühe durch Gemüsebrühe ersetzen.

Eierblumensuppe

Sommergericht · Geht schnell
Zha Cai Dan Hua Tang

Zutaten für 2–3 Portionen:
125 g Zha Cai (aus der Dose)
2 ganz frische Eier
Salz
1 TL Sesamöl
2 TL feingehackter Schnittlauch

Zubereitungszeit: 15 Min.

Bei 3 Portionen pro Portion:
280 kJ/67 kcal

1 Zha Cai waschen und in etwa 5 cm lange und 1/2 cm dünne Streifen schneiden. Eier in einer Schale verquirlen, dabei 1 Prise Salz hinzugeben.

2 Das feingeschnittene Zha Cai in einem Topf mit etwa 3/4 l Wasser zum Kochen bringen, dann die Hitze reduzieren. Zugedeckt etwa 3 Min. köcheln lassen.

3 Die Temperatur erhöhen und die Eier in einem dünnen Strahl in die Suppe unterrühren. Den Topf vom Herd nehmen, mit Sesamöl beträufeln, mit dem Schnittlauch bestreuen und servieren.

Wichtiger Hinweis: Bitte verwenden Sie nur ganz frische Eier von freilaufenden Hühnern, um das Salmonellenrisiko zu verringern.

Info: Da das Zha Cai an sich schon recht würzig ist, braucht man die Suppe kaum mehr zu würzen. So einfach die Zubereitung dieser Suppe ist, so lecker und appetitanregend ist sie auch. Vor allem in den heißen Sommertagen ist sie besonders empfehlenswert.

Won Ton-Suppe

Hun Tun Tang

Aus Guangdong · Gelingt leicht

Zutaten für 4 Portionen:
250 g Won Ton-Teig (tiefgekühlt oder selbstgemacht, s. Tip S. 31)
1 Scheibe Ingwer, etwa 2 cm dick
1 kleiner Bund Schnittlauch
200 g Schweinehackfleisch
Salz
weißer Pfeffer, frisch gemahlen
1 EL Reiswein
2 TL Sesamöl
1 Ei

Zubereitungszeit: 30 Min.

Pro Portion: 1600 kJ/380 kcal

1 Won Ton-Teig auftauen lassen. Ingwer schälen und ganz fein hacken. Schnittlauch waschen, trockenschütteln und fein hacken. Für die Füllung in einer Eßschale Hackfleisch mit Ingwer, Salz, 1 Prise Pfeffer, Reiswein, 1 TL Sesamöl und Ei gut vermengen, dann in 24 Portionen teilen.

2 Die Won Ton-Teigscheiben vorsichtig voneinander lösen. Je eine Portion der Füllung auf die Mitte einer Teigscheibe legen, die Teigränder mit Wasser anfeuchten und zusammenklappen. Mit einem feuchten Tuch bedecken. Dann in vier Suppenschälchen je 1 große Prise Salz und Pfeffer geben. In einem Topf 2 l Wasser zum Kochen bringen. Die Schälchen bis zu 1/3 mit gekochtem Wasser füllen.

3 Die gefüllten Won Ton in das restliche kochende Wasser geben. Bei starker Hitze offen abkochen. Wenn die Won Ton aufsteigen, 150 ml kaltes Wasser hinzufügen. Dann etwa 2 Min. bei mittlerer Hitze weiterkochen. Mit einem Schaumlöffel aus der Kochbrühe nehmen und je 6 Won Ton in die Schälchen geben und mit der Kochbrühe auffüllen. Vor dem Servieren mit Sesamöl beträufeln und mit Schnittlauch bestreuen.

Variante: Wenn Sie gerne Krabben essen, können Sie die Hälfte des Schweinehackfleisches durch rohe geschälte und kleingehackte (Nordsee-) Krabben ersetzen. Die Füllung schmeckt dann noch feiner. Vegetarier können für die Füllung 180 g Chinakohl, 20 g Donggu-Pilze und 10 g Lilienblüten, beide etwa 20 Min. in Wasser eingeweicht, nehmen. Alles kleinhacken und mit Salz, weißem Pfeffer und Sesamöl würzen.

Hühnersuppe mit Mais

Aus Guangdong · Gelingt leicht — Ji Li Su Mi Geng

Zutaten für 4 Portionen:
150 g Hühnerbrust, ohne Haut und Knochen
3 EL Speisestärke
1 kleiner Bund Schnittlauch
2 EL neutrales Pflanzenöl
400 ml Hühnerbrühe (selbstgemacht oder instant)
1 EL Reiswein
200 g Mais (aus der Dose)
Salz
weißer Pfeffer, frisch gemahlen
1 frisches Eiweiß

Zubereitungszeit: 25 Min.

Pro Portion: 730 kJ/170 kcal

1 Hühnerbrust kalt abspülen, trockentupfen und in Würfel von etwa ½ cm Kantenlänge schneiden. Speisestärke mit 100 ml Wasser anrühren. Fleischwürfel mit 1 EL davon vermengen. Schnittlauch waschen, trockenschütteln und fein hacken.

2 Einen Wok bei mittlerer Hitze in etwa 2 Min. erwärmen. Öl angießen. Hühnerwürfel darin unter Rühren etwa 2 Min. braten. Herausnehmen und das Fett abtropfen lassen.

3 Hühnerbrühe mit dem Reiswein in den Wok geben, Mais dazugeben, mit je 1 Prise Salz und Pfeffer abschmecken. Zugedeckt bei starker Hitze zum Kochen bringen, dann die Hühnerwürfel hineingeben. Nach dem Aufkochen den Rest der angerührten Speisestärke untermengen, gut durchrühren und nochmals kurz aufkochen.

4 Den Wok vom Herd nehmen, das Eiweiß in die Suppe einrühren. Vor dem Servieren mit Schnittlauch bestreuen.

Variante: Statt Hühnerbrust können Sie auch die gleiche Menge zerkleinertes Fischfilet oder zerkleinertes Jakobsmuschelfleisch nehmen.

Wichtiger Hinweis: Bitte verwenden Sie nur ganz frische Eier von freilaufenden Hühnern, um das Salmonellenrisiko zu verringern.

Hühnersuppe mit Einlage

Aus Guangdong · Braucht etwas Zeit

Shang Tang Xiang Ji Zha

Zutaten für 4 Portionen:
1 fettes Suppenhuhn (etwa 1,2 kg), küchenfertig vorbereitet
3 EL Reiswein
Salz
12 getrocknete Donggu-Pilze, von je etwa 3 cm Durchmesser
100 g Hühnerbrust, ohne Haut und Knochen
100 g Bambussprossen (in Stücken aus der Dose)
12 Korianderstiele
1 dicke Scheibe gekochter Schinken, ohne Schwarte (etwa 50 g)
weißer Pfeffer, frisch gemahlen

Zubereitungszeit: 1 ½ Std.

Pro Portion: 470 kJ/110 kcal

1 Das Suppenhuhn kalt abspülen und in einem Topf mit Wasser bedeckt zum Kochen bringen. Das Wasser abgießen und das Huhn nochmals kalt abspülen. Danach in 2 ½ l frischem Wasser wiederum zum Kochen bringen, Reiswein und 1 EL Salz dazugeben und das Huhn darin etwa 1 Std. bei schwacher Hitze köcheln.

2 Nach etwa 40 Min. Donggu-Pilze in warmem Wasser etwa 20 Min. einweichen. Am Ende der Garzeit das Huhn aus der Brühe nehmen und etwa die Hälfte des Fetts von der Brühe abschöpfen. Huhn für ein anderes Gericht verwenden. Pilze aus dem Einweichwasser nehmen und von den Stielen befreien. Hühnerbrust kalt abspülen, trockentupfen und in 12 etwa 5 cm lange und 1 cm dicke Streifen schneiden.

3 Wasser aufkochen. Die Bambussprossen darin etwa 1 Min. sprudelnd kochen lassen, herausnehmen und abtropfen lassen. Korianderstiele in warmem Wasser einweichen. Die Bambussprossen und den Schinken ebenfalls in 12 Streifen in Größe der Hühnerbruststreifen schneiden.

4 Jeweils 1 Donggu-Pilz, 1 Hühnerbrust-, 1 Bambussprossen- sowie 1 Schinkenstreifen mit je 1 Korianderstiel zu insgesamt 12 Gebinden zusammenbinden.

5 Eine hitzebeständige Tasse umgedreht in einen Topf stellen. Etwa 3 cm hoch Wasser angießen und eine Schale mit den 12 Gebinden auf die Tasse stellen. Zugedeckt bei starker Hitze 5–6 Min. dämpfen.

6 Inzwischen etwa 750 ml von der Hühnerbrühe abmessen und bei starker Hitze zum Kochen bringen, mit je 1 Prise Salz und Pfeffer abschmecken. Gebinde aus dem Topf nehmen, je 3 davon in eine von vier Suppenschälchen geben. Hühnerbrühe darauf verteilen und servieren.

Variante: Man kann die Gebinde auch durch Hühner-Tofu-Bällchen ersetzen. Dazu 100 g Hühnerbrust (ohne Haut und Knochen) fein hacken. 100 g Tofu (möglichst zarte Sorte) mit einer Gabel zerdrücken. 1 Ingwerscheibe (etwa 1 cm dick) schälen und fein hacken. Hühnerbrust, Tofu, Ingwer, 1 frisches Eiweiß, 1 ½ TL Salz, 1 Prise weißer Pfeffer und 1 EL Speisestärke vermischen. In einem Wok 400 ml neutrales Pflanzenöl erhitzen. Mit einem angefeuchteten Löffel von der Hühner-Tofu-Masse etwa 1 EL abnehmen, zu Bällchen formen, ins Öl geben und bei starker Hitze etwa 3 Min. frittieren. Herausnehmen, Fett abtropfen lassen und Bällchen in die Suppe gebe. Mit gehacktem Schnittlauch servieren.

Reissuppe mit Pilzen

Aus Guangdong · Gelingt leicht **Bei Gu Xia Qiu Zhou**

Zutaten für 4 Portionen:
50 g Reis (Rundkorn- oder Klebreis)
³/₄ l Hühnerbrühe (selbstgemacht oder instant)
4 getrocknete Donggu-Pilze
80 g rohe geschälte (Nordsee-) Krabben
1 Scheibe Ingwer, etwa 1 cm dick
1 kleiner Bund Schnittlauch
Salz
weißer Pfeffer, frisch gemahlen
1 TL Sesamöl

Zubereitungszeit: 40 Min.

Pro Portion: 370 kJ/88 kcal

1 Reis mit der Hühnerbrühe in einem Topf bei starker Hitze zum Kochen bringen, dann offen bei mittlerer Hitze etwa 20 Min. kochen.

2 Inzwischen Donggu-Pilze in warmem Wasser etwa 20 Min. einweichen. Dann herausnehmen, von den Stielen befreien und in feine Streifen schneiden. Krabben kalt abspülen und trockentupfen. Ingwer schälen, Schnittlauch waschen, trockenschütteln. Beides fein hacken.

3 In einem Topf etwa ³/₄ l Wasser mit 1 Prise Salz zum Kochen bringen. Donggu-Pilze und Krabben in kochendem Wasser 1–2 Min. garen, dann mit einem Schaumlöffel herausholen und abtropfen lassen.

4 Donggu-Pilze und Krabben in die Reissuppe geben, die Suppe mit ¹/₂ TL Salz abschmecken. Vor dem Servieren mit Ingwer, Schnittlauch und Pfeffer bestreuen und mit Sesamöl beträufeln.

Info: Heiße Reissuppe ist ein sehr beliebter Snack in der südchinesischen Küche, den man gerne sowohl frühmorgens als auch spätabends zu sich nimmt. Neben Krabben werden auch sehr feingeschnittener Fisch, rohe Eier oder verschiedene Gemüse und Kräuter, z.B. frischer Spinat, Koriander oder chinesischer Schnittlauch (Jiu Cai) verwendet.

Reissuppe mit Entenfleisch

Aus Fujian · Braucht etwas Zeit **Ya Geng Zhou**

Zutaten für 4 Portionen:
150 g Entenbrust, ohne Haut und Knochen
¹/₂ l Hühnerbrühe (selbstgemacht oder instant) · 1 EL Reiswein
50 g rohe Erdnüsse, ohne Schale, mit Haut
4 getrocknete Donggu-Pilze
50 g gekochter Schinken
50 g Reis (Rundkorn- oder Klebreis)
Salz
zum Garnieren: 1 Scheibe Möhre, Peperoniringe

Zubereitungszeit: 50 Min.

Pro Portion: 740 kJ/180 kcal

1 Entenbrust kalt abspülen. ¹/₂ l Wasser und die Hühnerbrühe getrennt voneinander aufkochen. Entenbrust im Wasser etwa 1 Min. sprudelnd kochen. Dann herausnehmen. In der Hühnerbrühe mit 1 EL Reiswein etwa 20 Min. zugedeckt bei mittlerer Hitze kochen.

2 Inzwischen Erdnüsse und Donggu-Pilze getrennt voneinander in warmem Wasser etwa 20 Min. einweichen. Dann die Haut von den Erdnüssen abziehen, Donggu-Pilze von den Stielen befreien. Pilze, Erdnüsse und Schinken in sehr feine Würfel schneiden.

3 Entenbrust aus der Brühe nehmen und abkühlen lassen. Reis, Erdnüsse, Donggu-Pilze und Schinken in die Brühe geben, mit 1 Prise Salz würzen, aufkochen. Dann offen bei mittlerer Hitze etwa 20 Min. kochen.

4 Die abgekühlte Entenbrust in Würfel von etwa ¹/₂ cm Kantenlänge schneiden und die Suppe vor dem Servieren damit bestreuen. Mit der z.B. zur Schildkröte ausgestochenen Möhrenscheibe und den Peperoniringen garnieren.

Tip! Sehr gut schmeckt die Reissuppe auch, wenn Sie statt der Entenbrust die gleiche Menge Hühnerbrust, ohne Haut und Knochen, verwenden.

Köstliche Suppen **295**

Suppe mit Tintenfisch

You Yu Geng

Aus Taiwan · Etwas schwieriger

Zutaten für 4 Portionen:
3 getrocknete Donggu-Pilze
250 g Tintenfisch (Sepia),
ohne Kopf und Fangarme
2 ½ EL Speisestärke
Salz
100 g Bambussprossen
(in Stücken aus der Dose)
2 Möhren (etwa 50 g)
1 kleine rote Zwiebel
3 Zweige Koriander
2 EL neutrales Pflanzenöl
400 ml Hühnerbrühe
(selbstgemacht oder instant)
1 TL helle Sojasauce
1 Prise Zucker
1 EL Reiswein

Zubereitungszeit: 45 Min.

Pro Portion: 550 kJ/130 kcal

1 Donggu-Pilze in warmem Wasser etwa 20 Min. einweichen. Inzwischen Tintenfisch waschen und trockentupfen. Die Außenhaut entfernen, dann mit einem scharfen Messer im Abstand von etwa 2 mm kreuzweise bis etwa zur Hälfte einschneiden. Tintenfisch dann in etwa 5 cm lange und 2 cm breite Stücke schneiden, ½ EL Speisestärke und 1 Prise Salz untermischen.

2 Pilze aus dem Einweichwasser nehmen, Stiele entfernen und Pilze in dünne Streifen schneiden. Wasser aufkochen, Bambussprossen darin etwa 1 Min. sprudelnd kochen lassen, herausnehmen, abtropfen lassen. Dann in etwa 5 cm lange, dünne Streifen schneiden. Möhren schälen, dann zunächst quer in 5 cm lange Stücke und anschließend längs in dünne Streifen schneiden.

3 Zwiebel schälen und fein hacken. Koriander waschen, trockentupfen, Blättchen abzupfen und ebenfalls fein hacken.

4 In einem Topf etwa 1 l Wasser zum Kochen bringen. Tintenfisch darin knapp ½ Min. sprudelnd kochen lassen. Dann mit einem Schaumlöffel herausholen und abtropfen lassen. Durch das Kochen biegen sich die Tintenfischstücke zu Röllchen. Der Tintenfisch darf nicht länger kochen, sonst wird er hart.

5 Öl in einem Wok oder einem Topf bei mittlerer Hitze in etwa 1 Min. erwärmen. Zwiebel darin unter Rühren etwa 3 Min. anbraten, bis sie leicht goldbraun ist. Herausnehmen und in eine Schale geben.

6 Hühnerbrühe in den Wok oder Topf geben und bei starker Hitze zum Kochen bringen. Donggu-Pilze, Bambussprossen und Möhren hineingeben, mit 1 Prise Salz, Sojasauce, Zucker und Reiswein würzen. Zugedeckt nochmals zum Kochen bringen. Restliche Speisestärke mit 4 EL Wasser anrühren, untermischen und gut durchrühren.

7 Tintenfischröllchen und Zwiebel hineingeben und kurz aufkochen lassen. Vor dem Servieren mit Koriander bestreuen.

Tip! Durch das sorgfältige Schneiden sieht der Tintenfisch nach dem Kochen sehr schön aus und nimmt sehr viel Geschmack auf. Wenn Sie das Schneiden zu aufwendig finden oder es einmal schnell gehen muß, können Sie den Tintenfisch schon vorgeschnitten in vielen Asienläden kaufen.

Suppe mit Fischbällchen

Aus Guangdong · Herbstgericht

Dong Jiang Yu Wan Tang

Zutaten für 4 Portionen:
20 g getrocknete Donggu-Pilze
300 g Schollen- oder Kabeljaufilet
Salz
1 EL Reiswein
3 EL neutrales Pflanzenöl
50 g Bambussprossen
(in Stücken aus der Dose)
100 g Zucchini
½ l Hühnerbrühe
(selbstgemacht oder instant)
weißer Pfeffer, frisch gemahlen

Zubereitungszeit: 40 Min.

Pro Portion: 540 kJ/130 kcal

1 Donggu-Pilze in warmem Wasser etwa 20 Min. einweichen. Inzwischen Fischfilet kalt abspülen, trockentupfen und mit einem Küchenbeil sehr fein hacken. Fischmasse mit 1 EL Salz und Reiswein würzen.

2 Fischmasse in einer Schüssel nach und nach unter ständigem Rühren mit 100 ml Wasser und 2 EL Öl vermengen. Etwa 5 Min. immer in eine Richtung weiterrühren, bis die Masse an Festigkeit gewinnt.

3 Etwa 1 ½ l Wasser in einem Topf zum Kochen bringen. Mit angefeuchteten Händen aus der Fischmasse Bällchen von etwa 2 cm Durchmesser formen und ins kochende Wasser geben. So lange kochen, bis die Bällchen aufsteigen. Dann mit einem Schaumlöffel herausholen.

4 Pilze aus dem Einweichwasser nehmen, gut ausdrücken, Stiele entfernen und Pilze in dünne Streifen schneiden. Wasser aufkochen, Bambussprossen darin etwa 1 Min. sprudelnd kochen lassen, herausnehmen, abtropfen lassen, dann in etwa 2 cm breite, 4 cm lange und etwa ½ cm dünne Scheiben schneiden. Zucchini putzen, waschen, längs halbieren und in dünne Scheiben schneiden.

5 In einem Topf restliches Öl bei mittlerer Hitze in etwa 1 Min. erwärmen. Donggu-Pilze, Bambussprossen und Zucchini hineingeben und etwa 1 Min. unter Rühren anbraten.

6 Hühnerbrühe angießen und mit 1 Prise Salz abschmecken. Fischbällchen hineingeben und bei starker Hitze zum Kochen bringen. Eventuell entstehenden Schaum abschöpfen. Vor dem Servieren mit 1 Prise Pfeffer bestreuen.

Variante: Sie können die Bällchen auch aus folgenden Zutaten zubereiten: 75 g Haifischflossen zuerst in frischem Wasser etwa 1 Std. einweichen. Dann mit ½ l Wasser zugedeckt bei schwacher Hitze etwa 15 Min. kochen, abkühlen lassen, Haifischflossen in Streifen zupfen. Gleichzeitig 3 Donggu-Pilze etwa 15 Min. in warmem Wasser einweichen, Stiele entfernen, Pilze danach in dünne Streifen schneiden. 100 g rohe geschälte Garnelen, 40 g Wasserkastanien und 1 geschälte Scheibe Ingwer (etwa 1 cm dick) fein hacken. Anschließend Donggu-Pilze, Haifischflossen, Garnelen, Wasserkastanien, Ingwer, 75 g Schweinehackfleisch, 1 ½ TL Salz und 1 EL Reiswein vermischen. Mit angefeuchteten Händen aus der Masse Bällchen von etwa 3 cm Durchmesser formen und in kochendem Wasser so lange garen, bis die Bällchen aufsteigen.

Tip! Leichter formen lassen sich die Fischbällchen, wenn Sie noch 1 EL Speisestärke und 2 Eiweiß mit der Fischmasse vermengen. Die Fischbällchen sind dann aber nicht mehr so zart. Statt Fischfilet können Sie auch rohe geschälte (Nordsee-) Krabben zu Bällchen verarbeiten.

»San-Xian«-Suppe

Festlich · Gelingt leicht San Xian Tang

Zutaten für 4 Portionen:
20 g getrocknete Donggu-Pilze
100 g rohe ungeschälte Tiefseegarnelen
100 g Hühnerbrust, ohne Haut und Knochen (etwa 2 cm dick)
2 Zweige Koriander
¾ l Hühnerbrühe (selbstgemacht oder instant)
Salz
weißer Pfeffer, frisch gemahlen
1 EL Reiswein
1 EL helle Sojasauce
1 TL Sesamöl

Zubereitungszeit: 30 Min.

Pro Portion: 320 kJ/76 kcal

1 Donggu-Pilze in warmem Wasser etwa 10 Min. einweichen. Von den Garnelen den Kopf abschneiden, Garnelen aus der Schale lösen, am Rücken entlang aufschlitzen und mit einer Messerspitze den schwarzen Darm entfernen.

2 Garnelen waschen, trockentupfen und längs halbieren. Das Hühnerfleisch waschen, trockentupfen und in etwa 4 cm lange, dünne Scheiben schneiden. Koriander waschen, trockenschütteln und fein hacken.

3 In einem Topf Wasser aufkochen. Garnelen und Hühnerfleisch hineingeben und etwa 1 Min. sprudelnd kochen, herausnehmen und in einem Sieb abtropfen lassen. Donggu-Pilze aus dem Wasser nehmen, waschen, von den Stielen befreien und in dünne Streifen schneiden.

4 Hühnerbrühe in einem Topf zum Kochen bringen, Garnelen, Hühnerfleisch und Donggu-Pilze hineingeben, mit Salz, 1 Prise Pfeffer, Reiswein und Sojasauce würzen. Aufkochen lassen. Eventuell mit einem Löffel den Schaum abschöpfen. Vor dem Servieren die Suppe mit Koriander bestreuen und mit Sesamöl beträufeln.

Variante: Die »San-Xian«-Suppe läßt sich auch für Vegetarier abwandeln. Man ersetzt die Garnelen und die Hühnerbrust durch 100 g Bambussprossen und 2 Eier. Statt Hühnerbrühe nimmt man Gemüsebrühe. Bambussprossen in kochendem Wasser etwa 1 Min. sprudelnd kochen, abgießen, abkühlen lassen und in etwa 4 cm lange, sehr dünne Streifen schneiden. Eier aufschlagen und mit einer Prise Salz verquirlen. 1 TL neutrales Pflanzenöl in einem Wok erwärmen, die Eiermasse hineingeben, durch Schwenken sehr dünn verteilen und bei schwacher Hitze fest werden lassen. Herausnehmen, abkühlen lassen und in etwa 4 cm lange, dünne Streifen schneiden. Mit den Bambussprossen in die kochende Gemüsebrühe geben, aufkochen lassen und würzen wie oben beschrieben.

Info: Als »San Xian« bezeichnet man drei besonders gut schmeckende Zutaten. San Xian spielt in der chinesischen Küche eine sehr wichtige Rolle. Es sind in der Regel Garnelen, Schweine-, Enten- oder Hühnerfleisch, Fisch, Donggu-Pilze usw. Die Zahl »drei« ist nicht unbedingt wörtlich zu nehmen. Wichtig ist, daß man bei der Zusammensetzung Phantasie hat. Das Originalrezept verwendet z.B. Seegurken. Da deren Geschmack für Europäer etwas ungewohnt ist, haben wir diese durch Donggu-Pilze ersetzt.

Haifischflossensuppe

Yu Chi Tang

Sehr mild · Braucht etwas Zeit

Zutaten für 4 Portionen:
10 g getrocknete Haifischflossen
20 g getrocknete Donggu-Pilze
50 g Hühnerbrust,
ohne Haut und Knochen
50 g Bambussprossen in Stücken
(aus der Dose)
5 Stengel Schnittlauch
2 EL neutrales Pflanzenöl
Salz · 1 EL Reiswein
weißer Pfeffer, frisch gemahlen
1 TL Sesamöl

Zubereitungszeit: 1 Std.

Pro Portion: 350 kJ/83 kcal

1 Die Haifischflossen und Donggu-Pilze in warmem Wasser etwa 10 Min. einweichen. Hühnerbrust waschen, trockentupfen und in einem kleinen Topf mit 650 ml Wasser zugedeckt etwa 15 Min. bei mittlerer Hitze kochen, dann herausnehmen. Die Brühe aufheben. Hühnerbrust abkühlen lassen und in etwa 5 cm lange, dünne Streifen schneiden.

2 In einem Topf Wasser aufkochen. Bambussprossen darin etwa 1 Min. sprudelnd kochen, mit einem Schaumlöffel herausnehmen, abtropfen und abkühlen lassen. Dann in etwa 5 cm lange und streichholzdicke Streifen schneiden. Schnittlauch waschen, trockenschütteln, fein hacken, dann beiseite stellen. Haifischflossen und Donggu-Pilze aus dem Wasser nehmen. Haifischflossen in etwa 5 cm große Stücke schneiden und Donggu-Pilze in dünne Streifen schneiden. Haifischflossen in der aufgehobenen Brühe zugedeckt bei schwacher Hitze etwa 20 Min. köcheln, herausnehmen und abtropfen lassen. Brühe wiederum aufheben.

3 Öl im Wok oder in einem Topf bei mittlerer Hitze heiß werden lassen. Donggu-Pilze und Bambussprossen darin unter Rühren kurz anbraten, Haifischflossen und die Hühnerbruststreifen dazugeben, mit Salz, Reiswein und 1 Prise Pfeffer würzen, dann die Brühe dazugießen. Aufkochen lassen und bei mittlerer Hitze noch etwa 3 Min. kochen. Die Suppe in Schälchen servieren. Vor dem Servieren mit dem Schnittlauch bestreuen und mit Sesamöl beträufeln.

Suppe mit Donggu-Pilzen

Aus Shandong · Gelingt leicht
Dong Gu Mu Xi Tang

Zutaten für 4 Portionen:
10 g getrocknete Donggu-Pilze
5 getrocknete Mu Er-Pilze
25 g Bambussprossen in Stücken (aus der Dose)
50 g mageres Schweinefleisch
10 g frische Spinatblätter
1 Ei
Salz
650 ml Gemüsebrühe (selbstgemacht oder instant)
weißer Pfeffer, frisch gemahlen
1 TL Reiswein
1 TL Sesamöl

Zubereitungszeit: 30 Min.

Pro Portion: 280 kJ/67 kcal

1 Donggu-Pilze und Mu Er-Pilze getrennt voneinander in warmem Wasser etwa 10 Min. einweichen. Herausnehmen und waschen. (Mu Er-Pilze gründlich waschen!) In einem Topf Wasser aufkochen. Bambussprossen darin etwa 1 Min. sprudelnd kochen, mit einem Schaumlöffel herausnehmen, abtropfen und abkühlen lassen.

2 Fleisch waschen und trockentupfen. Spinat putzen und in stehendem Wasser gründlich waschen. Alle vorbereiteten Zutaten in etwa 5 cm lange, dünne Streifen schneiden. Das Ei in einer Schüssel verquirlen, dabei 1 Prise Salz dazugeben.

3 Brühe in einem Topf zum Kochen bringen, Fleisch hineingeben und mit Salz und 1 Prise Pfeffer würzen. Nach dem Aufkochen mit einem Löffel abschäumen. Dann Donggu-Pilze, Mu Er-Pilze, Bambussprossen und Spinat dazugeben. Sobald die Suppe aufkocht, die Eiermasse mit einem Löffel langsam in die Suppe untermischen, dann sofort vom Herd nehmen. Danach den Reiswein darüber gießen. Vor dem Servieren mit Sesamöl beträufeln.

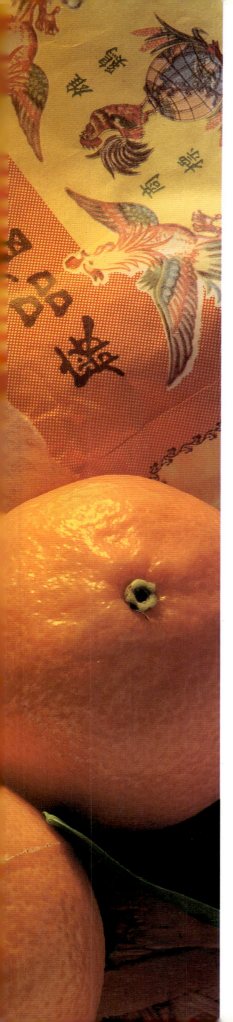

SÜSSE GERICHTE

Ein Dessert zum Abschluß eines Menüs gibt es in China selten und ist eher als ein Zugeständnis an die ausländischen Besucher zu verstehen. Dennoch kennen Chinesen sehr leckere süße Speisen, die zu festlichen Anlässen und an Feiertagen zubereitet, oder auch einmal als kleiner Imbiß zum Tee serviert werden. Von den diversen Köstlichkeiten sind vor allem diejenigen beliebt, die mit Zutaten wie Lotospaste, Dosha (einer süßen Paste aus roten Bohnen), Klebreis oder Klebreismehl bereitet werden. Bei Festen verwöhnen die Chinesen sich und ihre Gäste mit den süßen Kleinigkeiten oft auch einmal zwischen den Gängen. In diesem Fall sollen die Süßspeisen – wie in Europa das Sorbet – den Geschmack neutralisieren. Falls Sie die Köstlichkeiten doch als Dessert servieren möchten, sollten Sie auf folgendes achten: nach einem schweren üppigen Essen etwas Leichtes, wie z.B. ein Gericht mit Obst oder eine süße Suppe anbieten. Nach einem kalorienarmen, vielleicht vegetarischen Essen kann es dagegen auch etwas Gehaltvolles wie eine Süßigkeit mit Klebreis sein.

Die Chinesen reichen gerne Tee zu süßen Sachen.

Süsse Gerichte 305

Süße Klebreis-Klößchen

Zhi Ma Tang Tuan

Aus Ostchina · Etwas schwieriger

Zutaten für 6 Portionen:
200 g schwarze Sesamsamen
100 g Schweineschmalz
150 g Zucker
250 g Klebreismehl

Zubereitungszeit: 45 Min.
(+15 Min. Abkühlen)

Pro Portion: 2500 kJ/ 600 kcal

1 Sesam in stehendes Wasser geben. Die leeren Hüllen abheben. Sesam herausnehmen, abtropfen lassen und in einer Pfanne ohne Fett bei mittlerer Hitze unter Rühren etwa 2 Min. rösten, bis er trocken ist. Dann in der Küchenmaschine fein pürieren oder mit einem Nudelholz zu Püree zerdrücken.

2 Schweineschmalz mit Sesam und Zucker mischen und bei schwacher Hitze unter Rühren schmelzen lassen. Mischung auf einem Teller flach verteilen und im Kühlschrank etwa 30 Min. abkühlen lassen, bis sie wieder bindet. Zu ca. 35 Kugeln von etwa 2 cm Durchmesser formen.

3 Klebreismehl mit etwa 200 ml lauwarmem Wasser verrühren, bis ein geschmeidiger Teig entsteht. Teig 3–5 Minuten kneten, bis er glänzt. Dann zu einer Rolle von etwa 2 cm Durchmesser formen. Die Rolle in Stücke von etwa 3 cm Länge schneiden. Dann mit der Hand ca. 35 runde Teigplatten von etwa 6 cm Durchmesser formen. Dabei die Mitte etwas dicker und den Rand etwas dünner formen.

4 Teigstücke auf der Handinnenfläche flach und rund drücken, Sesamkugel darauflegen und vorsichtig schließen. Evtl. Risse im Teig zusammendrücken. Sie sollten den Teig möglichst rasch verarbeiten. Am besten decken Sie ihn mit einem feuchten Tuch ab, dann wird er nicht so schnell rissig.

5 Wasser in einem Topf zum Kochen bringen. Die Kugeln in Teig mit einem Schaumlöffel vorsichtig hineingeben. Leicht umrühren, damit sie nicht am Topfboden festkleben. Etwa 5 Min. kochen lassen, bis sie an die Oberfläche steigen. Abtropfen lassen und etwas abkühlen lassen. Erst dann servieren, denn die Füllung wird sehr heiß.

Info: Die Klößchen werden in China traditionell am letzten Tag des Neujahrfestes, dem Lampionfest, zubereitet und immer abends gegessen. Durch die Klebrigkeit und die runde Form symbolisieren sie die Einheit der Familie und das fröhliche Zusammensein. Das Formen der Klößchen heißt »Tuan«, was auch Umarmen bedeutet, die runde Gestalt »Yuan«. Beide Worte zusammen bedeuten Zusammenkommen oder Vereinigen. Heutzutage ißt man die Klebreis-Klößchen auch am westlichen Neujahrstag und überhaupt im Winter gerne. Da sie so heiß sind, schmecken sie besonders in der kalten Jahreszeit. Sie werden überall als Straßenimbiß angeboten.

Tip! Die Füllung können Sie durch fertiggekaufte süße, rote Bohnenpaste (Bing Tang Hong Dou Sha) ersetzen. Gut schmecken die Klößchen auch, wenn Sie sie etwas größer formen und dann fritieren.

Klebreis-Kuchen

Festlich · Braucht etwas Zeit

Ba Bao Fan

Zutaten für 6–8 Portionen:
500 g Klebreis
1 gehäufter EL Schweineschmalz
30 g kandierte chinesische Datteln,
ersatzweise nicht chinesische
4–5 getrocknete Aprikosen
3 EL Walnußkerne
2 EL Rosinen
30 g Lotossamen aus der Dose
2 EL Sonnenblumenkerne
½ Dose süße rote Bohnenpaste
oder süße Lotospaste
4–5 EL Zucker oder Honig
1 EL Speisestärke,
mit 3 EL Wasser angerührt

Zubereitungszeit: 1½ Std.

Bei 8 Portionen pro Portion:
2100 kJ/ 500 kcal

1 Klebreis in einem Sieb kalt waschen und in eine hitzebeständige Schüssel geben. Dann ¾ l Wasser angießen.

2 In einen Topf eine umgedrehte Tasse stellen und etwa 3 cm hoch Wasser angießen. Die Schüssel mit dem Reis darauf stellen und den Reis bei starker Hitze zugedeckt etwa 30 Min. dämpfen, bis er weich ist.

3 Inzwischen eine ausreichend große runde Form mit der Hälfte des Schweineschmalzes ausstreichen. Das geht am besten, wenn Sie das Fett in die Form geben, diese kurz erhitzen und das geschmolzene Fett dann in der Form verteilen. Dann kurz ins Gefrierfach stellen, damit es wieder fest wird. Restliches Fett unter den heißen Reis mischen.

4 Datteln waschen und halbieren. Aprikosen abwaschen, trockentupfen und in Würfel schneiden. Walnußkerne klein schneiden. Rosinen waschen und trockentupfen.

5 Lotussamen, Datteln, Aprikosen, Walnußkerne, Rosinen und Sonnenblumenkerne in einem beliebigen, dekorativen Muster in der Form verteilen. Sehr hübsch ist zum Beispiel ein Blütenmuster o.ä.

6 Die Hälfte des lauwarmen Klebreises vorsichtig in die Form geben. Die Bohnen- oder Lotospaste darauf streichen und mit dem restlichen Reis bedecken. Etwas festdrücken.

7 Die Form in einen Topf auf eine umgedrehte Tasse geben, etwa 4 cm Wasser angießen und den Kuchen bei starker Hitze zugedeckt etwa 5 Min. dämpfen, bis er heiß wird.

8 Inzwischen Zucker oder Honig in einem Topf mit 200 ml Wasser mischen. Speisestärke dazugeben und die Sauce unter Rühren erhitzen, bis sie dickflüssig wird.

9 Den heißen Kuchen vorsichtig auf eine Platte stürzen. Zuckersauce darüber gießen.

Varianten: Statt Zucker können Sie für die Sauce auch Marmelade (ohne Fruchtstücke) oder Gelee nehmen. Ebenfalls mit Wasser und Speisestärke zubereiten. Auch die Füllung aus Bohnen- oder Lotospaste läßt sich durch Marmelade ersetzen.
Mit den gleichen Zutaten können Sie auch einen Reisbrei kochen.
Statt Lotussamen aus der Dose eignen sich auch getrocknete Lotussamen. Diesen mit kaltem Wasser bedeckt mindestens 8 Stunden quellen lassen. Dabei das Wasser öfter wechseln, damit die Lotussamen nicht mehr bitter schmecken.

Info: Die Kaiserinwitwe Cixi (1835–1908) liebte diesen Kuchen so sehr, daß sie ihn zur Palastspeise erhob. Einer ihrer Palastköche, der im Alter in seine Heimat Jiangsu zurückkehrte, hat den Kuchen dort so verbreitet, daß er inzwischen als eine Spezialität dieser Gegend gilt.

Tip! Sie können die Zutaten auch einfach am Boden der Form verteilen, es ist ein bißchen schwierig, ein Muster zu erhalten, wenn der klebrige Reis darauf verteilt wird. In einer Schüssel mit rundem Boden geht das leichter.

Süßes »Yin-Yang«-Gelee

Etwas schwieriger

Tai Ji Tian Lu

Zutaten für 4 Portionen:
6 Blätter helle Gelatine
(entspricht 10 g)
250 g rote Johannisbeeren,
ersatzweise ¼ l roten
Johannisbeersaft
150 g Zucker
¼ l Milch
Zum Dekorieren:
1 Kirsche
1 Lotossamen aus der Dose

Zubereitungszeit: 30 Min.
(+ 1 Std. Kühlen)

Pro Portion: 940 kJ/ 220 kcal

1 Gelatine in kaltem Wasser etwa 10 Min. einweichen.

2 Inzwischen Johannisbeeren waschen und von den Stielen streifen. Beeren mit 150 ml Wasser in einem Topf aufkochen, dann etwa 10 Min. bei mittlerer Hitze köcheln lassen.

3 Die Beeren durch ein Tuch laufen lassen, es soll ¼ l Saft dabei herauskommen.

4 Den Saft noch einmal aufkochen. 100 g Zucker untermischen. Die Hälfte der Gelatine ausdrücken und unter Rühren im Saft auflösen.

5 Milch mit dem restlichen Zucker in einem anderen Topf zum Kochen bringen. Restliche Gelatine darin auflösen.

6 Aus einer starken Folie oder festem Papier eine S-Form bilden und in die Mitte einer großen Schüssel geben. Auf einer Seite die Milchmasse, auf der anderen die Johannisbeermasse einfüllen.

7 Gelee im Kühlschrank in etwa 1 Std. fest werden lassen. Auf die helle Seite die Kirsche, auf die rote Seite den Lotossamen legen.

Laba-Reisbrei

Aus Westchina · Braucht etwas Zeit

La Ba Zhou

Zutaten für 8 Portionen:
50 g getrocknete rote Bohnen
100 g Reis (Duftreis oder Milchreis)
100 g Klebreis · 100 g Hirse
100 g kandierte chinesische Datteln,
ersatzweise nicht chinesische
50 g ungeröstete Erdnüsse
20 g Walnußkerne
20 g Sonnenblumenkerne
100 g weißer Zucker
100 g brauner Zucker

Zubereitungszeit: 1½ Std.

Pro Portion: 1400 kJ/ 330 kcal

1 Rote Bohnen in heißes Wasser geben und etwa 20 Min. quellen lassen. Inzwischen beide Reissorten und die Hirse waschen und abtropfen lassen.

2 Datteln ebenfalls waschen.

3 In einem Topf 1 l Wasser zum Kochen bringen. Die roten Bohnen hineingeben und bei schwacher Hitze zugedeckt etwa 30 Min. garen.

4 Reis und Hirse, Erdnüsse, Walnußkerne, Sonnenblumenkerne und Datteln dazugeben und alles noch einmal etwa 20 Min. kochen.

5 Sobald der Reisbrei dicklich wird, beide Zuckersorten untermischen und unter Rühren schmelzen. Den Reisbrei in Schälchen verteilen und sofort servieren, da er sonst trocken wird.

Info: Chinesische Datteln sind wesentlich kleiner und intensiv rot gefärbt.

Tip! Rote Bohnen können je nach Alter eine unterschiedlich lange Garzeit haben. Planen Sie also vorsichtshalber etwas mehr Zeit ein oder lassen Sie die Bohnen gleich über Nacht quellen.

Silbermorchel-Gelee

Bing Tang Yin Er

Aus Ostchina · Braucht etwas Zeit

Zutaten für 6–8 Portionen:
40 g getrocknete Silbermorcheln
150–200 g weißer Kandiszucker
2–3 Mandarinen (ersatzweise aus der Dose)

Zubereitungszeit: 20 Min.
(+ 20 Min. Einweichen
+ 3 ½ Std. Dämpfen)

Bei 8 Portionen pro Portion:
470 kJ / 110 kcal

1 Silbermorcheln in heißem Wasser etwa 20 Min. einweichen, bis sie weich werden. Dann gründlich waschen und die harten Stiele entfernen.

2 Silbermorcheln mit Zucker in eine große hitzebeständige Schüssel geben und mit Wasser bedecken.

3 In einen Topf eine umgedrehte Tasse stellen. Etwa 4 cm hoch Wasser angießen. Die Schüssel mit den Silbermorcheln darauf stellen. Morcheln zugedeckt bei mittlerer Hitze 3–3 ½ Std. dämpfen, bis die Masse dickflüssig wird. Dabei immer wieder Wasser in den Topf gießen. Je länger die Morcheln garen, desto mehr geliert die Flüssigkeit.

4 Die Morcheln probieren, ob sie süß genug sind. Die Mandarinen schälen und filetieren. Nach Wunsch die Mandarinen kurz in kochendheißes Wasser tauchen, dann zu den Silbermorcheln geben.

Info: In der traditionellen chinesischen Medizin werden Silbermorcheln gegen hohen Blutdruck verordnet. In China wird diese Süßspeise meist warm gegessen. Im Sommer serviert man sie aber auch aus dem Kühlschrank.

Tip! Wenn Sie das Silbermorchel-Gelee farblich noch attraktiver möchten, können Sie zusätzlich zu den Mandarinen Kirschen, Trauben und Ananas servieren.

Walnußcreme

Aus Nordchina · Gelingt leicht **He Tao Lao**

Zutaten für 6 Portionen:
200 g Walnußkerne
Salz
20 g getrocknete Aprikosen
50 g Klebreismehl
20 g Rosinen
120 g Zucker

Zubereitungszeit: 1 Std.

Pro Portion: 1500 kJ/ 360 kcal

1 Im Topf Wasser zum Kochen bringen. Walnußkerne in eine Schüssel geben und mit dem kochenden Wasser und 1 Prise Salz begießen und kurz ziehen lassen. Dann abtropfen lassen und die braune Haut gründlich entfernen. Aprikosen abwaschen, trockentupfen und in kleine Stücke schneiden.

2 Walnußkerne in der Küchenmaschine fein zerkleinern, dann mit 200 ml Wasser verrühren. Klebreismehl in einer anderen Schüssel mit 100 ml Wasser verrühren.

3 Walnußmasse in einem Topf zum Kochen bringen. Klebreismasse langsam unter Rühren dazugeben. Die Creme bei schwacher Hitze weitergaren, bis sie dicklich wird. Dabei immer weiter rühren, damit die Masse nicht am Boden ansetzt.

4 Rosinen waschen und trockentupfen. Zucker, Aprikosen und Rosinen untermischen. Die Creme warm oder abgekühlt servieren.

Tips! Als Dekoration eignen sich gehackte Mandeln oder kandierte Früchte in dünnen Scheiben, evtl. Walnußblätter.
Falls die Walnußmasse doch einmal anbrennt, diese gleich in einen anderen Topf umgießen und nicht weiterrühren, damit sich der bittere Geschmack nicht verbreitet.

Glasierte Äpfel

Aus Nordchina · Festlich

Liu Li Ping Guo

Zutaten für 4 Portionen:
500 g säuerliche Äpfel, z.B. Gloster
1 Eigelb
40 g Speisestärke
etwa 100 g Mehl zum Wälzen
¾ l Pflanzenöl zum Fritieren
150 g Zucker
2 EL helle Sesamsamen

Zubereitungszeit: 35 Min.

Pro Portion: 2300 kJ/ 550 kcal

1 Äpfel schälen, vierteln und vom Kerngehäuse befreien. Dann die Viertel jeweils noch zweimal längs teilen, so daß aus jedem Apfel 16 Stücke entstehen.

2 Eigelb mit Speisestärke und etwa 60 ml Wasser verrühren. Der Teig soll so zähflüssig sein, daß er die Äpfel gleichmäßig überzieht. Apfelstücke zuerst in Mehl, dann im Teig wälzen.

3 Öl in einem Topf erhitzen. Es ist heiß genug, wenn an einem hölzernen Stäbchen, das man ins heiße Öl taucht, kleine Bläschen aufsteigen. Äpfel portionsweise im heißen Öl etwa 2 Min. fritieren, bis sie goldgelb sind. Dann mit einem Schaumlöffel wieder herausnehmen und abtropfen lassen.

4 Öl bis auf einen dünnen Film ausgießen. Temperatur auf schwache Hitze reduzieren. Zucker ins verbliebene Öl geben und unter Rühren schmelzen lassen. Dann weiter erhitzen, bis sich Blasen bilden. Apfelstücke hineingeben, die Pfanne vom Herd nehmen und die Äpfel schnell mit der Zuckermasse verrühren. Sesam untermischen.

5 Äpfel auf eine mit Alufolie ausgelegte Platte geben und großzügig verteilen, damit sie nicht zusammenkleben. Etwas abkühlen lassen, dann servieren.

Variante: Gut schmeckt es auch, wenn Sie die Äpfel nur fritieren und anschließend mit flüssigem Honig beträufeln. Statt Äpfeln schmecken auch Bananen, Ananas, Birnen oder auch Yamswurzeln, die Sie im Asien-Laden bekommen. Yamswurzeln werden immer heiß serviert.

Rote Bohnensuppe mit Reis

Aus Kanton · Braucht etwas Zeit

Hong Dou Yuan Zi Tang

Zutaten für 4-6 Portionen:
250 g getrocknete, kleine rote Bohnen
100 g Klebreismehl
etwa 100 g Zucker

Zubereitungszeit: 30 Min.
(+ 2 Std. Garen)

Bei 6 Portionen pro Portion:
1700 kJ/ 400 kcal

1 In einem Topf Wasser zum Kochen bringen. Die Bohnen im sprudelnd kochenden Wasser etwa 2 Min. kochen, dann das Wasser abgießen. Bohnen mit 1½ l frischem Wasser zum Kochen bringen und zugedeckt bei schwacher Hitze etwa 2 Std. kochen, bis sie weich sind. Dabei jeweils bei Bedarf noch Wasser dazugießen.

2 Klebreismehl mit etwa 75 ml heißem Wasser verrühren, dann 2 EL kaltes Wasser dazugeben. Masse kneten, bis ein glatter Teig entsteht. Aus dem Teig etwa haselnußgroße Bällchen formen. Je kleiner, desto feiner sind sie. In einem Topf Wasser zum Kochen bringen.

3 Die Klößchen in kochendes Wasser geben und 1–2 Min. bei mittlerer Hitze ziehen lassen, bis sie an die Oberfläche steigen. Abtropfen lassen.

4 Die Bohnensuppe kräftig durchrühren und mit Zucker abschmecken. Klößchen hineingeben und servieren.

314 Süsse Gerichte

Kandierte Yamswurzel

Aus Hunan · Etwas schwieriger
Ba Si Shan Yao

Zutaten für 4 Portionen:
1 EL schwarze Sesamsamen
500 g Yamswurzel
(ersatzweise 500 g Äpfel,
z.B. Granny Smith,
oder Süßkartoffeln)
50 g Speisestärke
2 Eiweiß
½ l neutrales Pflanzenöl
zum Fritieren
2 EL Sesamöl · 100 g Zucker

Zubereitungszeit: 30 Min.

Pro Portion: 2300 kJ/550 kcal

1 Sesamsamen in einem kleinen Topf bei schwacher Hitze etwa 2 Min. unter Rühren rösten, dann herausnehmen. Die Yamswurzel schälen, waschen, trockentupfen und in etwa 4 cm lange und 2 cm breite, rautenförmige Stücke schneiden.

2 Speisestärke mit Eiweiß in einer Schale mischen und verrühren. Die Yamswurzelstücke darin wenden. Sie sollen ganz überzogen sein.

3 Pflanzenöl in einem Wok oder einem Topf erhitzen. Es ist heiß genug, wenn an einem ins Öl getauchten Holzstäbchen kleine Bläschen emporsteigen. Die Yamswurzelstücke ins Öl geben und etwa 3 Min. fritieren, bis sie goldgelb sind. (Vorsicht, Spritzgefahr!) Dann herausnehmen und das Fett abtropfen lassen. Das Öl aus dem Wok abgießen.

4 Zuerst das Sesamöl, dann den Zucker in den Wok geben, bei schwacher Hitze unter Rühren erhitzen, bis der Zucker schmilzt. Dabei eventuell immer wieder den Wok vom Herd nehmen, damit die Zuckermasse nicht anbrennt.

5 Wenn sich Blasen bilden, die Yamswurzelstücke dazugeben und kurz durchschwenken. Dann auf einen Teller geben und die gerösteten Sesamsamen darüber streuen. Mit einem Schälchen kaltem Wasser dazu servieren.

Info: Die Yamswurzeln gibt es im Asienladen. Die Stücke werden ins Wasser getaucht, bevor man sie ißt. Dadurch sind sie schön knusprig und die Zuckermasse zieht Fäden.

Mandelpudding mit Früchten

Aus Sichuan · Sommergericht **Ba Bao Xing Dong**

Zutaten für 4 Portionen:
6 EL Milch · 5 g Gelatine
4 Tropfen Bittermandelaroma
75 g weißer Kandiszucker
1 Kiwi
1 Nektarine
8 Erdbeeren

Zubereitungszeit: 30 Min.
(+ 1 Std. Kühlen)

Pro Portion: 490 kJ/120 kcal

1 Die Milch in einen Topf geben. 150 ml Wasser und zerkleinerte Gelatine dazugeben. Bei schwacher Hitze unter Rühren zum Kochen bringen, dann den Topf vom Herd nehmen.

2 Das Bittermandelaroma untermischen. Die Masse in eine flache Form von etwa 2 cm Höhe gießen. Den Mandelpudding abkühlen lassen.

3 Den Topf reinigen. 200 ml Wasser und den Kandiszucker hineingeben. Zucker bei schwacher Hitze im Wasser auflösen. Das Wasser abkühlen lassen.

4 Mandelpudding und Zuckerwasser etwa 1 Std. in den Kühlschrank stellen. Inzwischen Kiwi und Nektarine schälen, falls nötig von den Kernen befreien. Beides in dünne Scheiben schneiden. Erdbeeren waschen, von den Stielen befreien und halbieren.

5 Mandelpudding in Stücke schneiden, mit Kiwi-, Nektarinen- und Erdbeerstücken in Schälchen verteilen. Zuckerwasser darüber gießen, servieren.

Tip: Mit einer geschnitzten Nektarinenscheibe garnieren.

Perlenklößchen

Zhen Zhu Yuan Zi

Aus Sichuan · Etwas schwieriger

Zutaten für 4 Portionen:
*100 g Klebreis (Nuo Mi),
aus dem Asienladen
100 g schwarze Sesamsamen
150 g Zucker
75 g Schweineschmalz
250 g Klebreismehl
(Shui Mo Nuo Mi Fen),
aus dem Asienladen*

Zubereitungszeit: 1 Std.
(+ 1 Std. Quellen lassen)

Pro Portion: 3200 kJ/760 kcal

1 Klebreis in lauwarmem Wasser etwa 1 Std. quellen lassen. Sesam in einem Topf bei schwacher Hitze unter Rühren etwa 2 Min. rösten, herausnehmen, etwas abkühlen lassen und im Mörser zerstoßen. Dann mit dem Zucker und dem Schweineschmalz mischen und zu etwa 20 Kügelchen formen.

2 Das Klebreismehl mit etwa 100 ml heißem Wasser kräftig verrühren, bis ein geschmeidiger Teig entsteht. Etwa 10 Min. abkühlen lassen, dann den Teig mit den Händen kräftig kneten, bis er elastisch ist. Den Teig zu einer Rolle von etwa 2 cm Durchmesser formen. Die Rolle in 20 Stücke schneiden und sie mit einem feuchten Tuch abdecken.

3 Mit der Hand ein Teigstück zu einer Teigscheibe von etwa 6 cm Durchmesser formen, dabei den Rand etwas dünner als die Mitte formen.

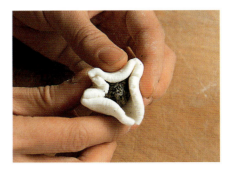

4 Je 1 Sesamkügelchen auf eine Teigscheibe geben, diese vorsichtig schließen. Eventuelle Risse im Teig zusammendrücken.

5 Klebreis aus dem Wasser nehmen und abtropfen lassen. Die Klebreisklößchen vorsichtig in dem Reis wälzen, so daß sie ganz vom Reis bedeckt sind.

6 Einen Bambusdämpfer mit einem feuchten Tuch auskleiden. Die Klößchen in etwa 1 cm Abstand voneinander hineingeben, den Dämpfer schließen. In einem Wok etwa 1 l Wasser aufkochen lassen. Dämpfer darauf setzen und die Klößchen bei starker Hitze etwa 15 Min. dämpfen.

Variante: Die Zubereitung der Perlenklößchen im Dämpfer ist nicht ganz einfach. Sie können sie deshalb genausogut bei Schritt 6 etwa 10 Min. in kochendem Wasser offen kochen, bis sie an die Oberfläche steigen.

Gedämpfte Süßkartoffeln

Aus Sichuan · Gelingt leicht **Bing Tang Hong Shao Yuan**

Zutaten für 4 Portionen:
500 g Süßkartoffeln
(möglichst nicht zu groß)
1/2 l neutrales Pflanzenöl
zum Fritieren
50 g kandierte Datteln
4 Cocktailkirschen
150 g weißer Kandiszucker
2 Mandarinen

Zubereitungszeit: 40 Min.

Pro Portion: 2100 kJ/500 kcal

1 Süßkartoffeln waschen, schälen und in etwa 2 cm große Würfel schneiden.

2 Öl in einem Wok oder einem Topf erhitzen. Es ist heiß genug, wenn an einem ins Öl getauchten Holzstäbchen Bläschen emporsteigen. Süßkartoffeln ins Öl geben und darin goldgelb fritieren. (Vorsicht, Spritzgefahr!) Herausnehmen und das Fett abtropfen lassen.

3 Kandierte Datteln, Cocktailkirschen, Kandiszucker und Süßkartoffeln in eine feuerfeste Schüssel geben. So viel Wasser angießen, daß alles bedeckt ist. Die Schüssel in einen Bambusdämpfer setzen, den Dämpfer schließen. In einem Wok etwa 1 l Wasser aufkochen. Dämpfer darauf setzen und die Süßkartoffelmischung bei starker Hitze etwa 20 Min. dämpfen.

4 Mandarinen schälen und eventuell von den Kernen befreien. Süßkartoffelmischung aus dem Dämpfer nehmen und in Schälchen verteilen. Mit den Mandarinen garnieren und servieren.

Info: Kandierte Datteln sind in vielen Asienläden zu kaufen. Süßkartoffeln gelten in Deutschland als Delikatesse, in China sind sie aber sehr preiswert. Trotzdem wird diese Süßspeise auch bei großen Banketten serviert.

Pfannkuchen mit süßer Paste

Aus Hunan · Gelingt leicht

Dou Sha Ruan Bing

Zutaten für 4 Portionen:
100 g Weizenmehl
2 Eier
2 EL Zucker
6 EL neutrales Pflanzenöl
160 g süße Bohnenpaste
(Tian Dou Sha)

Zubereitungszeit: 35 Min.

Pro Portion:
1100 kJ/260 kcal

1 Mehl in eine Schüssel geben, dann mit Eiern, Zucker und 150 ml Wasser zu einem glatten, flüssigen Teig verrühren. Etwa 10 Min. ruhen lassen.

2 In einer Pfanne 1 EL Öl bei mittlerer Hitze heiß werden lassen. Ein Viertel des Teiges hineingießen. Die Pfanne so schwenken, daß der Teig sich gleichmäßig auf dem Boden verteilt. Etwa ½ Min. backen, bis der Teig an der Oberfläche stumpf ist. Den Pfannkuchen wenden und die andere Seite backen, danach auf einen Teller legen. Aus dem restlichen Teig 3 weitere Pfannkuchen zubereiten. (Dabei für jede Portion wieder Öl angießen.)

3 Jeden Pfannkuchen mit ein Viertel der süßen Bohnenpaste gleichmäßig bestreichen, dann zwei Seiten in die Mitte schlagen und noch einmal längs zusammenfalten, so daß ein längliches Rechteck entsteht.

4 In der Pfanne 1 EL Öl bei mittlerer Hitze heiß werden lassen. 2 Pfannkuchen hineingeben und etwa 2 Min. backen, dann wenden und die andere Seite weitere 2 Min. backen. Wenn der Pfannkuchen leicht goldbraun ist, herausnehmen. Die restlichen 2 Pfannkuchen im Restöl genauso backen.

5 Die Pfannkuchen diagonal einmal durchschneiden, auf einem Teller anrichten und sofort servieren.

Info: Die süße Bohnenpaste (Tian Dou Sha) besteht aus roten Bohnen und Kandiszucker. Es gibt sie in den meisten Asienläden.

Gedämpfte Äpfel

Aus Hunan · Gelingt leicht Mi Zhi Zheng Ping Guo

Zutaten für 4 Portionen:
150 g getrocknete Datteln
4 kleinere Äpfel
(z.B. Elstar oder Jonathan,
je etwa 150 g)
75 g weißer Kandiszucker
2 EL Zucker

Zubereitungszeit: 30 Min.

Pro Portion: 1100 kJ/260 kcal

1 Datteln kalt abspülen und in einem Topf mit Wasser bedeckt bei schwacher Hitze etwa 10 Min. köcheln. Dann abkühlen lassen und von den Kernen befreien. Etwa 100 ml von der Kochbrühe aufheben.

2 Äpfel waschen und trockentupfen. Von jedem Apfel vom Stiel aus mit einem scharfen Messer die Kerne entfernen und den Apfel dabei so aushöhlen, daß ein Viertel der Datteln hineinpassen.

3 Dann jeden Apfel mit den Datteln füllen, alle in eine Schüssel stellen.

4 Die gefüllten Äpfel in einen Bambusdämpfer setzen und den Dämpfer schließen. Etwa 1 l Wasser in einem Wok aufkochen lassen. Den Dämpfer darauf setzen und die Äpfel bei starker Hitze etwa 10 Min. dämpfen.

5 100 ml Brühe von den Datteln in einem Topf zum Kochen bringen. Temperatur herunterschalten. Kandiszucker und Zucker in die Brühe geben und bei schwacher Hitze köcheln, bis ein Sirup entsteht. Die Äpfel auf Tellern anrichten, mit der Siruplösung überziehen und servieren.

Variante: Statt Äpfel können Sie auch Birnen dämpfen. Dazu 4 Birnen, z.B. Packham oder Comice, waschen und trockentupfen. Von jeder Birne vom Stiel aus mit einem scharfen Messer die Kerne entfernen und die Birnen so aushöhlen, daß je 1½ EL weißer Kandiszucker hineinpassen. Die Birnen mit dem Zucker füllen, in eine Schüssel stellen und wie in Schritt 4 beschrieben dämpfen. Gedämpfte Birnen schmecken nicht nur gut, sie sind in China auch ein sehr beliebtes Hausmittel gegen Husten. Sie wirken vor allem schleimlösend.

Tip! Wenn Sie die Äpfel mit dekorativen Schnitzereien versehen, sieht das besonders schön aus. Sie können die Äpfel im Ganzen servieren, wie oben beschrieben, aber auch aufgeschnitten, wie auf dem Foto zu sehen. Wenn Sie im Asienladen kandierten Osmanthus (eine Art Duftblüte) bekommen können, träufeln Sie ½ TL davon über die Äpfel, dann schmecken sie noch besser!

Reiskügelchen

Aus Sichuan · Gelingt leicht

Ju Geng Tang Yuan

Zutaten für 4 Portionen:
200 g Klebreismehl
(Shui Mo Nuo Mi Fen)
3 Mandarinen
1 Apfel (z.B. Granny Smith)
100 g Ananasstücke (aus der Dose)
Zucker (Menge je nach Geschmack)
8 Cocktailkirschen

Zubereitungszeit: 25 Min.

Pro Portion: 1200 kJ/290 kcal

1 Klebreismehl in eine Schüssel geben und mit 80 ml warmem Wasser mischen. Dann den Teig gründlich verkneten, bis er glatt und elastisch ist und nicht mehr an den Fingern klebt. Den Teig mit einem feuchten Tuch bedecken und etwa 10 Min. ruhen lassen.

2 Inzwischen Mandarinen schälen, in Spalten zerlegen. Apfel schälen, von den Kernen befreien und in etwa 2 cm große Würfel schneiden. Ananasstücke aus der Dose nehmen und abtropfen lassen. Zucker in einem Topf mit etwa 400 ml Wasser bei schwacher Hitze auflösen. Abkühlen lassen. Obst hineingeben und dann alles in 4 Schälchen geben.

3 Den Teig noch einmal kneten und zu einer Rolle von etwa 2 cm Durchmesser formen. Dann in etwa 2 cm große Stücke schneiden und jedes mit beiden Händen zu Kügelchen formen. In einem Topf etwa $3/4$ l Wasser zum Kochen bringen. Die Kügelchen hineingeben und darin etwa 3 Min. kochen, zwischendurch umrühren, damit sie nicht am Boden kleben.

4 Die Kügelchen mit einem Schaumlöffel herausholen, abtropfen lassen und auf die Schälchen verteilen, mit je 2 Cocktailkirschen garnieren und servieren.

Klebreis

Die gängige Vorstellung in Deutschland von chinesischem Essen ist, daß dort sehr viel Reis gegessen wird. Dabei kann man diese Vorstellung mit Einschränkung nur für Südchina gelten lassen, denn es gibt dort so viele verschiedene Reissorten, daß man es sich kaum vorstellen kann – wie umgekehrt Chinesen die mehreren hundert deutschen Brotsorten unglaublich vorkommen. Die Namen mancher Reissorten sind schwer zu übersetzen. Auch vom sogenannten »Klebreis«, auf chinesisch »Nuo Mi«, gibt es wieder viele verschiedene Sorten, die im chinesischen alle einen eigenen Namen haben. Von der Farbe her kann man zum Beispiel zwei Sorten unterscheiden, den weißen und den roten Klebreis. Der rote Klebreis gilt als nahrhafter als der weiße. Klebreis hat eine sehr weiche und klebrige Konsistenz und quillt nicht so stark wie andere Reissorten. Der Reis wird oft zu Mehl verarbeitet, das dem Teig eine gummiartige Konsistenz verleiht und meist für Reisbrei oder Süßspeisen verwendet wird.

Die Wurzel der Klebreispflanze gilt in der chinesischen Medizin als Heilmittel gegen Schweißausbrüche.

Aus Klebreis wird auch Klebreismehl hergestellt.

Kristall-Litschis

Shui Jing Li Zhi

Geht schnell · Sommergericht

Zutaten für 4 Portionen:
7 g Agar Agar (Blätter)
350 g frische Litschis
50 g frische Erdbeeren
100 g Zucker

Zubereitungszeit: 25 Min.
(+ 20 Min. Kaltstellen)

Pro Portion: 760 kJ/180 kcal

1 Agar Agar mit kaltem Wasser bedeckt etwa 20 Min. einweichen. Inzwischen Litschis pellen. Mit einem kleinen Messer das Fruchtfleisch aufschneiden und die Kerne entfernen. Erdbeeren putzen und waschen.

2 Agar Agar aus dem Einweichwasser nehmen, eventuell die Schmutzpartikel entfernen, in einem Topf mit 400 ml frischem Wasser bei schwacher Hitze unter Rühren erwärmen (nicht kochen!), bis es aufgelöst ist. Zucker dazugeben und alles etwa 1 Min. köcheln.

3 Die Masse etwa 2 1/2 cm hoch in eine flache Form gießen, dann abkühlen lassen. Bevor die Masse fest geworden ist, Litschis und Erdbeeren so darauf verteilen, daß sie etwa zur Hälfte darin einsinken. Am besten vorher mit 1–2 Früchten austesten: Ist die Masse nicht fest genug, verschwinden die Früchte ganz in der Masse. Anschließend etwa 15–20 Min. in den Kühlschrank stellen.

Tip! Statt Agar Agar können Sie auch etwa 8–10 Blatt Gelatine nehmen.

Litschis enthalten viel Traubenzucker und sind sehr vitaminreich.

Litschi

Südchina ist die Heimat der Litschi (Li Zhi), was übersetzt soviel wie »Spenderin der Lebensfreude« bedeutet. Sie gedeiht inzwischen weltweit auch in anderen Gegenden mit subtropischem Klima. Die Litschis haben eine dünne, schuppenartige Schale, die man abpellt, um an das weiße, halbdurchsichtige Fruchtfleisch zu gelangen, das sehr aromatisch und saftig ist. Der dunkelbraune Kern in der Mitte der Früchte ist ungenießbar und wird entfernt. Litschis werden entweder frisch oder in Sirup konserviert in Dosen angeboten. Als »Chinesische Haselnuß« werden sie getrocknet auch für Süßspeisen verwendet und haben dann einen nussigen, rosinenartigen Geschmack. Litschis sind in China seit Jahrtausenden beliebt und gelten in der traditionellen Medizin als Mittel zur Stärkung der Milzfunktion und wirken gegen Hustenreiz. Einer Legende nach ließ der Tang-Kaiser Minghuang eine Art Pony-Expreß über mehrere tausend Kilometer von Nord nach Süd einrichten, um das Verlangen seiner Lieblingskonkubine Yang Guifei nach diesen damals noch exotischen Früchten zu stillen. Ausgehend von dieser Legende wurden Litschis dann ein sehr beliebtes Thema in der chinesischen Literatur. Anhand dieser Frucht wurden die Ausschweifungen der Herrschenden kritisiert, immer aber auch der herrliche Geschmack der Litschi gerühmt. In der traditionellen chinesischen Malerei sind Litschis dank ihrer Form und Farbe auch heute noch ein gern gesehenes Motiv.

Süsse Gerichte 327

Gefüllte Sesambällchen

Etwas schwieriger Zhi Ma Qiu

Zutaten für 10 Stück:
250 g Klebreismehl
(Shui Mo Nuo Mi Fen)
250 g süße Lotospaste (Lian Rong)
50 g weißer Sesam
1 l neutrales Pflanzenöl zum Fritieren

Zubereitungszeit: 40 Min.
(+ 10 Min. Abkühlen)

Pro Stück: 1300 kJ/310 kcal

1 Das Klebreismehl mit etwa 100 ml heißem Wasser verrühren, bis ein geschmeidiger Teig entsteht. Dann etwa 10 Min. abkühlen lassen und den Teig kneten, bis er elastisch ist. Den Teig zu einer Rolle von etwa 4 cm Durchmesser formen, in 10 etwa gleich große Stücke schneiden und mit einem feuchten Tuch abdecken.

2 Mit der Hand ein Teigstück zu einer Teigscheibe von etwa 8 cm Durchmesser formen, dabei den Rand etwas dünner als die Mitte formen.

3 Je 1 TL süße Lotospaste in die Mitte einer Teigscheibe geben und Teigrand um die Füllung herum vorsichtig schließen. Zwischen den Händen zu Bällchen formen. Eventuell entstehende Risse im Teig zusammendrücken. Sesam auf einen Teller geben.

4 Das Öl in einem Wok oder Topf bei starker Hitze heiß werden lassen. Es ist heiß genug, wenn an einem ins Öl getauchten Holzstäbchen Bläschen aufsteigen. Die Bällchen mit Wasser befeuchten, dann in Sesam wenden, so daß sie rundum mit Sesam bedeckt sind.

5 Die Bällchen vorsichtig ins Öl geben und bei mittlerer Hitze in etwa 3 Min. goldbraun fritieren, dabei mit dem Kochlöffel leicht auf die Bällchen drücken. Vorsicht, Spritzgefahr! Aufgrund der Hitze werden die Bällchen immer größer. Daher müssen Sie die Bällchen mit einem Schaumlöffel herausholen, bevor sie platzen.

Variante: Sie können für die Füllung statt der Lotospaste auch süße Bohnenpaste (Tian Dou Sha) nehmen.

Info: Die süße Lotospaste wird aus den Samen des Lotos, einer Seerosenart, hergestellt. Diese Pflanze wächst fast überall in China und gilt als heilig. Für die Lotospaste werden die Lotossamen zunächst gekocht und anschließend mit Zucker vermischt. Süße Lotospaste (Lian Rong), Bohnenpaste (Dou Sha) und Klebreismehl (Shui Mo Nuo Mi Fen) sind in jedem Asienladen erhältlich.

Silbermorcheln-Kompott

Geht leicht Xing Ren Yin Er

Zutaten für 4 Portionen:
3–4 mittelgroße Silbermorcheln (etwa 25 g)
100 g Ananasfleisch in Stücken (aus der Dose)
4 EL weißer Kandiszucker (etwa 80 g)
2–3 Tropfen Bittermandelaroma

*Zubereitungszeit: 30 Min.
(+ 20 Min. Einweichen
+ 20 Min. Kaltstellen)*

Pro Portion: 430 kJ/100 kcal

1 Silbermorcheln in lauwarmem Wasser etwa 20 Min. einweichen. Dann herausnehmen, von dem leicht gelblichen, harten Kelch befreien, dann die Morcheln in etwa 3–4 große Stücke schneiden. Ananas in kleine Stücke schneiden.

2 In einem Topf ½ l Wasser zum Kochen bringen, Silbermorcheln hineingeben, aufkochen lassen, dann bei schwacher Hitze etwa 20 Min. weiterköcheln, dabei darauf achten, daß das Ganze nicht überkocht.

3 Dann Kandiszucker dazugeben, gut durchrühren und etwa 5 Min. weiterköcheln. Vom Herd nehmen, kurz abkühlen lassen, Ananasstücke dazugeben und alles mit Bittermandelaroma beträufeln, dann nochmals durchrühren, in Schälchen füllen und etwa 20 Min. in den Kühlschrank stellen. Anschließend servieren.

Getränk: Versuchen Sie dazu einmal einen Amaretto auf Eis!

Info: Da Silbermorcheln viel Eiweiß, Eisen, Kalzium und andere wichtige Mineralstoffe enthalten, dienen sie nach der traditionellen chinesischen Medizin zur Stärkung der Lungen- und Leberfunktion und wirken blutreinigend. Silbermorcheln sind in vielen Asienläden erhältlich.

Kastanienmus

Aus Taiwan · Gelingt leicht

Li Zi-Hu

Zutaten für 4 Portionen:
300 g Eßkastanien
50 g getrocknete Rotdatteln (Hong Zao)
100 g brauner Kandiszucker
nach Belieben: 1 Cracker oder salziger Mürbeteigkeks

Zubereitungszeit: 15 Min. (+ 30 Min. Kochen)

Pro Portion: 1110 kJ/260 kcal

1 Kastanien kalt abspülen und in einem Topf mit Wasser bedeckt etwa 30 Min. kochen, herausnehmen und etwa 5 Min. abkühlen lassen. Kastanien mit einem scharfen Messer halbieren und anschließend das Innere mit einem Löffel herauskratzen. Rotdatteln kalt abspülen, halbieren und von den Kernen befreien.

2 Kastanienmasse und entkernte Datteln in einen Mixer geben und zerkleinern, bis eine breiartige Masse entsteht. Dabei etwa 200 ml Wasser nach und nach hinzufügen.

3 In einem Topf 100 ml Wasser zum Kochen bringen, Kandiszucker dazugeben. Wenn der Kandiszucker gelöst ist, Kastanien-Dattel-Masse untermischen. Bei schwacher Hitze unter Rühren aufkochen, dann abkühlen lassen. Vor dem Servieren können Sie das Mus mit dem zerstoßenen Cracker oder Keks bestreuen.

Info: Rotdatteln, auch chinesische Datteln genannt, sind eigentlich Jujuben. Sie sind olivenförmig und werden auch im Mittelmeerraum angebaut. In der chinesischen Küche verwendet man die getrockneten Früchte für Süßspeisen und in der traditionellen Medizin als Heilmittel.

331

Kandierte Äpfel

Aus Peking · Gelingt leicht Ba Si Ping Guo

Zutaten für 4 Portionen:
1 EL schwarze Sesamsamen
400 g säuerliche, knackige Äpfel
(z.B. Grany Smith)
50 g Speisestärke
2 Eiweiß
½ l neutrales Pflanzenöl
zum Fritieren
2 EL Sesamöl
100 g Zucker

Zubereitungszeit: 25 Min.

Pro Portion: 1400 kJ/330 kcal

1 Sesamsamen in einem kleinen Topf bei schwacher Hitze etwa 3 Min. unter Rühren rösten, dann herausnehmen. Die Äpfel schälen, von den Kerngehäusen befreien und in etwa 4 cm lange und 2 cm breite, rhombenförmige Stücke schneiden.

2 Speisestärke und Eiweiß in eine Schale geben und gut verrühren. Die Apfelstücke darin wenden, so daß sie ganz überzogen sind.

3 Das Öl in einem Wok oder einem Topf stark erhitzen, bis an einem ins Öl getauchten Holzstäbchen kleine Bläschen aufsteigen. Die Apfelstücke ins heiße Öl geben und etwa 3 Min. fritieren, bis sie goldgelb sind. Vorsicht, Spritzgefahr! Die Äpfel mit einem Schaumlöffel herausnehmen und das Fett abtropfen lassen. Das Öl aus dem Wok gießen.

4 Zuerst das Sesamöl, dann den Zucker in den Wok geben, bei schwacher Hitze unter Rühren heiß werden lassen, bis der Zucker schmilzt. Dabei eventuell immer wieder den Wok vom Herd nehmen, damit die Masse nicht anbrennt.

5 Wenn sich Blasen bilden, die Apfelstücke dazugeben und kurz durchschwenken. Dann die Äpfel auf einen Teller geben und die gerösteten Sesamsamen darüber streuen.

6 Serviert werden die Apfelstücke mit je einem Schälchen kalten Wasser. Die Apfelstücke werden hineingetaucht, bevor man sie ißt. Dadurch sind sie schön knusprig, und die Zuckermasse zieht Fäden.

Getränk: Probieren Sie dazu einmal ein Glas Portwein!

Mandelpudding

Xing Ren Dou Fu

Erfrischend · Gelingt leicht

Zutaten für eine flache Form von 2 cm Höhe und 25–30 cm Ø, für 4 Portionen:
70 g Mandeln
6 g Gelatine (3 1/2 Blätter)
40 ml Milch
80 g Zucker
40 g Mandarinen (aus der Dose)

Zubereitungszeit: 20 Min. (+ 2 Std. Kühlen)

Pro Portion: 840 kJ/200 kcal

1 Die Mandeln mit warmem Wasser bedeckt etwa 15 Min. einweichen. Inzwischen Gelatine in Wasser einweichen, dann gut ausdrücken. Die Mandeln aus dem Wasser nehmen, die Haut abziehen. Dann die Mandeln zusammen mit 200 ml Wasser im Mixer zu einer milchigen Flüssigkeit mahlen.

2 Die Flüssigkeit durch einen Kaffeefilter filtern und in einen Topf füllen. Milch dazugeben und aufkochen. Die Gelatine einrühren und auflösen. Die Masse in die Form gießen. Den Mandelpudding abkühlen lassen.

3 Den Topf reinigen. Wieder 100 ml Wasser hineingeben und den Zucker untermischen. Das Wasser zum Kochen bringen. Bei schwacher Hitze so lange rühren, bis sich der Zucker gelöst hat. Das Zuckerwasser in eine Schüssel geben und abkühlen lassen.

4 Den Mandelpudding und das Zuckerwasser 1–2 Std. zugedeckt in den Kühlschrank stellen.

5 Den Mandelpudding in Stücke schneiden und zusammen mit den Mandarinenstücken in Schälchen verteilen. Das Zuckerwasser darüber gießen und servieren.

Variante: Falls es schneller gehen soll, können Sie auch statt der Mandeln 6–8 Tropfen Bittermandelaroma verwenden, das man in China nicht kennt. Dazu Gelatine vorbereiten, Milch mit 200 ml Wasser zum Kochen bringen, Gelatine einrühren. Bittermandelaroma untermischen, die Masse in die Form gießen und fortfahren wie beschrieben.

Tip! Dieses Dessert eignet sich gut als Nachtisch nach einer üppigen Mahlzeit und für heiße Tage. Anstelle der Mandarinen können Sie auch andere Früchte, z.B. Ananas, nehmen.

Honigbananen

Gelingt leicht — **Dan Bai Xiang Jiao Jia Xian**

Zutaten für 4 Portionen:
1 EL schwarze Sesamsamen
4 Bananen
100 g süße Bohnenpaste
30 g Mehl
20–25 g Speisestärke
2 Eiweiß
1 l neutrales Pflanzenöl
zum Fritieren
5 EL Honig

Zubereitungszeit: 30 Min.

Pro Portion: 1700 kJ/400 kcal

1 Backofen auf 70° vorheizen. Sesamsamen in einem kleinen Topf bei schwacher Hitze etwa 3 Min. unter Rühren rösten, dann herausnehmen.

2 Die Bananen schälen, quer halbieren und längs in 1 cm dicke Scheiben schneiden. Je 1 Bananenscheibe mit der Bohnenpaste bestreichen, dann das Gegenstück auf den Aufstrich legen. In Mehl wenden. Die Speisestärke in einem tiefen Teller mit dem Eiweiß gründlich verrühren. Einen Teller zum Vorwärmen in den Ofen (Umluft 50°) stellen.

3 Das Öl im Wok oder in einem Topf erhitzen. Die »Bananen-Sandwiches« durch die mit Eiweiß verrührte Stärke ziehen, etwas abtropfen lassen und nacheinander im Öl in 1–2 Min. goldgelb fritieren. Herausnehmen, kurz abtropfen lassen und auf dem vorgewärmten Teller anrichten. Honig über die Bananen träufeln und die Sesamsamen gleichmäßig darüber streuen. Die Bananen möglichst noch warm servieren.

Tip! Die Bananen sternförmig um eine kandierte Orangenscheibe anrichten.

Kandierte Kartoffelbällchen

Aus Shandong · Gelingt leicht — **Ba Si Jin Zao**

Zutaten für 20 Stück,
für 4 Portionen:
300 g Kartoffeln, mehligkochend
50 g Mehl
150 g kandierte Früchte
(z.B. Kirschen, Orangeat, Zitronat)
1/2 l neutrales Pflanzenöl
zum Fritieren
2–3 EL Sesamöl
100 g Zucker

Zubereitungszeit: 45 Min.

Pro Portion: 1900 kJ/450 kcal

1 Kartoffeln waschen und schälen. In einem Topf 15–20 Min. zugedeckt kochen, dann abgießen und zerstampfen. Das Mehl dazugeben, zusammen gut verkneten und zu einer Rolle von etwa 4 cm Durchmesser formen. Den Teig in 20 Stücke teilen. Die Teigstücke mit der Handinnenfläche flach und länglich drücken.

2 Die kandierten Früchte fein hacken und in 20 Portionen teilen. Jede Portion auf ein Teigstück legen und vorsichtig zu einem Kartoffelbällchen schließen. Eventuelle Risse im Teig zusammendrücken.

3 Das Öl in einem Wok oder einem Topf stark erhitzen, bis an einem ins Öl getauchten Holzstäbchen kleine Bläschen aufsteigen. Die Kartoffelbällchen ins heiße Öl geben und etwa 3 Min.

fritieren, bis sie goldgelb sind. Vorsicht, Spritzgefahr! Die Bällchen herausnehmen und das Fett abtropfen lassen. Das Öl aus dem Wok gießen.

4 Zuerst das Sesamöl, dann den Zucker in den Wok geben, bei schwacher Hitze unter Rühren erwärmen, bis der Zucker schmilzt. Dabei eventuell immer wieder den Wok vom Herd nehmen, damit die Masse nicht anbrennt.

5 Wenn sich Blasen bilden, die Kartoffelbällchen einzeln hinzugeben und kurz im Karamel wälzen. Dann die Kartoffelbällchen auf einem Teller anrichten. Serviert werden die Kartoffelbällchen mit einem Schälchen kalten Wasser. Sie werden hineingetaucht, bevor man sie ißt. Dadurch sind sie schön knusprig, und die Zuckermasse zieht Fäden.

Süsse Gerichte **335**

Dou-Sha-Teigtaschen

Dou Sha Bao

Braucht etwas Zeit

Zutaten für etwa 20 Stück:
500 g Mehl
20 g Hefe (½ Würfel)
400 g süße Bohnenpaste

*Zubereitungszeit: 1 ½ Std.
(+ 30 Min. Ruhen)*

Pro Stück: 550 kJ/130 kcal

1 Mehl in eine Schüssel geben. Hefe in ¼ l lauwarmem Wasser auflösen und zum Mehl geben. Teig gründlich verkneten und unter einem leicht angefeuchteten Tuch etwa 30 Min. an einem warmen Ort gehen lassen.

2 Teig noch einmal gut durchkneten. Dann zu einer Rolle von etwa 2 ½ cm Durchmesser formen und anschließend in etwa 20 Stücke teilen. Die Teigstücke in runde Fladen von etwa 10 cm Durchmesser ausrollen. Die Mitte soll etwas dicker als der Rand sein.

3 Je 1 EL süße Bohnenpaste auf die Mitte eines Teigstückes verteilen. Den Teig an einem Ende nach oben ziehen und den Teig nun in Falten über der Füllung zusammenlegen.

4 Dabei den Teig immer wieder etwas nach oben ziehen, so daß er gleichmäßig dick wird. Zum Schluß den Teig oben etwas zusammendrehen.

5 In einem Topf, der ungefähr den gleichen Durchmesser wie der Bambusdämpfer hat, Wasser zum Kochen bringen. Bambusdämpfer mit einem feuchten Tuch auskleiden, die erste Portion Teigtaschen in 2–3 cm Abstand voneinander hineingeben, den Dämpfer verschließen. Den Bambusdämpfer auf den Topf stellen und die Teigtaschen bei starker Hitze 10–12 Min. dämpfen. Mit den restlichen Teigtaschen genauso verfahren. Falls Sie keinen Bambusdämpfer haben, siehe Info S. 50. Die bereits fertigen Taschen zudecken und so warm halten. (Die Taschen dürfen ruhig lauwarm sein.)

Info: Süße Bohnenpaste (Dou Sha) ist aus Rotbohnen und Zucker (oder Kandiszucker) hergestellt. Dabei werden die Bohnen zuerst 1–2 Std. ganz weich gekocht und dann passiert. Die Paste wird meistens als Füllung für Gebäck und süße Speisen verwendet. In fast allen Asien-Läden kann man die süße Bohnenpaste in Dosen kaufen.

Tip! Falls Sie keine süße Bohnenpaste bekommen, nehmen Sie ersatzweise eine Füllung aus 300 g dunklem Sesam, den Sie kurz rösten, dann im Mörser zerstoßen und mit 100 g Zucker mischen. Gut schmeckt auch Mohnpaste als Füllung.

Kakaocreme mit Mandeln

Ke Ke Leng Dong

Aus Taiwan · Braucht etwas Zeit

Zutaten für 4 Portionen,
für 4 Förmchen von 7 cm Höhe
und 8 cm Ø:
75 g rohe Erdnüsse,
mit Haut, ohne Schale
75 g süße Mandeln,
mit Haut, ohne Schale
4 Cocktailkirschen
10 EL Speisestärke
100 g Zucker
2 EL Kakaopulver
3 halbe Pfirsiche (aus der Dose)

Zubereitungszeit: 20 Min.
(+ 20 Min. Einweichen
+ 3 Std. Kaltstellen)

Pro Portion: 1900 kJ/450 kcal

1 Erdnüsse und Mandeln in warmem Wasser etwa 20 Min. einweichen, herausnehmen und die Haut abziehen. Anschließend in einen Mixer hineingeben und zerkleinern, bis eine breiartige Masse entsteht. Dabei nach und nach 250 ml Wasser hinzufügen. Die Masse durch ein Sieb passieren und die groben Mandel- und Erdnußstückchen wegschütten.

2 Je 1 Cocktailkirsche in die Förmchen geben. Speisestärke mit 10 EL Wasser anrühren. Erdnuß- und Mandelmasse in einem Topf zum Kochen bringen, dann die Temperatur auf schwache Hitze reduzieren. Zucker in den Topf geben, angerührte Speisestärke untermischen. Alles unter Rühren bei schwacher Hitze etwa 5 Min. kochen. Dann jedes Förmchen bis zur Hälfte mit der Masse füllen.

3 Die restliche Masse mit Kakaopulver vermischen, gut durchrühren und die Förmchen damit auffüllen. Anschließend die Förmchen abgedeckt für 2–3 Std. in den Kühlschrank stellen.

4 Danach die Kakaocreme aus dem Kühlschrank holen, die Masse auf vier kleine Teller stürzen. Die Pfirsiche in dünne Scheiben schneiden und um die Creme herum dekorieren. Mit je 2 EL Pfirsichsaft aus der Dose beträufeln und servieren.

Süßkartoffeln mit Honig

Mi Jian Shu Tiao

Herbstgericht · Gelingt leicht

Zutaten für 4 Portionen:
500 g Süßkartoffeln
3 EL Honig
1 EL Zitronensaft
Salz

Zubereitungszeit: 20 Min.
(+ 20 Min. Garen)

Pro Portion: 670 kJ/160 kcal

1 Süßkartoffeln waschen, schälen und in etwa 5 cm lange, 2 cm breite und 1 cm dicke Stücke schneiden.

2 In einem Topf etwa ½ l Wasser zum Kochen bringen. Süßkartoffeln hineingeben und bei mittlerer Hitze zugedeckt etwa 5 Min. kochen, anschließend das Wasser aus dem Topf abgießen.

3 Dann 200 ml frisches Wasser, Honig, Zitronensaft und 1 Prise Salz dazugeben. Dann alles zugedeckt etwa 15 Min. bei schwacher Hitze köcheln. Wenn kaum noch Flüssigkeit im Topf ist, die Süßkartoffeln herausnehmen und in Schälchen geben. Vor dem Servieren die noch im Topf verbliebene Flüssigkeit über die Süßkartoffeln gießen.

Tip! Wenn Sie im Asienladen gemahlene Erdnüsse (Hua Sheng Fen) finden, können Sie die Süßkartoffeln vor dem Servieren noch damit bestreuen.

Typische Speisenkombinationen

Je nachdem, wie viele Gäste Sie einladen möchten, können Sie vier, sechs, acht oder sogar noch mehr verschiedene Gerichte zubereiten. Die meisten Gerichte in diesem Buch sind für einen chinesischen Servierteller berechnet. Diese Menge ist ausreichend für zwei Personen, wenn Sie nur dieses eine Gericht und eventuell noch eine Suppe reichen. Im größeren Kreis sind vier Gerichte für sechs Personen gerade richtig, zusätzlich können Sie noch eine Suppe und ein Dessert anbieten.

Bei der Zusammenstellung der Speisen dürfen Sie sich grundsätzlich nach Ihrem persönlichen Geschmack und dem saisonalen Angebot richten, einige Regeln sollten Sie aber immer beachten, denn nach chinesischem Verständnis muß auch beim Essen das Yin-Yang-Prinzip beachtet werden, d.h. daß das ausgewogene Verhältnis der verschiedenen Gerichte zueinander stimmen muß.

So sollten es weder zu viele fette Speisen, noch zu viele Fleisch- oder Fischgerichte, aber auch nicht ausschließlich Speisen mit Gemüse auf den Tisch kommen. Wenn Sie beispielsweise vier Gerichte kochen möchten, wählen Sie am besten eines mit Fleisch, eines mit Fisch und die übrigen mit Gemüse, Tofu oder Eiern. Selbstverständlich können Sie auch rein vegetarisch kochen.

Die Geschmacksrichtungen der einzelnen Speisen sollten sich nicht zu ähnlich sein. Bereiten Sie also beispielsweise ein süß-saures, ein salziges und ein leicht scharfes Gericht zu.

Bei großen Festessen werden nach chinesischer Sitte alle kalten Gerichte gleichzeitig serviert. Die heißen Speisen serviert man in China jedoch nacheinander.

Ein gelungenes Mahl muß nach chinesischem Verständnis nicht nur gut schmecken, sondern auch angenehm duften und farblich attraktiv sein. Wichtig ist außerdem, dass die Farben miteinander harmonieren. Wenn Sie also ein Gericht mit Tomaten und Paprika zubereiten wollen, wählen Sie besser grüne Paprikaschoten, damit nicht zweimal die Farbe Rot im Mittelpunkt steht. Auch bei der Dekoration können Sie Ihrer Phantasie freien Lauf lassen: Eine Suppe sieht immer hübsch aus, wenn sie mit etwas feingehackter Frühlingszwiebel oder frischem Koriander garniert wird. Bei dunklen Gerichten passen beispielsweise Gurkenscheiben, die Sie ganz nach Lust und Laune hübsch »zurechtschnitzen« können. Selbst die Form der Zutaten sollte dem Auge Abwechslung bringen. Schneiden Sie also nicht alles in Streifen, sondern variieren Sie die Formen: Gemüse – und manchmal auch Fleisch – lassen sich in Würfel, Streifen oder Rauten schneiden. Fisch und Geflügel werden in China häufig auch unzerteilt zubereitet, dann sind die Beigaben entsprechend zerkleinert und sorgen für die nötige optische Begleitung.

Planen Sie den Ablauf der Zubereitung möglichst genau. Alles, was sich schon vorher einlegen oder schneiden läßt, sollten Sie vorbereiten und in kleinen Schälchen bereitstellen, damit Sie die Zutaten später nur noch nacheinander in Pfanne oder Wok geben müssen. Manche Gerichte, wie beispielsweise Suppen, können Sie sogar weitgehend vorkochen und später beim Erhitzen nur das Gemüse frisch dazugeben.

Stilecht ist ein chinesisches Essen, wenn Sie es in kleinen Porzellanschälchen und mit Stäbchen servieren. Dennoch sollten Sie Messer und Gabeln bereithalten, denn nicht jeder kann mit Stäbchen umgehen oder hat Lust, es zu versuchen. Zu europäischem Besteck reichen Sie natürlich Teller, denn mit Besteck kann man in den kleinen Schälchen nur schlecht hantieren. Wenn Sie zu den Profis gehören, die mit Stäbchen essen, dann dürfen Sie die Schale hochhalten und damit den Weg zum Mund verkürzen. Dies gilt in China keineswegs als unfein, sondern ist ein Zeichen von guter Bildung. Wenig vornehm ist es dagegen, wenn Sie die Schale auf dem Tisch stehen lassen. Es ist sogar erlaubt, die letzten Essensreste mit den Stäbchen aus der Schale in den Mund zu schieben.

Auf den folgenden Seiten finden Sie einige Menü-Vorschläge für unterschiedlich große Gruppen und die verschiedensten Gelegenheiten. Lassen Sie sich davon inspirieren.

Wir wünschen Ihnen viel Spaß beim Nachkochen und einen guten Appetit!

Hier einige Beispiele, wie Sie sich und Ihre Gäste mit original chinesischem Essen verwöhnen können.

Ganz einfach für 2 Personen
Nudeln mit Pack choi 222
oder Reis mit Ei und Schinken 240,
Seetang-Knoblauch-Suppe 276

Nudeln mit Fleischsauce 268
Geschmorte Auberginen 210
Lammfleisch mit Lauch 165
Schweinefilet mit Koriander 141
Eierblumensuppe 289

Gut vorzubereiten
Scharfe Bambussprossen 24
Süß-saures Schweinefleisch 124
Eierblumensuppe 289
Frisches Obst

Garnelen mit Chinakohl 34
Huhn mit schwarzen Bohnen 120
Bohnen mit Knoblauch 217
Kastanienmus 331

Hühnerstreifen mit Senf 34
Garnelen mit Paprika 67
Bohnensprossen mit Essig 214
Suppe mit Donggu-Pilzen 303
Honigbananen 335

Menüs für 4 Personen
Süß-scharfer Rettich 16
Knusprige Ente 95
(evtl. mit Lotusblätter-Pfann-
kuchen 230)
Fischklößchensuppe 278
Süßes Yin-Yang-Gelee 310

Sojasprossen mit Paprika 174
Lammfleisch mit Lauch 165
Rettichsuppe mit Garnelen 273
Glasierte Äpfel 314

Glasnudelsalat mit Spinat 15
Rindfleisch mit Rettich 148
Fisch süß-sauer 54
Tomaten-Eierblumen-Suppe 280
Klebreis-Kuchen 308

Gebratene scharfe Gurken 19
Glücks-Eierrollen 16
Chinesische Ravioli 232
Walnußcreme 313

Tofu mit Lauch 217
Süß-saures Schweinefleisch 124
Garnelen mit Paprika 67
Sauer-scharfe Suppe 273
Kandierte Äpfel 332

Süßscharfer Chinakohl 22
Huhn mit Kastanien 118
Bohnensprossen mit Essig 214
Suppe mit Tofu-Bällchen 228
Kandierte Äpfel 332
Süßscharfer Chinakohl 22
Gefüllte Tofu-Kästchen 206
Schweinebauch mit Paprika 131
Sauer-scharfe Suppe 273
Mandelpudding mit Früchten 317

Schnelle Menüs für 4 Personen
Süß-scharfer Rettich 16
Gedämpfter Fisch 66
Tomaten mit Ei 182
Seetang-Knoblauch-Suppe 276

Shrimps auf Krabbenbrot 28
Mais mit Pinienkernen 193
Huhn mit Zuckererbsen 99
Eierblumensuppe 289

Kalte Nudeln mit Huhn 243
Sauer-scharfer Weißkohl 175
Garnelen mit Paprika 67
Suppe mit Abalone 283
Frisches Obst

Menü für 6 Personen
Süß-saures Schweinefleisch 124
Tomaten mit Ei 182
Fritierte Auberginen 173
Sauer-scharfe Suppe 273
Süße Klebreis-Klößchen 307

Süßscharfer Chinakohl 22
Glasierte Walnüsse 25
Geschmorte Auberginen 210
Huhn mit schwarzen Bohnen 120

Forelle mit Ingwerstreifen 59
»San-Xian«-Suppe 300
Kandierte Äpfel 332

Menü für 8 Personen
Sojasprossen mit Eistreifen 14
Rindfleisch mit Sellerie 149
Schweinefleisch mit Fischduft 124
Frühlingsrollen 236
Reiskrusten mit Austernpilzen 240
Suppe mit Milch und Kohl 281
Huhn mit Glasnudeln 37
Garnelen mit Chinakohl 34
Gekochte Donggu-Pilze 20
Bohnen mit Knoblauch 217
Gedämpftes Rinderfilet 152
Hühnerbrust mit Ananas 122
Reiskrusten mit Garnelen 80
Suppe mit Donggu-Pilzen 303

Picknick oder Buffet
für 8 Personen
Frühlingsrollen 236
(fritiert und kalt serviert)
Kalte Nudeln mit 4 Saucen 226
Tofu mit Frühlingszwiebeln 27
Hühnerfleisch-Salat 38
Kristall-Garnelen 27
Tomaten-Eierblumen-Suppe 280
(schmeckt auch kalt gut)
Klebreis-Kuchen 308

Buffet für 8–10 Personen
Rindfleisch mit 5 Gewürzen 49
Hühnerstreifen mit Senf 34
Süßscharfer Chinakohl 22
Teeblatt-Eier 20
Pikantes Schweinefilet 130
Hähnchen Shandonger Art 116
Garnelen mit Paprika 67
Bohnen mit Knoblauch 217
Teigtaschen mit Füllung 264
Gefüllte Teigtäschchen 268
Mandelpudding 333

Vegetarisch für 2 Personen
Teigtaschen mit Bohnen 235
Suppe mit Milch und Kohl 281
Silbermorchel-Gelee 312

Gefüllte Tofu-Kästchen 206
Eierblumensuppe 289
Kandierte Äpfel 332

Vegetarisch für 3–4 Personen

Kartoffeln süß-sauer 172
Krümel-Tofu 178
Chinesische Pfannkuchen 228
Nudelsuppe mit fünf Farben 276
Rote Bohnensuppe mit Reis 314

Süßscharfer Chinakohl 22
Geschmorte Auberginen 210
Tofu mit Lauch 217
Bohnen mit Knoblauch 217
Eierblumensuppe 289
Honigbananen 335

Vegetarisch für 6–8 Personen

Fritierte Auberginen 173
Eier mit Gurke und Pilzen 208
Sojasprossen mit Paprika 174
Sauer-scharfer Weißkohl 175
Tofu mit Bohnen 204
Tomaten mit Ei 182
Walnußcreme 313

Scharfe Bambussprossen 24
Teeblatt-Eier 20
Gekochte Donggu-Pilze 20
Eier mit Gurke und Pilzen 208
Gefüllte Tofu-Kästchen 206
Silbermorcheln mit Gemüse 211
Geschmorte Auberginen 210
Eierblumensuppe 289
Frisches Obst

Frühlingsmenüs

Frühlings-Komposition 181
Duftblüten-Fischscheiben 83
Rindfleisch mit Tomaten 168
Seetang-Knoblauch-Suppe 276
Klebreis-Kuchen 308

Frühlingsrollen 236
Reiskruste mit Austernpilzen 240
Suppe mit Milch und Kohl 281

Sommermenüs

Glasnudelsalat mit Spinat 15
Tofu mit Frühlingszwiebeln 27
Gedämpfter Fisch 56
Tomaten-Eierblumen-Suppe 280
Silbermorchel-Gelee 312

Kristall-Garnelen 27
Fleisch mit Eihülle 128
Donggu-Pilze mit Bambus 200
Fischklößchensuppe 278

Herbstmenüs

Hühnerfleisch-Salat 38
Fritierte Auberginen 173
Rot fritierte Garnelen 90
Sauer-scharfe Suppe 273
Frisches Obst oder Walnußcreme 313

Rindfleisch mit Sellerie 149
Zweimla gegarter Tofu 177
Eier mit Fischfleisch 181
Sauer-scharfe Suppe 273

Wintermenüs

Bunter Feuertopf 274
Laba-Reisbrei 310

Rindfleisch mit Rettich 148
Lamm mit Sesam 162
Sauer-scharfer Weißkohl 175
Seetang-Knoblauch-Suppe 276

Festessen für 8 Personen

Glücks-Eierrollen 16
Gebratene scharfe Gurken 19
Glasnudelsalat mit Spinat 15
Pillen-Klöße 126
Rindfleisch in Austernsauce 156
Garnelen mit Tomaten 61
Zweimal gegarter Tofu 177
Suppe mit Milch und Kohl 281
Seetang-Knoblauch-Suppe 276
Silbermorchel-Gelee 312

Menüs für große Feste

Frühlingsfest (zwischen Januar und
Februar):
Frühlingsrollen 236
Süß-scharfer Rettich 16
Glücks-Eierrollen 16
Hühnerfleisch-Salat 38
Geschmorter Fisch mit Lauch 90
Chinesische Ravioli 232
Frisches Obst (z.B. Mandarinen)

Laternenfest (am 15. Tag nach dem
Frühlingsfest):
Pillen-Klöße 126
Scharf-würziges Hähnchen 94
Gefüllter Fisch 82
Garnelen mit Tomaten 61
Gebratene Wan Tan 231
Süße Klebreisklößchen 307

Mondfest (zwischen September und
Oktober):
Knusprige Ente 95
Fisch süß-sauer 54
Fritierte Auberginen 173
Eier mit fünf Köstlichkeiten 183
Krümel-Tofu 178
Mondkuchen (Asien-Laden), frisches
Obst

Glossar

Abalonen: Seeschneckenart, gibt es bei uns meist nur in Dosen.

Acht Kostbarkeiten: Bezeichnet keine festgelegte Zutat, sondern nicht alltägliche, feine Ingredienzien wie z.B. Garnelen, Bambussprossen, Donggu-Pilze, Lotoskerne oder auch Ginko-baumfrüchte.

Agar-Agar: Ein Binde- und Gelier-mittel, das aus Meeresalgen hergestellt wird.

Algen: Sie werden in China sowohl zur Gewinnung von → Glutamat und → Agar-Agar verwendet, als auch getrocknet für süße und salzige Speisen.

Austernsauce: Ist eine dickflüssige Sauce, die aus → Sojasauce, Austern-extrakt und Gewürzen hergestellt wird. Sie wird hauptsächlich für die Zubereitung von Rindfleisch verwendet und hat einen würzigen Geschmack.

Bambusdämpfer : Wichtiges Gerät in der chinesischen Küche, S. 127. Bambusdämpfer sind runde Körbchen aus Bambusgeflecht mit Deckel. Mit ihnen kann man Speisen im Wok dämpfen. Man bekommt sie in verschiedenen Größen im Asienladen.

Bambussprossen: Die Schößlinge der Bambuspflanze. In China werden sie nach der Erntezeit in Sommer- und Wintersprossen unterteilt, wobei die Wintersprosse als die beste gilt. Bei uns gibt es Bambussprossen fast nur in Dosen zu kaufen.

Bohnenpaste: In der chinesischen Küche gibt es drei Bohnenpasten: Die scharfe (La Dou Ban Jiang), aus gelben und schwarzen Bohnen, Knoblauch und Chilischoten, die salzige Bohnenpaste (Tian Mian Jiang, zu kaufen als »süße gemahlene Bohnenpaste → pikante Sauce«) aus gelben Bohnen und Reis-mehl, die für Peking-Ente und Fleisch-gerichte verwendet wird, und die süße rote Bohnenpaste (Hong Don Sha) aus roten Bohnen und Zucker, die nur für Nachspeisen verwendet wird (sie ist sehr süß!).

Braten: Pfannenrühren, zumeist unter großer Hitzezufuhr → Garmethoden.

Cellophannudeln: → Glasnudeln

Chao: Eine der wichtigsten → Garmethoden in der chinesischen Küche, die wir mit »braten« übersetzt haben. Bei dieser Garmethode werden die Zutaten im Wok ständig gerührt. So sind sie schnell gar und bleiben dennoch zart bzw. knackig.

Chilisauce: Eine sehr scharfe Sauce auf der Basis von Chilischoten, die zum Kochen, aber auch als Tischwürze verwendet wird.

Chilischoten: Sie finden in der chinesischen Küche hauptsächlich in getrockneter Form Verwendung. Beim Zerkleinern kommt die Schärfe mehr zur Entfaltung, denn sie sitzt hauptsächlich in den Kernen im Inneren der Schoten.

Chinakohl: Der bekannteste asiatische Kohl, auch Peking-Kohl genannt. Chinakohl ist vielseitig verwendbar und eignet sich sehr gut zum Einlegen, aber ebensogut zum Braten oder Dünsten. Er schmeckt in Suppen und Fleischgerichten oder als Beilage.

Chinesische Petersilie: → Koriander

Chinesischer Schnittlauch: Ist mit dem hiesigen Schnittlauch verwandt, hat aber einen intensiveren Geschmack als dieser, er erinnert eher an Knoblauch und wird deshalb auch Schnittknoblauch genannt.

Chinesischer weißer Rettich: Er ist milder als unser Rettich. Wenn Sie ihn nicht bekommen, kaufen Sie möglichst junge Rüben von unserem Rettich.

Dämpfen: In ganz China verbreitete schonende Garmethode, S. 127. Am besten nimmt man dafür spezielle → Bambusdämpfer. Diese stellt man in einen Wok mit kochendem Wasser, so dass die Zutaten im Wasserdampf gegart werden. Man kann auch mehrere Bambusdämpfer übereinander stellen und so gleichzeitig verschiedene Zutaten garen. Woks haben meist einen Dämpfeinsatz aus Metall, auf den man Teller oder Schüsseln stellen kann. Zur Not tut's auch eine Tasse, die man kopfüber in den Wok stellt. Auf der Tasse plaziert man den Teller mit den Zutaten, die gedämpft werden sollen.

Datteln: Chinesische Datteln sind rötlich, kleiner und nicht so süß wie die Früchte, die wir hier bekommen.

Donggu-Pilze: Diese Pilze sind in Europa eher unter dem japanischen Namen »Shiitake-Pilze« bekannt. In Deutschland werden sie auch als Tongku-Pilze bezeichnet. Sie gehören zu den beliebtesten Zutaten der chinesischen Küche. Donggu-Pilze werden zumeist getrocknet angeboten. Deshalb muss man sie vor dem Gebrauch mindestens 10 Minuten in warmem Wasser einweichen.

Eingelegte Enteneier: Sie sind teilweise unter dem chinesischen Namen »Song Hua Dan« bekannt und eine beliebte Vorspeise

Essig: In der chinesischen Küche verwendet man hauptsächlich braunen Essig, der aus Reis hergestellt wird. Der beste ist der milde Essig aus Zhenjiang. Ersetzen können Sie chinesischen Essig am ehesten durch italienischen Aceto balsamico.

Glossar **343**

Eßstäbchen: → Stäbchen

Fermentierter Tofu: Auf chinesisch »Fu Ru« oder »Dou Fu Ru«. Fermentierter Tofu wird, wie der Name schon sagt, aus Tofu gewonnen. Dabei wird Tofu zuerst in kleine Stücke geschnitten, 2–3 Tage warm gehalten, dann mit Salz bestreut. Je nach Sorte wird er anschließend mit Hefe, fermentiertem Klebreis und Schnaps vermischt. Unter Zimmertemperatur ist der Tofu erst nach 5–6 Monaten reif. In Deutschland ist er in den meisten Asienläden erhältlich.

Feuertopf: Kochgerät in der chinesischen Küche, S. 275.

Fischsauce: Salzige, aromatische Sauce zum Würzen.

Frühlingsrollen: Fritierte dünne Teigblätter mit einer Füllung aus Fleisch und/oder Gemüse, als süße Variante auch mit → Bohnenpaste. Ihren Namen verdanken die knusprigen Röllchen dem Frühlingsfest, dem chinesischen Neujahrsfest, bei dem sie als Spezialität nicht fehlen dürfen.

Fünf-Gewürz-Pulver: Eine Gewürzmischung, die meist aus schwarzem Pfeffer, Fenchelsamen, Sternanis, Nelken und Zimt besteht. Je nach Region variiert die Mischung.

Fu-Zhu: Getrocknete Haut der Sojamilch. Sie wird in Asienläden in Form von flachen Folien oder gerollten Stäbchen angeboten.

Frühlingsrollen: Fritierte dünne Teigblätter mit einer Füllung aus Fleisch und/oder Gemüse. Frühlingsrollen gibt es auch als süße Variante, dann werden sie mit → Bohnenpaste gefüllt. Ihren Namen verdanken sie dem Frühlingsfest, das ist das chinesische Neujahrsfest, zu dem sie traditionell zubereitet werden.

Frühlingszwiebeln: Die frischen, jungen Zwiebeln sind unentbehrlich in der chinesischen Küche. Sie werden sowohl als Gemüsezutat als auch zum Würzen verwendet.

Garmethoden: Für die Zubereitung von Rind-, Lamm- und Hammelgerichten wurden in China spezielle Garmethoden entwickelt oder der mongolischen Küche entlehnt. Die drei typischen sind »bao«, »shuan« und »kao«. Unter »bao« versteht man eine Zubereitung mit sehr kurzer Garzeit bei extrem großer Hitze, wodurch die Zutaten besonders knackig werden. Es gibt 5 Unterkategorien von »bao«: »youbao« (u.a. mit Stärke marinierte Zutaten kurz in kochendem Wasser sprudelnd kochen und anschließend in heißem Öl braten), »yanbao« (wie »youbao«, nur wird der Marinade keine Stärke hinzugefügt, dafür aber reichlich Koriander), »congbao« (wie »yanbao«, nur wird der Koriander durch Lauch und Knoblauch ersetzt), »jiangbao« (das Fleisch wird zuerst in heller Sojabohnenpaste und Gewürz mariniert und anschließend in heißem Öl gebraten) und »shuibao« (das bedeutet, etwas kurz in kochend heißem Wasser garen). »Shuan« schließlich heißt feingeschnittene Zutaten in köchelnder Brühe garen. »Kao« bedeutet grillen und eignet sich gut für die Zubereitung von Lammspießen.

Garnelen: Sie sind in der chinesischen Küche sehr beliebt. Bevorzugt werden die Süßwasser-Garnelen wegen ihres zarten Fleisches. Es gibt in China mehrere Arten von Garnelen und Krabben, die in der Küchensprache kaum unterschieden werden. Meistens werden sie nur durch den Zusatz »groß« oder »klein« näher beschrieben. Sie werden meist ungeschält in heißem Öl gebraten, gedämpft oder in Sojasauce gekocht, manchmal auch geschält und zusammen mit anderen Zutaten, z. B. Bambussprossen gebraten.

Garnelen, getrocknet: In den Küstengebieten werden die Garnelen, mit oder ohne Schale, leicht gesalzen, an der Sonne getrocknet und dann vor allem als Zutat für Suppen verwendet. In Europa sind die getrockneten Garnelen und Krabben in vielen Asienläden erhältlich. Die besten Exemplare haben eine kräftig rosa Farbe.

Gefüllte Teigtäschchen: Chinesisch »Jiaozi«. Sie sind eine typische Beilage in der nordchinesischen Küche und auch bei Europäern beliebt.

Glasnudeln: Sie werden aus Mungobohnenmehl hergestellt, S. 37.

Glutamat: Geschmacksverstärkendes Gewürz aus Algen, Getreide oder Hülsenfrüchten. Die Gerichte in diesem Buch werden ohne Glutamat zubereitet, da viele Menschen allergisch darauf reagieren. Das sogenannte China-Syndrom äußert sich in Kopfschmerzen, Taubheitsgefühl und Übelkeit.

Haifischflossen: Es gibt unterschiedliche Arten von Haifischflossen. In der Regel wird der getrocknete Knorpel der Flosse verwendet, der vor Gebrauch über Nacht eingeweicht wird. In europäischen China-Restaurants findet man Haifischflossen als Zutat nur in Suppen.

Hoisin-Sauce: Sie ist dickflüssig, süßscharf und wird als Dip verwendet. Hergestellt wird sie aus Sojabohnen, Weizenmehl, Salz, Zucker, Essig, Knoblauch, Chili und Sesamöl.

Ingwerwurzel: Ist mit Knoblauch und Lauch das wichtigste Gewürz der chinesischen Küche. In China wird Ingwer in einem Blumentopf mit Sand lange Zeit frisch gehalten, S. 57.

Klebreis: Er wird vor allem für Füllungen oder als Umhüllung verwendet, S. 325.

Klebreismehl: Aus Klebreismehl hergestelltes Mehl, das dem Teig eine gummiartige Konsistenz verleiht.

Knoblauch: Wurde schon zu frühgeschichtlicher Zeit verwendet. Neben Frühlingszwiebel und Lauch beliebteste Zutat zur starken Würzung. Er wird auch eingelegt, z.B. in Essig und Zucker, in der Provinz Shandong ißt man ihn sogar roh.

Koriander: Er gehört zu den ältesten Gewürzkräutern und ist in China bereits seit Jahrtausenden bekannt. In der chinesischen Küche werden die frischen Blätter, nicht die Samenfrüchte verwendet.

Krabbensauce: Sie wird aus fermentierten Krabben hergestellt und ist ziemlich salzig. Geeignet zum Würzen von Gemüse, Tintenfisch, Garnelen und Suppen.

Küchenbeil: In der chinesischen Küche wird damit Fleisch, Fisch und Gemüse geschnitten, gehackt, eingeritzt → das Küchenbeil ist sozusagen ein Allround-Küchengerät, das Sie im Asien-Laden kaufen können.

La Mian: Eine besondere Art der Nudelzubereitung. Dabei wird der Teig aus Weizenmehl und Wasser durch wiederholtes Kneten, Schleudern, Schlagen und Drehen zu langen dünnen Teigwaren verarbeitet.

Lilienblüten: Sie werden auch Lilienknospen oder Goldene Nadeln genannt und können getrocknet in Asien-Läden gekauft werden.

Lotossamen: Die Samen der Lotospflanze, einer Seerosenart, werden in China hauptsächlich als Dekoration und für die Zubereitung von Süßspeisen, wie zum Beispiel Laba-Reisbrei, verwendet. Besonders beliebt sind sie als süße Paste für verschiedene Füllungen. Getrocknete Lotossamen brauchen eine intensive Vorbereitung, damit sie nicht bitter schmecken. Verwenden Sie also besser Lotussamen aus der Dose.

Maisstärke: Sehr feines Maismehl, das zum Fritieren und zum Binden von Saucen verwendet wird.

Mantou: Dampfnudeln aus Hefeteig in unzähligen Varianten. Sie können entweder mit Fleisch oder Gemüse oder auch einer Mischung aus beidem gefüllt und zu allen Tageszeiten serviert werden. Besonders beliebt sind sie als kleine Wegzehrung.

Marinieren: Die Zutaten werden vor dem Garen mit bestimmten Gewürzen, zum Beispiel Reiswein, Sojasauce oder Pfeffer vermischt, dann läßt man sie durchziehen, damit sie, dies gilt vor allem für Fleisch, besonders zart und saftig bleiben. Außerdem bekommen die Zutaten dadurch ein delikates Aroma und eine kräftige Farbe.

Mu-Err-Pilze: auch Mu-Er-Pilze, das bedeutet Holzohr-Pilze. Sie wachsen auf Holzstämmen und werden getrocknet angeboten. Die schwarzen Mu-Err-Pilze schmecken mild-aromatisch und lassen sich mit vielen Zutaten kombinieren. Die weiße Sorte, »Yin-Er (Silbermorcheln) genannt, ist sehr nahrhaft und gilt als Delikatesse. Diese teuren Pilze werden meist in Süßspeisen verwendet.

Mungobohnensprossen: Auf chinesisch »Lü Dou Ya« oder »Long Ya«. Sie enthalten zahlreiche Proteine und Vitamine. Sie werden entweder in heißem Öl kurz gebraten oder in kochendem Wasser kurz blanchiert. Anschließend werden sie mit anderen Zutaten gemischt. Außerdem verwendet man sie auch als Füllung, z.B. für Frühlingsrollen.

Öl: Verwenden Sie am besten Sojaöl oder Erdnußöl, ansonsten Sonnenblumenöl, aber nie Olivenöl, dessen Eigengeschmack überhaupt nicht zur chinesischen Küche passt. Wegen seines intensiven Geschmacks und seiner hohen Erhitzbarkeit wird in der chinesischen Küche auch oft Schweineschmalz verwendet.

Pack choi: Blätterkohl. Pack choi ist die kantonesische Bezeichnung für ein frisches Grüngemüse, das mit Chinakohl und Mangold verwandt ist. Es hat dicke weiße Stengel und dunkelgrüne Blätter. In China ist Pack choi zwar das ganze Jahr hindurch erhältlich, wird jedoch besonders gern im Winter gegessen. In heißem Öl kurz gebraten wird er als Gemüse gereicht. Die weißen Stengel werden oft fein geschnitten und mit Fleisch und anderen Zutaten zusammen gebraten. In der Hochsaison, wenn Pak Choi besonders preiswert angeboten wird, kochen ihn die Hausfrauen auch kurz in sprudelndem Wasser und lassen ihn dann an der Sonne trocknen, um ihn später mit Fleisch zu dünsten. In Deutschland gibt es Pak Choi seit einigen Jahren in den meisten Asien-Läden. Auch Pak-Choi-Herzen kann man heute abgepackt in vielen Asien-Geschäften kaufen.

Pfannenrühren: Eine chinesische Gartechnik, bei der das Fleisch und das Gemüse in Wok oder Pfanne unaufhörlich gerührt wird. So bleibt alles zart und knackig.

Pflaumensauce: Pikante Tischwürze, die aus Pflaumen, Pfefferschoten, Essig und Salz hergestellt wird.

Reis: Er ist für viele Chinesen Hauptnahrungsmittel und wird in verschiedenen Sorten angeboten. Kaufen Sie für original chinesische Gerichte möglichst Reis immer aus dem Asien-Laden, S. 238.

Glossar **345**

Reismehl: Es wird meist aus im Wasser eingeweichtem → Klebreis gemahlen und in erster Linie für süße Speisen verwendet. Es ist in den meisten Asienläden erhältlich. Es wird zunächst mit wenig heißem Wasser verrührt. Bis man den Teig verarbeiten kann, muß die Klebreis-Wasser-Mischung kräftig geknetet werden. Reismehl klebt nur am Anfang so stark.

Reiswein: Auch »Shao Xin-Wein« genannt, nach einem berühmten Herstellungsort in der Provinz Zhejiang. Er wird aus Reis hergestellt und hat die Farbe von Bernstein. Man kann ihn bei Zimmertemperatur oder – vor allem im Winter – erwärmt trinken. Er ist auch ein wichtiges Würzmittel in der chinesischen Küche, das man notfalls durch einen Sherry Medium Dry ersetzen kann.

Rotdatteln: → Datteln

San-Xian: Damit bezeichnet man drei besonders feine Zutaten, z.B. Garnelen, Hühnerfleisch und Donggu-Pilze. Die Zusammensetzung dieser drei Zutaten ist jedoch nicht festgeschrieben, kann also beliebig variiert werden.

Schinken: In der chinesischen Küche wird hauptsächlich roh geräucherter Schinken verwendet, der ganz ähnlich wie italienischer oder spanischer Schinken schmeckt.

Schwalbennester: Nester einer Seeschwalbenart, die aus Seegras gebaut werden. Eine Delikatesse, die es getrocknet oder in Dosen zu kaufen gibt.

Schnittknoblauch: → Chinesischer Schnittlauch

Schwammgurken: Keulenförmiges Kürbisgewächs, wird auch chinesische Okra genannt.

Schwarze Bohne: Schwarze Sojabohnen, die mit Salz und Ingwer gewürzt werden.

Schweineschmalz: Wegen seines intensiven Geschmacks wird es in der chinesischen Küche dem neutraleren Öl häufig vorgezogen.

Seegurken: Mit Seesternen und Seeigeln verwandtes Meerestier, das die Chinesen gerne essen, das aber bei uns wegen seines unappetitlichen Aussehens nicht auf den Speisekarten steht.

Seetang: Es gibt grünen und dunkelroten Seetang, beide sind getrocknet erhältlich.

Sesam: Im allgemeinen Sprachgebrauch unterscheidet man hellen und schwarzen Sesamsamen, wobei der schwarze Sesam eigentlich ein Zwiebelsamen ist. Sesam wird in der chinesischen Küche hauptsächlich für die Herstellung von Gebäck verwendet.

Sesammus: Es wird aus hellem Sesamsamen hergestellt. Kaufen Sie möglichst Sesammus (Tahin) im Naturkostladen, denn die chinesische Ware, die im Asien-Laden angeboten wird, ist oft schon zu alt bzw. ranzig und schmeckt dann sehr bitter.

Sesamöl: Wird aus gerösteten Sesamsamen hergestellt und hauptsächlich zum Würzen verwendet.

Shiitake: → Tongku-Pilze oder Donggu-Pilze

Sichuan-Pfeffer: Häufig wird er auch unter der Bezeichnung Szechuanpfeffer angeboten. Er wächst nicht am Pfefferstrauch, sondern an einem kleinen Baum. Verwendet werden die getrockneten Blütenknospen aber wie Pfefferkörner.

Silbermorcheln: Auf chinesisch »Bai Mu Er« oder »Yin Er«. Sie gehören zu den Basidienpilzen und wachsen in der Natur an verdorrten Bäumen. Heute werden sie auch an abgesägten Baumstämmen gezüchtet. Nach der Ernte trocknet man sie. Da sie eine weiße Farbe haben, werden sie Silbermorcheln genannt. Sie gelten in der chinesischen Küche als besonders nahrhaft. Sie werden nicht nur für Süßspeisen, sondern auch als Zutat für Suppen oder Mischgemüse verwendet. Vor der Zubereitung muß man sie in lauwarmem Wasser einweichen und von den harten Stielen befreien.

Sojabohne: Eine aus Ostasien stammende Pflanze, die heute weltweit angebaut wird. Aus der Sojabohne werden zahlreiche Produkte der chinesischen Küche gewonnen, so → Tofu, → Sojasprossen, → Glasnudeln und → Sojasaucen.

Sojamilch: Wird aus im Wasser eingeweichten Sojabohnen durch Mahlen und Filtern gewonnen. Erst nach dem Aufkochen ist Sojamilch trinkbar. In China wird sie meistens zum Frühstück gereicht.

Sojasauce: Ein wichtiges Würzmittel in der chinesischen Küche. Wird in verschiedenen Sorten angeboten, S. 227. Sojasauce wird durch Fermentieren einer Mischung aus Sojabohnen, Salz, geröstetem Weizen und Hefe gewonnen. Man unterscheidet helle und dunkle Sojasauce, wobei damit weniger die Farbe, als vielmehr der Geschmack gemeint ist. Helle Sojasauce bewahrt den ursprünglichen Geschmack eines Gerichtes, dunkle Sojasauce würzt dagegen sehr kräftig. Scharfe Sojasauce enthält zusätzlich Chilischoten.

Sojasprossen: Keime der Sojabohne, am besten schmecken sie ganz jung.

Sie enthalten viel Protein. Kaufen Sie möglichst Sprossen der grünen Sojabohne (Mungobohne), sie schmecken besser.

Speisestärke: In der chinesischen Küche wird Mais- oder Kartoffelstärke benutzt. Sie wird zusammen mit Eiweiß oder/und Wasser, manchmal auch einem Schuß Reiswein zu einer dick- oder dünnflüssigen Masse vermischt, dann werden die Zutaten mit der Masse überzogen. Zutaten mit der dickflüssigen Masse werden knusprig fritiert, während Zutaten mit der dünnflüssigen Masse meist in heißem Öl gebraten werden, damit behalten sie ihre Form und bleiben schön zart und saftig. Außerdem wird die Stärke auch mit Wasser angerührt und zum Binden verwendet, damit die Sauce die Zutaten gleichmäßig umhüllt.

Stäbchen: In China gibt es sehr lange Holzstäbchen, die zum Kochen und Rühren verwendet werden und die kürzeren Eßstäbchen aus unterschiedlichen Materialien. Eßstäbchen können aus unbehandeltem Holz, Bambus, Kunststoff, Stahl, Silber oder Elfenbein sein. In einfachen chinesischen Restaurants bekommt man häufig Hygiene-Stäbchen, das sind zusammenhängende Stäbchen, die man vor Gebrauch auseinanderbrechen muss – dies ist eine Garantie dafür, daß sie noch unbenutzt sind. Im Gegensatz zu japanischen und koreanischen Eßstäbchen sind chinesische Stäbchen länger und laufen nicht so spitz zu.

Sternanis: Ist mit Anis verwandt, schmeckt aber kräftiger und feuriger.

Süßkartoffel: Sie stammt vermutlich aus Südamerika. Die süße Wurzelknolle mit dem orangefarbenen Fleisch gilt in Deutschland als Delikatesse, ist in China aber sehr preiswert.

Tausendjahr-Eier: Chinesische Spezialität. Dafür werden Eier, in Paste gepackt, etwa 100 Tage in der Erde vergraben. Das Eiweiß färbt sich dabei bernsteinfarben, das Eigelb grün.

Teigfladen: Auf Chinesisch u.a. auch »Jian Bing« oder »Lao Bing« genannt, werden in Nordchina sehr gerne gegesssen. Sie werden aus Weizenmehl und Wasser oder auch Hefeteig zubereitet. In Shandong ißt man Teigfladen besonders gern mit Lauch eingewickelt.

Tian Mian Jiang: Wichtige Zutat für die Peking-Ente. Diese Würzsauce besteht auch Sojabohnen, Zucker, Weizenmehl und Wasser.

Tofu: Er wird aus gestockter Sojamilch gepreßt. Kaufen können Sie Tofu in Asien-Läden, Reformhäusern und Naturkostläden.

Tongku-Pilze: → Shiitake- oder Donggu-Pilze

Wachskürbis: Wird auch Wintermelone genannt, geschmacklich ähnelt er einem sehr zarten Kohlrabi. Er paßt zu Fleischgerichten und zu Suppen.

Wasserkastanien: Wasserkastanien sind die Knollen einer Sumpfpflanze, die unterirdisch an den Wurzeln wachsen. Sie bekommen die Wasserkastanien in Dosen im Asien-Laden.

Wintermelone: → Wachskürbis

Wok: Unerläßlich für die ursprüngliche Zubereitung chinesischer Gerichte ist der Wok. Die Zutaten werden meist nacheinander gebraten, denn nur, wenn Sie nicht zuviel auf einmal in den Wok geben, bleibt die Hitze so hoch, dass man wirklich kurzbraten kann.

Yamswurzel: Es gibt über 200 verschiedene Arten. In der chinesischen Küche wird Yamswurzel in erster Linie für Süßspeisen verwendet, da sie reichlich Stärke und Klebereiweiß enthält.

Zha Cai: Eingelegtes Gemüse, Knollen von einer Art Senfgemüse mit Salz, Chili und anderen Gewürzen.

Abkürzungen

TL = Teelöffel

EL = Eßlöffel

Msp. = Messerspitze

kJ = Kilojoule

kcal = Kilokalorien

Rezept- und Sachregister

Aal in dunkler Sojasauce 74
Abalone mit Spargel 78
Abalone: Suppe mit Abalone 283
Ananas: Hühnerbrust mit Ananas 122
Ananas: Hühnerfleisch in Ananas 100
Äpfel: Gedämpfte Äpfel 322
Äpfel: Glasierte Äpfel 314
Äpfel: Kandierte Äpfel 332
Äpfel: Rindfleisch mit Äpfeln 154
Auberginen nach Hakka-Art 194
Auberginen: Fritierte Auberginen 173
Auberginen: Geschmorte Auberginen 210
Auberginen: Knusprige Auberginen 30
Auberginen: Pikante Aubergine 188
Auberginensalat: Scharfer Auberginen-salat 194
Aufgeschnittene Gänsebrust 42
Austernpilze: Reiskrusten mit Austern-pilzen 240
Austernsauce: Entenfleisch in Austern-sauce (Variante) 157
Austernsauce: Rindfleisch in Austern-sauce 156
Austernsauce: Wulstlinge in Austern-sauce 200

Bambus mit Zha Cai 190
Bambus: Donggu-Pilze mit Bambus 200
Bambus: Garnelen mit Bambus 70
Bambussprossen: Scharfe Bambus-sprossen 24
Bambussprossen: Tofu mit Bambus-sprossen 204
Bohnen mit Knoblauch 217
Bohnen: Fermentierte Bohnen 121
Bohnen: Rote Bohnensuppe mit Reis 314
Bohnen: Tofu mit Bohnen 204
Bohnenpaste: Gans mit Bohnen-paste 109
Bohnensprossen 214
Bohnensprossen in Teig 187
Bohnensprossen mit Essig 214
Bunter Feuertopf 274

Cha Shao-Schweinefleisch 44
Chinakohl 23
Chinakohl mit Kastanien 190
Chinakohl: Garnelen mit Chinakohl 34
Chinakohl: Süßscharfer Chinakohl 22

Chinesische Pfannkuchen 228
Chinesische Ravioli 232
Currysauce: Rindfleisch in Currysauce 154

Dämpfen 127
Donggu-Pilze mit Bambus 200
Donggu-Pilze: Gekochte Donggu-Pilze 20
Donggu-Pilze: Suppe mit Donggu-Pilzen 303
Donggu-Pilze: Tofu mit Donggu-Pilzen 185
Dorade in Sojasauce 76
Dou-Sha-Teigtaschen 336
Dreifach gewürztes Huhn 106
Duftblüten-Fischscheiben 83

Ei: Reis mit Ei und Schinken 240
Ei: Tomaten mit Ei 182
Eier mit Fischfleisch 181
Eier mit fünf Köstlichkeiten 183
Eier mit Gurke und Pilzen 208
Eier: Gedämpfte Eier 179
Eier: Teeblatt-Eier 20
Eier: Tofu mit Eifüllung 203
Eierblumensuppe 289
Eingelegtes Sichuan-Gemüse 33
Ente in Schilfblättern 113
Ente: Knusprige Ente 95
Entenfleisch in Austernsauce (Variante) 157
Entenfleisch mit Fu-Zhu 114
Entenfleisch: Reissuppe mit Enten-fleisch 295
Erdnüsse: Hühnerbrust mit Erdnüssen 96
Erdnüsse: Schwein mit Erdnüssen 137

Fermentierte Bohnen 121
Fermentierter Tofu 142
Feuertopf 275
Fisch süß-sauer 54
Fisch: Duftblüten-Fischscheiben 83
Fisch: Eier mit Fischfleisch 181
Fisch: Gebratene Fischwürfel 59
Fisch: Gedämpfter Fisch 56
Fisch: Gefüllter Fisch 82
Fisch: Geschmorter Fisch mit Lauch 90

Fischbällchen: Suppe mit Fischbällchen 299
Fischfilet mit Tomaten 62
Fischfilet: Knuspriges Fischfilet 62
Fischklößchensuppe 278
Fischsauce: Nudeln in Fischsauce 244
Fischstäbchen: Krosse Fisch-stäbchen 75
Fischtaschen: Süß-saure Fisch-taschen 79
Fleisch im Kartoffelnest 146
Fleisch in Eihülle 128
Fleischsauce: Nudeln mit Fleisch-sauce 268
Forelle mit Ingwerstreifen 59
Fritierte Auberginen 173
Fritierte Won Ton 47
Frühlings-Komposition 181
Frühlingsrollen 236
Frühlingszwiebeln: Tofu mit Frühlings-zwiebeln 27
Fu Ru: Schweinebauch mit Fu Ru 142
Fu-Zhu 115
Fu-Zhu: Entenfleisch mit Fu-Zhu 114
Fünf Köstlichkeiten: Eier mit fünf Köst-lichkeiten 183
Fünf-Gewürz-Fisch 19

Gans mit Bohnenpaste 109
Gänsebrust: Aufgeschnittene Gänse-brust 42
Garnelen mit Bambus 70
Garnelen mit Chinakohl 34
Garnelen mit Paprika 67
Garnelen mit Pilzen 60
Garnelen mit Tomaten 61
Garnelen: Gebratene Garnelen 73
Garnelen: Kristall-Garnelen 27
Garnelen: Pikante Garnelen 67
Garnelen: Reiskrusten mit Garnelen 80
Garnelen: Rettichsuppe mit Garnelen 273
Garnelen: Rot fritierte Garnelen 90
Garnelenbällchen: Gedämpfte Garnelenbällchen (Variante) 73
Garnelenröllchen 68
Garnelensalat 33
Gedämpftes Rinderfilet 152
Gefüllte Gurkenrollen 197

Gekochte Donggu-Pilze 20
Gelee: Süßes Yin-Yang-Gelee 310
Gemüse: Silbermorcheln mit
Gemüse 211
Glasnudeln 37
Glasnudeln mit Hackfleisch 225
Glasnudeln: Hackfleisch mit
Glasnudeln 132
Glasnudeln: Huhn mit Glasnudeln 37
Glasnudelsalat mit Spinat 15
Glücks-Eierrollen 16
Gurken: Gebratene scharfe Gurken 19
Gurken: Gefüllte Gurkenrollen 197
Gurken: Süßsaure Gurken 217

Hackfleisch mit Glasnudeln 132
Hackfleisch: Glasnudeln mit Hack-
fleisch 225
Hähnchen Shandonger Art 116
Hähnchen: Scharf-würziges
Hähnchen 94
Hähnchenflügel: Scharfe Hähnchen-
flügel 119
Hähnchenschenkel: Würzige Hähnchen-
schenkel 102
Haifischflossensuppe 302
Heferöllchen 247
Honigbananen 335
Huhn mit Glasnudeln 37
Huhn mit Kastanien 118
Huhn mit schwarzen Bohnen 120
Huhn mit Zuckererbsen 99
Huhn: Dreifach gewürztes Huhn 106
Huhn: Kalte Nudeln mit Huhn 243
Huhn: Kaltes Reiswein-Huhn 43
Hühnerbrust mit Ananas 122
Hühnerbrust mit Erdnüssen 96
Hühnerbrust mit Zitronensaft 104
Hühnerbrust: Scharf-würzige Hühner-
brust 98
Hühnerfleisch in Ananas 100
Hühnerfleisch-Salat 38
Hühnerküchelchen 40
Hühnerleber mit Zwiebeln 104
Hühnerstreifen mit Senf 34
Hühnersuppe mit Einlage 292
Hühnersuppe mit Ingwer 287
Hühnersuppe mit Mais 291
Hühnersuppe mit Spargel 282

Ingwer 57
Ingwer: Hühnersuppe mit Ingwer 287
Ingwersauce: Spinat in
Ingwersauce 29

Kakaocreme mit Mandeln 338
Kalte Nudeln mit 4 Saucen 226
Kalte Nudeln mit Huhn 243
Kaltes Reiswein-Huhn 43
Kaninchen in pikanter Sauce 51
Karpfen mit Lotoskernen 88
Karpfen süßsauer 87
Karpfenfilets: Süß-saurev
Karpfenfilets 76
Kartoffelbällchen: Kandierte Kartoffel-
bällchen 335
Kartoffeln süß-sauer 172
Kartoffelstreifen: Scharfe Kartoffel-
streifen 212
Kastanien: Chinakohl mit Kastanien
190
Kastanien: Huhn mit Kastanien 118
Kastanienmus 331
Klebreis 325
Klebreis in Schilfblättern 259
Klebreis-Klößchen: Süße Klebreis-
Klößchen 307
Klebreis-Kuchen 308
Klößchensuppe 284
Knoblauch: Schwein mit Knoblauch 48
Knoblauch: Seetang-Knoblauch-
Suppe 276
Knoblauchsauce: Scholle mit Knob-
lauchsauce 64
Kohl: Suppe mit Milch und Kohl 281
Krabbenbrot: Shrimps auf
Krabbenbrot 28

Lammfleisch mit Lauch 165
Lammfleisch mit Sesam 162
Lammkeule: Geschmorte
Lammkeule 166
Lammspießchen 164
Lauch: Lammfleisch mit Lauch 165
Lauch: Nudeln mit Lauch 261
Lauch: Tofu mit Lauch 217
Lilienblüten 209
Litschis 327
Litschis: Kristall-Litschis 327
Lotos 89

Lotosblätter-Pfannkuchen 230
Lotoskerne: Karpfen mit
Lotoskernen 88
Lotoskerne: Tofu mit Lotoskernen 187

Mais mit Pinienkernen 193
Mais: Hühnersuppe mit Mais 291
Mandelpudding 333
Mandelpudding mit Früchten 317
Milch: Suppe mit Milch und Kohl 281
Mischgemüse 202
Mischgemüse: Spargel mit Misch-
gemüse 193
Mu Er-Pilze: Spargel mit Mu Er-
Pilzen 199

Nudeln in Fischsauce 244
Nudeln mit Fleischsauce 268
Nudeln mit Fleischwürfeln 225
Nudeln mit kalter Sauce 246
Nudeln mit Lauch 261
Nudeln mit Pack choi 222
Nudeln mit Rindfleisch 242
Nudelsorten 222
Nudelsuppe mit fünf Farben 276

Ochsenschwanz mit Kandis 153
Ölsorten 39

Pack choi: Nudeln mit Pack choi 222
Paprika süß-sauer 198
Paprika: Garnelen mit Paprika 67
Paprika: Rindfleisch mit Paprika
(Variante) 151
Paprika: Schweinebauch mit
Paprika 131
Paprika: Sojasprossen mit Paprika 174
Paprika: Stubenküken mit Paprika 122
Peking-Ente 110
Perlenklößchen 318
Pfannkuchen mit süßer Paste 321
Pfannkuchen: Chinesische
Pfannkuchen 228
Pfannkuchen: Lotosblätter-
Pfannkuchen 230
Pillen-Klöße 126
Pilze: Garnelen mit Pilzen 60
Pilze: Reissuppe mit Pilzen 295
Pinienkerne: Mais mit
Pinienkernen 193

Rezept- und Sachregister 349

Pinienkerne: Tofu mit Pinienkernen 218
Pudding: Mandelpudding 333
Pudding: Mandelpudding mit
Früchten 317

Ravioli: Chinesische Ravioli 232
Reis 238
Reis auf chinesische Art 238
Reis mit Ei und Schinken 240
Reis: Gebratener Reis 253
Reis: Rote Bohnensuppe mit Reis 314
Reisbrei: Laba-Reisbrei 310
Reiskrusten mit Austernpilzen 240
Reiskrusten mit Garnelen 80
Reiskügelchen 324
Reismehl 257
Reisnudeln 257
Reisnudeln: Gebratene Reisnudeln 252
Reissuppe mit Entenfleisch 295
Reissuppe mit Pilzen 295
Rettich: Rindfleisch mit Rettich 148
Rettich: Suppe mit Rettich 287
Rettich: Süß-scharfer Rettich 16
Rettichkuchen 256
Rettichsuppe mit Garnelen 273
Rinderaufschnitt: Scharfer Rinder-
aufschnitt 50
Rinderfilet: Gedämpftes Rinderfilet 152
Rinderfilet: Scharfes Rinderfilet 160
Rinderhack in Eihülle 158
Rindfleisch in Austernsauce 156
Rindfleisch in Currysauce 154
Rindfleisch in Sojasauce 151
Rindfleisch mit 5 Gewürzen 49
Rindfleisch mit Äpfeln 154
Rindfleisch mit Paprika (Variante) 151
Rindfleisch mit Rettich 148
Rindfleisch mit Sellerie 149
Rindfleisch mit Tomaten 168
Rindfleisch: Nudeln mit Rindfleisch 242
Rippchen: Suppe mit Rippchen 284

San-Xian-Nudeln: Gebratene San-Xian-
Nudeln 266
San-Xian-Suppe 300
Schälrippchen süß-sauer 137
Schinken: Reis mit Ei und Schinken 240
Scholle mit Knoblauchsauce 64
Schwarze Bohnen: Huhn mit schwarzen
Bohnen 120

Schwein mit Erdnüssen 137
Schwein mit Knoblauch 48
Schwein mit Sojabohnen 139
Schweinebauch mit Fu Ru 142
Schweinebauch mit Paprika 131
Schweinefilet mit Koriander 141
Schweinefilet: Pikantes Schweine-
filet 130
Schweinefleich mit Fischduft 124
Schweinefleisch mit Zha Cai 134
Schweinefleisch: Cha Shao-Schweine-
fleisch 44
Schweinefleisch: Gebratenes Schweine-
fleisch 140
Schweinefleisch: Süß-saures Schweine-
fleisch 124
Schweinefüße: Geschmorte Schweine-
füße (Variante) 167
Schweinehack mit Tofu 132
Schweinerücken: Pikanter Schweine-
rücken 138
Schweinewürfel 145
Schweinshaxe in Sojasauce 145
Seetang-Knoblauch-Suppe 276
Sellerie: Rindfleisch mit Sellerie 149
Senf: Hühnerstreifen mit Senf 34
Sesam: Lammfleisch mit Sesam 162
Sesambällchen: Gefüllte
Sesambällchen 328
Shrimps auf Krabbenbrot 28
Sichuan-Gemüse: Eingelegtes Sichuan-
Gemüse 33
Sichuan-Pfeffer 102
Silbermorchel-Gelee 312
Silbermorcheln mit Gemüse 211
Silbermorcheln-Kompott 330
Sojabohnen: Schwein mit
Sojabohnen 139
Sojasauce 227
Sojasauce: Dorade in Sojasauce 76
Sojasauce: Rindfleisch in
Sojasauce 151
Sojasauce: Schweinshaxe in
Sojasauce 145
Sojasprossen mit Eistreifen 14
Sojasprossen mit Paprika 174
Spargel mit Mischgemüse 193
Spargel mit Mu Er-Pilzen 199
Spargel: Abalone mit Spargel 78
Spargel: Hühnersuppe mit Spargel 282

Spinat in Ingwersauce 29
Spinat: Glasnudelsalat mit Spinat 15
Stangensellerie: Gebratener Stangen-
sellerie 212
Stärke 168
Stubenküken mit Paprika 122
Suppe mit Abalone 283
Suppe mit Donggu-Pilzen 303
Suppe mit Fischbällchen 299
Suppe mit Milch und Kohl 281
Suppe mit Rettich 287
Suppe mit Rippchen 284
Suppe mit Tintenfisch 296
Suppe mit Tofu-Bällchen 288
Suppe: San-Xian-Suppe 300
Suppe: Sauer-scharfe Suppe 273
Süßkartoffeln: Gedämpfte
Süßkartoffeln 320
Süßkartoffeln mit Honig 338

Teigtäschchen mit Fleisch 250
Teigtäschchen mit Garnelen 262
Teigtäschchen mit Krabben
(Variante) 262
Teigtäschchen mit Rettich 251
Teigtäschchen: Gefüllte Teig-
täschchen 268
Teigtäschchen: Scharfe Teig-
täschchen 248
Teigtäschchen: Vierfarbige Teig-
täschchen 254
Teigtaschen mit Bohnen 235
Teigtaschen mit Füllung 264
Teigtaschen mit Rinderhack 260
Tintenfisch: Suppe mit Tinten-
fisch 296
Tintenfischröllchen 84
Tofu mit Bambussprossen 204
Tofu mit Bohnen 204
Tofu mit Donggu-Pilzen 185
Tofu mit Eifüllung 203
Tofu mit Frühlingszwiebeln 27
Tofu mit Lauch 217
Tofu mit Lotoskernen 187
Tofu mit Pinienkernen 218
Tofu-Bällchen: Suppe mit Tofu-
Bällchen 288
Tofu-Eintopf 218
Tofu: Fermentierter Tofu 142
Tofu: Gefüllte Tofu-Kästchen 206

350 Rezept- und Sachregister

Tofu: Krümel-Tofu 178
Tofu: Schweinehack mit Tofu 132
Tofu: Zweimal gegarter Tofu 177
Tofutäschchen 184
Tomaten mit Ei 182
Tomaten-Eierblumen-Suppe 280
Tomaten: Fischfilet mit Tomaten 62
Tomaten: Garnelen mit Tomaten 61
Tomaten: Rindfleisch mit Tomaten 168

Wachteln: Geschmorte Wachteln 107
Walnußcreme 313
Walnüsse: Glasierte Walnüsse 25
Wan Tan: Gebratene Wan Tan 231
Wasserkastanien 244
Weißkohl: Sauer-scharfer Weißkohl 175
Weißkohl: Scharfer Weißkohl 189
Won Ton-Suppe 290
Won Ton: Fritierte Won Ton 47
Wulstlinge in Austernsauce 200

Yamswurzel: Kandierte Yamswurzel 316
Yin-Yan-Gelee: Süßes Yin-Yang-
Gelee 310

Zha Cai 135
Zha Cai: Bambus mit Zha Cai 190
Zha Cai: Schweinefleisch mit
Zha Cai 134
Zuckererbsen: Huhn mit Zucker-
erbsen 99
Zwiebeln: Hühnerleber mit Zwiebeln 104

Bildnachweis

Umschlagfoto: Graham Kirk, London
Illustrationen: Heike Czygan: Seiten 1, 6/7,
11, 53, 93, 171
LaoZhu: Seite 11
Kalligraphien: Hui Lin Xi: Seiten 1, 6/7, 11,
53, 93, 171
Karte Seite 4: Huber

Rezept- und Produktfotos:
Michael Brauner: Seiten 2/3, 12/13, 14/15,
17, 18, 21, 22/23, 24/25, 26,35, 36, 37, 38,
42/43, 45, 46, 47, 48/49, 52/53, 54, 55, 56,
58, 60/61, 70, 71, 72, 74/75, 77, 78/79, 81,
82/83, 84, 85, 86, 87, 88, 91, 92/93, 94/95,
100, 101, 105, 106/107, 108, 110, 111,
112, 113, 114, 117, 118/119, 120/121, 123,
125, 126, 128, 129, 136, 138/139, 140/141,
142, 143, 148/149, 155, 157, 158, 159,
160, 161, 162, 163, 164/165, 167, 169,
170/171, 172/173, 174/175, 176, 178/179,
180, 182/183, 195, 196, 197, 198/199, 201,
202/203, 205, 206, 207, 208, 209, 210/211,
213, 214, 215, 216, 219, 220/221, 223,
224, 226, 228, 229, 230/231, 232, 233,
234, 235, 237, 239, 241, 252/253, 254,
255, 256, 258, 260/261, 263, 264, 265,
267, 269, 270/271, 272, 274/275, 277, 278,
279, 280/281, 290/291, 293, 294, 296, 297,
298, 300, 301, 302/303, 304/305, 306, 307,
309, 311, 312/313, 315, 326, 328, 329,
330/331, 332/333, 334, 336, 337, 339

FoodPhotography Eising: Seiten 28/29, 30,
31, 32, 40, 41, 50/51, 63, 64, 65, 66, 68,
69, 97, 98/99, 102, 103, 130/131, 133, 134,
135, 144, 146, 147, 150, 152/153, 184/185,
186, 188/189, 191, 192, 242/243, 244, 245,
246/247, 248, 249, 250/251, 282/283, 285,
286, 288/289, 316/317, 318, 319, 320/321,
322, 323, 324/325

Uli Franz/jd: Seite 89

Andreas Hub, laif, Köln: Seite 11 unten

Ina Schröter, München: Seite 11 oben

Special Tours, Stuttgart: Seite 10 oben

Paul Spierenburg, Kiel: Seite 10 unten

Xiao Hui Wang: Seiten 4/5, 8/9, 39, 57, 115,
127, 168, 227, 238, 257, 275

Die Autoren

Thomas Gwinner

Thomas Gwinner, Jahrgang 1960, studierte Klassisches Chinesisch, Modernes Chinesisch und ostasiatische Kunstgeschichte. Schon früh galt sein Interesse, das sich während mehrjähriger Aufenthalte in China, Taiwan, Korea und Japan noch vertiefte, der ostasiatischen Küche.

Cornelia Schinharl

Sie lebt in der Nähe von München und studierte zunächst Sprachen, bevor sie sich dem Bereich Ernährung zuwandte. Ihr Interesse für kulinarische Themen war schon immer groß und gilt vor allem den vielfältigen Küchen fremder Länder. Es sind zahlreiche Bücher von ihr erschienen.

Xiao Hui Wang

(Autorin und Fotografin)
Sie wurde 1957 in Tianjiin (China) geboren und studierte in Shanghai Architektur. 1986 kam sie als Doktorandin an die TU München. Seit 1991 ist sie freischaffende Fotokünstlerin. Zahlreiche Ausstellungen, Auszeichnungen und Veröffentlichungen in China und Deutschland.

Zhenhuan Zhang

Zhenhuan Zhang, geboren 1951 in Shanghai. Studium der Germanistik in Shanghai, Promotion an der Universität Heidelberg. Heute lehrt Herr Zhang Modernes Chinesisch im Fachbereich angewandte Sprachwissenschaft an der Univerität Mainz in Germersheim.

Fotografen und Illustratoren

Michael Brauner (Food-Fotografie)

Michael Brauner absolvierte die Fotoschule in Berlin und arbeitete bei namhaften Fotografen in Deutschland und Frankreich. Seit 1984 ist er selbständig. Viele bekannte Werbeagenturen und Verlage gehören zu seinem Kundenstamm.

FoodPhotography Eising

FoodPhotography Eising mit Sitz in München und Maine (USA) wird von Susie und Pete A. Eising geleitet. Beide studierten an der Fachakademie für Fotodesign in München und gründeten 1981 ihr eigenes Fotostudio.

Heike Czygan

war schon immer von Asien und insbesondere von China fasziniert. Sie studierte Sinologie und verbrachte mehrere Monate in China. Dieser Aufenthalt brachte ihr die Sumi-e-Malerei näher, die typisch chinesische Tuschemalerei, in der sie die Illustrationen für dieses Buch ausführte.

Hui Lin Xü (Kalligrafin)

Sie wurde 1921 in Jiangsu (China) geboren, war lange Zeit Professorin der Musikhochschule und Verfasserin mehrerer Musikstücke, unter anderem für Oper und Balett. Heute lebt sie in Tianjin und arbeitet häufig als Kalligrafin.

© 2001 Gräfe und Unzer GmbH, München

Alle Rechte vorbehalten. Nachdruck, auch auszugsweise sowie Verbreitung durch Film, Funk und Fernsehen, durch fotomechanische Wiedergabe, Tonträger und Datenverarbeitungssysteme jeder Art nur mit schriftlicher Genehmigung des Verlages.

Redaktion: Claudia Daiber
Herstellung: Renate Hausdorf
Umschlagfoto vorn: Graham Kirk
Umschlagfoto hinten: © StockFood
William Reavell
Umschlaggestaltung: Grafikhaus, München
Satz: Typodata, München
Druck und Bindung: Bawa Print und Partner GmbH

ISBN 3-7742-5537-7